D1930819

ein Ullstein Buch

Ullstein Buch Nr. 3393
im Verlag Ullstein GmbH,
Frankfurt/M – Berlin – Wien
Französischer Originaltitel:
D'Œdipe à Moise – Freud et
la conscience juive
Übersetzt von Hans Krieger

Ungekürzte Ausgabe

Umschlagentwurf:
Kurt Weidemann

Mit freundlicher Genehmigung
der Paul List Verlag KG, München

Printed in Germany 1977
Gesamtherstellung:
Ebner, Ulm
ISBN 3 548 03393 8

CIP-Kurztitelaufnahme
der Deutschen Bibliothek

Robert, Marthe

Sigmund Freud, zwischen Moses und Ödipus: d. jüd. Wurzeln d. Psychoanalyse. – Ungekürzte Ausg. – Frankfurt/M, Berlin, Wien: Ullstein, 1977.
([Ullstein-Bücher] Ullstein-Buch; Nr. 3393)
Einheitssacht.: D'Œdipe à Moise ‹dt.›
ISBN 3-548-03393-8

Marthe Robert

Sigmund Freud – zwischen Moses und Ödipus

Die jüdischen Wurzeln der Psychoanalyse

ein Ullstein Buch

Inhalt

Für Michel

1. Ödipus Freud, der Sohn Jakobs

Daß zwischen der Psychoanalyse und dem, was man gemeinhin den »jüdischen Geist« nennt, eine sehr enge Beziehung besteht, scheint eine solche Selbstverständlichkeit zu sein, daß man sich im allgemeinen damit begnügt, sie festzustellen, ohne sich sonderlich um eine Definition dieses »jüdischen Geistes« zu bemühen oder nach der spezifischen Art und Weise seiner Vermittlung zu fragen[1]. Gewiß dient das damit aufgestellte Postulat höchst unterschiedlichen Absichten: bald benutzt man es in eindeutig pejorativem Sinne, indem man die ohnehin verlästerte Psychoanalyse obendrein noch als »jüdische Wissenschaft« abstempelt; bald will man im Gegenteil beweisen, daß es zu allen Zeiten die Bestimmung des »jüdischen Geistes« gewesen sei, die Welt aus ihrem Schlaf zu rütteln und das Denken zu revolutionieren. In diesem Falle zitiert man Freud in einem Atemzug mit Bergson und Einstein – falls man nicht noch höher greift – als einen der jüdischen Denker, die die kühnsten Bahnbrecher der Modernität waren. In einem Punkt aber stimmen die beiden so radikal gegensätzlichen Sichtweisen überein: sie lassen den »jüdischen Geist« undefiniert in einer Schattenzone, die der emotionalen Wallung förderlicher ist als der kritischen Analyse.

Freud selber hat das Thema vor allem in seinen Briefen und seinem Versuch einer Autobiographie gerne angeschnitten, auch wenn er sich nicht ausführlich dazu äußert; er war sogar der erste, der seine Entdeckungen mit jenen intellektuellen und moralischen Wesenszügen in Verbindung brachte, die seiner Ansicht nach in unmittelbarem Zusammenhang mit seiner Herkunft stehen. Nicht daß er eine genaue Vorstellung davon gehabt hätte, auf welche Weise der »jüdische Geist« seine Theorien inspiriert hatte, oder sich genaue Rechenschaft darüber gegeben hätte, was er diesem oder jenem Aspekt der jüdischen Tradition verdankte. Doch war er überzeugt, daß die besondere Situation des Juden ihm den Kampf gegen das allgemeine Vorurteil sehr erleichtert habe und daß er seinem »Stück Wahrheit« schließlich deshalb zum Durchbruch verhelfen konnte, weil er in gewisser Weise schon durch seine Herkunft mit dem Mut zur Rebellion ausgestattet war. Kurz gesagt: Freud übernimmt für seine persönliche Leistung die These, daß das Judentum *nonkonformistisch*[2] und insofern zukunftbezogen sei, als es, der geistigen Bevormundung durch die herrschende Gesellschaft entzogen, alle Chancen im Gesamtbereich des Denkens wahrnehmen und so immer wieder schöpferisch sein kann. In seiner Ansprache an die jüdische Loge B'nai B'rith, eine liberale Vereinigung, der er bis zu seinem Tode und gut zwanzig Jahre als aktives Mitglied angehörte, hat Freud die beiden für die Entstehung seines Werkes entscheidenden Qualitäten hervorgehoben, die er seiner »jüdischen Natur« zu verdanken glaubte: »Weil ich Jude war, fand ich mich frei von vielen Vorurteilen, die andere im Gebrauch ihres Intellekts beschränkten, als Jude war ich dafür vorbereitet, in die Opposition zu gehen und auf das Einvernehmen mit der ›kompakten Majorität‹ zu verzichten.«[3] Hier wie auch in dem Abschnitt der *Selbstdarstellung*[4], der die Rassenvorurteile schildert, mit denen Freud zu seiner schmerzlichen Überraschung in der Universität von Anfang an zu kämpfen hatte, betrachtet er das Judentum in erster Linie unter dem Aspekt seiner oppositionellen Beziehung zur christlichen Gesellschaft; er befaßt sich nicht eigentlich mit dem Judentum an sich, seiner historischen Bedeutung oder seiner geistigen Botschaft. Der Jude hat für den gesunden Gebrauch seines Denkens den »Anderen« zwei Vorteile voraus: sein Kopf ist nicht vernebelt vom Moderstaub des Glaubens, den Restbeständen von Dogmen und abergläubischen Vorstellungen, die noch den fortschrittlichsten Christen selbst dort geistig lähmen, wo er sich von den hartnäckigen Vorurteilen seiner Zivilisation freigemacht zu haben glaubt; auch steht er nicht in Versuchung, den Konformismus seiner Umgebung nachzuäffen, und wenn es ihm doch unterläuft, dann sorgen die Feindseligkeit und die Verachtung seiner Umwelt sehr rasch dafür, daß er sich wieder auf seine Andersartigkeit besinnt. Frei – relativ frei im Vergleich mit den dunklen intellektuellen Zwängen, in denen die »Anderen« gefangen bleiben – ist der Jude also in zweierlei Hinsicht: erstens gegenüber seinem eigenen geistigen Erbe, das nicht notwendig seine Urteilskraft trübt, und zweitens gegenüber dem christlichen Erbe, das ihn jedenfalls von Rechts wegen nichts angeht. Vor allem, vielleicht sogar ausschließlich dieser doppelten Freiheit ist es zu verdanken, daß die Psychoanalyse sich als Wissenschaft durchsetzen und sich entwickeln konnte für die Schlacht, die sie immer noch an den vorgeschobenen Grenzen des Geistes zu kämpfen hat.

Freud beruft sich also nicht nur auf eine »jüdische Natur«, die in besonderem Maße für eine Avantgarderolle im geistigen Kampf gerüstet ist; er zieht daraus vielmehr den radikalen Schluß, daß die Psychoanalyse nur durch einen Juden entdeckt werden konnte, was übrigens den gewaltigen Rückstand in der doch so notwendigen Erforschung der menschlichen Psyche erklärt. Warum – so fragt er den Pfarrer Oskar Pfister, gegen den er freundschaftlich polemisiert –, warum hat nicht einer jener frommen Männer die Psychoanalyse geschaffen, warum mußte man auf einen absolut gottlosen Juden warten?[5] Wie die Psychoanalyse den Juden brauchte, ohne den sie nicht geschaffen werden konnte, so findet der Jude trotz aller inneren Widerstände, die er ebenso wie jeder andere Mensch in harter analytischer Arbeit überwinden muß, instinktiv den Weg zur Theorie, während der Nicht-Jude, wenn er Freud verstehen und sich seine Denkweise wirklich zu eigen machen will, zusätzliche Hindernisse zu bezwingen hat, nämlich alles das, was noch an Vorurteilen und mystischen Hirngespinsten in ihm weiterlebt. So aufrichtig zum Beispiel C. G. Jung auch sein mag – und Freud zweifelt anfänglich nicht an seiner Aufrichtigkeit –, so kann er doch nicht ohne Hilfe den entscheidenden Sprung wagen, weil er angesichts der schockierendsten Entdeckungen der »jüdischen Wissenschaft« in einem erheblichen Maße ein Gefangener seiner eigenen Archäologie bleibt. Daher der Rat, den Freud 1908 Karl Abraham erteilt, als dieser, nicht ohne Grund mißtrauisch gegenüber den theoretischen Abweichungen des neuen Jüngers, nicht bereit ist, einen Konflikt zu vermeiden: »Seien Sie tolerant und vergessen Sie nicht, daß Sie es eigentlich leichter als Jung haben, meinen Gedanken zu folgen, denn erstens sind Sie völlig unabhängig, und dann stehen Sie meiner intellektuellen Konstitution durch Rassenverwandtschaft näher, während er als Christ und Pastorssohn nur gegen große innere Widerstände den Weg zu mir findet. Um so wertvoller ist dann sein Anschluß. Ich hätte beinahe gesagt, daß sein Auftreten die Psychoanalyse der Gefahr entzogen hat, eine jüdische nationale Angelegenheit zu werden.«[6] Und in einem anderen Brief wird er noch deutlicher: »Wir Juden haben es im ganzen leichter, da uns das mystische Element abgeht.«[7] Die Lehre aus diesen wenigen Jahren, in denen die Psychoanalyse sich auszubreiten versuchte, wird also in einem strikten Gegensatz zusammengefaßt: wo ein Abraham Freud ohne Mühe oder allzu großes Gefühl der Desorientierung zu folgen vermag, wird ein Jung immer hart an sich selbst arbeiten müssen, um sich freizumachen von den Glaubensresten und den mehr oder minder bewußten archaischen Bildern, die seine wissenschaftlichen Hypothesen beeinflussen und ihn zu Abweichungen verleiten. Abraham ist damit übrigens völlig einverstanden; auch er ist sich bewußt, Freud auf eine natürliche Weise nahezustehen, vielleicht kraft ihrer gemeinsamen Traditionen, denn, so sagt er, »die talmudische Denkweise kann ja nicht plötzlich aus uns verschwunden sein«.[8] Mit dieser Beschwörung des Talmud findet die Polemik ihr vorläufiges Ende, doch schon wenig später wird das »mystische Element« Jung wieder ganz in der Gewalt haben und Freuds These auf traurige Weise bestätigen.[9]

Wenn Freud den jüdischen Ursprung der Psychoanalyse betont, so kommt es ihm nicht so sehr darauf an, eine innere Verwandtschaft nachzuweisen; er unterstreicht vielmehr die Solidarität zwischen dem Judentum und der neuen Wissenschaft angesichts einer feindseligen, geringschätzigen oder bestenfalls gleichgültigen Welt, die alles Neue nur annimmt, wenn sie es auf bequeme Weise mit ihren eigenen Vorurteilen in Einklang bringen kann. Die Debatte dringt daher nicht zum Kern des Problems vor; Freud benutzt vielmehr einen taktischen Kunstgriff, indem er nie einen möglicherweise positiven Wesenszug erwähnt, sondern ausschließlich – zumindest, soweit sich das nach den vorliegenden Briefen beurteilen läßt – das solide und in gewisser Weise aufgezwungene Band, das der Judenhaß schmiedet.[10] Und wenn er den Forschungen seiner Schüler mit hebräischen Neigungen, die seit dem Erscheinen der *Traumdeutung* in den jüdischen Quellen nach authentischen Adelstiteln für ihn suchen, ein amüsiertes Wohlwollen gönnt, ist er doch nicht allzu geneigt, ihnen dabei entgegenzukommen. Tatsächlich ist es durchaus möglich, in der Fülle der jüdischen Texte hie und da Aussprüche und Maximen ausfindig zu machen, die den kühnsten Freudschen Gedanken merkwürdig verwandt scheinen; neben anderen Berührungspunkten läßt sich das Interesse der Rabbiner für die Traumdeutung hervorheben, die Bedeutung, die sie der Sexualität, der Ehe und überhaupt dem irdisch-materiellen Aspekt des Alltagslebens beimessen, auch die Rolle, die die Wertigkeit von Wörtern und Zahlen in ihrer Lehre spielt, oder die Technik der Permutation, die ihr wichtigstes Arbeitsinstrument in der Exegese ist[11]. Alles das erlaubt gewiß scharfsinnige Gedankenverbindungen, führt aber kaum zu mehr als zu Spekulationen zweifelhafter Art – einmal, weil die fraglichen Analogien, auf vage Ähnlichkeiten der Technik gegründet, die Gegensätzlichkeit der angestrebten Ziele unterschlagen, und zum anderen, weil man wahrscheinlich in jeder anderen Tradition ähnliche und ebenso überzeugende Analogien finden könnte. Wie immer es um den Wert der verschiedenen Arbeiten stehen mag, Freud jedenfalls nimmt an ihnen keinen aktiven Anteil; im übrigen leuchtet ein, daß der »absolut gottlose Jude«, der Freud ist und sein will, als Forscher nicht das Bedürfnis empfindet, allzusehr auf der Lokalfarbe seiner Entdeckungen zu insistieren. Für ihn sind sie nur insofern von Wert, als sie zur Erweiterung der wissenschaftlichen Erkenntnis beitragen und infolgedessen universelle Geltung beanspruchen können, unabhängig von den Eigentümlichkeiten des Mannes, mit dessen Namen sie verknüpft sind.

Dieses vielfältig begründeten Vorbehalts wegen – wir werden sehen, daß er neben intellektuellen und moralischen Gründen noch verborgenere

Wurzeln hat – hat Freud niemals wirklich versucht, seine Stellung innerhalb des Judentums seiner Zeit genau zu definieren; er hat auch nicht gesagt, wieso die Psychoanalyse, wenn sie wirklich durch seine Herkunft nachhaltig geprägt ist, dennoch etwas Wesentliches über den Menschen im allgemeinen auszusagen vermag – jenseits der ethnischen, historischen, kulturellen und sozialen Bedingungen, die die relative Bestimmbarkeit jeder individuellen oder kollektiven Existenz ausmachen. Diese beiden Fragen – denen neben anderen die vorliegende Untersuchung gilt – verdienen jedoch ernst genommen zu werden – nicht nur, weil sie mit der Situation des modernen jüdischen Denkens zusammenhängen, sondern vor allem, weil sie auf einen ebenfalls modernen paradoxen Sachverhalt verweisen: daß nämlich das Universale gerade aus dem ganz lokal gebundenen Partikularen hervorzugehen scheint.

Daß die Stellung der Psychoanalyse innerhalb des zeitgenössischen Judentums dennoch auch von innen und nicht nur in ihrem Verhältnis zu der blockhaften Majorität der »Anderen« betrachtet werden kann, hat jener Schriftsteller geahnt, der sicher am wenigsten dazu berufen war, eine aktive Rolle in den »nationalen jüdischen Angelegenheiten« zu spielen: Franz Kafka. Ein Schriftsteller also, der überdies mehr als andere darauf bestand, von Freud nur aus der Ferne Kenntnis zu nehmen, aber dennoch kraft einer Luzidität, die der Distanz, die er wahrt, proportional ist, in diesem wie in vielen anderen Punkten einer der hellsichtigsten Zeugen ist. Für Kafka ist die Psychoanalyse in der Tat nicht in erster Linie eine allgemeine Theorie der menschlichen Psyche; der Jude jedenfalls darf sie zunächst nicht als solche betrachten, denn das hieße der Wirklichkeit den Rücken kehren und einen jener vorzeitigen Sprünge machen, die das Denken zum Stocken bringen und in die schlimmste intellektuelle Sünde führen (Kafkas Held ist immer einer, der verallgemeinert, anstatt zu leben: darin liegt seine »Schuld«, die automatisch zu einer Bestrafung durch das Leben führt). Das Werk von Freud ist viel eher ein für die gegenwärtige Generation geschriebenes Kapitel der jüdischen Geschichte, in gewisser Weise der neueste Kommentar zum Talmud, und darin liegt wohl nicht das ganze Maß der ihr möglichen Geltung, so doch ihre tiefste Rechtfertigung. Im Dezember 1922 schreibt Kafka an Franz Werfel anläßlich der Abneigung, die ihm dessen Stück »Schweiger« als eine, wie er es empfindet, Verfälschung und Abwertung des Leidens seiner Generation einflößt, folgende Sätze: »Es ist keine Freude, sich mit der Psychoanalyse abzugeben, und ich halte mich von ihr möglichst fern, aber sie ist zumindest so existent wie die Generation. Das Judentum bringt seit jeher seine Leiden und Freuden fast gleichzeitig mit dem zugehörigen Raschi-Kommentar hervor, so auch hier.«[12] Wie man sieht, folgt Kafka weder Freud, den an der Zugehörigkeit der Psychoanalyse zum Judentum nur einige nebensächliche, wenn auch spezifische Züge interessieren, noch folgt er jenen, die sie in den jüdischen Texten an einem ganzen Bündel mehr oder minder überzeugender Details wiederzuerkennen glauben[13]. Seiner Ansicht nach ist der Sinn der Freudschen Lehre zunächst im Kontext des gegenwärtigen jüdischen Lebens zu finden, eines Lebens, das wie jedes andere seine Leiden und seine Freuden hat, aber doch mit dem entscheidenden Unterschied, daß es, da es von jeher gezwungen ist, sich selber zu kommentieren, von jeher auch geschriebenes Leben ist und nicht vor, sondern *fast gleichzeitig* mit dem Text produziert wird, der es erklärt. Kafka hat hier nicht Gelegenheit, die Leiden und Freuden zu benennen, deren Interpret (und, da sie ihrer Erklärung mit einiger Verzögerung folgen, in gewissem Sinne auch Prophet) derzeit Freud ist, aber daß er weiß, wovon er spricht – zumindest, was die »Leiden« angeht, denn die »Freuden« sind ja nicht seine Stärke –, geht aus einem früheren Brief hervor, der sich diesmal auf den Kern des Problems bezieht. Ein Jahr zuvor hat Kafka in der Tat zu einem Buch von Karl Kraus[14], das für ihn die tiefinnersten Schwächen der jüdisch-deutschen Literatur und noch tiefgreifender die Krise des von innen her von unlösbaren Sprachproblemen zerfressenen assimilierten Judentums enthüllt, an Max Brod folgendes geschrieben: »Besser als die Psychoanalyse gefällt mir in diesem Fall die Erkenntnis, daß dieser Vaterkomplex, von dem sich mancher geistig nährt, nicht den unschuldigen Vater, sondern das Judentum des Vaters betrifft. Weg vom Judentum, meist mit unklarer Zustimmung der Väter (diese Unklarheit war das Empörende), wollten die meisten, die deutsch zu schreiben anfingen, sie wollten es, aber mit den Hinterbeinchen klebten sie noch am Judentum des Vaters und mit den Vorderbeinchen fanden sie keinen neuen Boden. Die Verzweiflung darüber war ihre Inspiration.«[15]

In diesen Sätzen, die eine bemerkenswerte Schärfe auszeichnet – vergessen wir nicht, daß Kafka an Max Brod schreibt, also an einen Schriftsteller, den er selber zu der weiter oben beschriebenen Kategorie der zerstückelten Wesen rechnet, und dies um so gewisser, als Brod sich in sprachlichen Dingen einer glücklichen Naivität erfreut –, kommt es Kafka nicht so sehr darauf an, die deutsch-jüdische Literatur in ihren einzelnen Produktionen zu verurteilen, als eine Gesamtsituation zu beschreiben, die durch eine schwerwiegende Zweideutigkeit gekennzeichnet ist und in dem Maße, in dem sie verkannt, leichtgenommen oder gar völlig verleugnet wird, die Werke zur Nichtigkeit verdammt. Das Übel, um das es hier geht, ist weder eine Frage des Talents noch des Fleißes; es ist fundamentaler Natur und bliebe unheilbar auch dann, wenn alle geschaffenen Werke ausgesprochen genial wären.

Das Mißgeschick der jüdisch-deutschen Literatur ist ein Mißgeschick des Lebens, und so wäre die junge Generation der Juden im Recht, den Älteren jene bitteren Vorwürfe zu machen, die Kafka gegen seinen Vater Hermann Kafka in dem berühmten Brief erhebt, den er im Alter von 36 Jahren schrieb, um sich klar zu werden über die Ursachen ihrer wechselseitigen Entfremdung.[16] Denn Hermann Kafka, ein typischer Vertreter einer unentschiedenen Generation, die zwischen zwei widersprüchlichen Alternativen passiv hin und her geworfen wurde und sich schließlich damit begnügte, die Dinge treiben zu lassen, ist durchaus nicht der schuldlose Vater, den zu töten die Bestimmung des griechischen Ödipus ist; er ist vielmehr ein schuldbeladener Vater und schuldig im doppelten Sinne: weil er ist, was er ist, und weil er es nicht wirklich oder nicht genug ist; weil er also noch zu sehr Jude ist, um völlig mit einer überlebten Tradition zu brechen, in der seine Kinder nur leeres Getue zu sehen vermögen, und weil er zu wenig Jude ist, um der jungen Generation die Möglichkeit einer echten, in sich gegründeten und aus sich selbst Sinn und Rechtfertigung findenden Existenz zu vermitteln. »Ebensowenig Rettung vor Dir fand ich im Judentum«, schreibt Kafka diesem Vater, den er zum Angeklagten macht. »Hier wäre ja an sich Rettung denkbar gewesen, aber noch mehr, es wäre denkbar gewesen, daß wir uns beide im Judentum gefunden hätten oder daß wir gar von dort einig ausgegangen wären. Aber was war das für Judentum, das ich von Dir bekam!« Wahrscheinlich hatte der Vater selber nicht viel zu geben, und dieser recht kümmerliche Rest war nicht zu vermitteln: »Du hattest aus der kleinen ghettoartigen Dorfgemeinde wirklich noch etwas Judentum mitgebracht, es war nicht viel und verlor sich noch ein wenig in der Stadt und beim Militär, immerhin reichten noch die Eindrücke und Erinnerungen der Jugend knapp zu einer Art jüdischen Lebens aus...« Vielleicht hätte der Vater Liebe zu diesen Restbeständen noch lebensfähiger Tradition wecken können, wenn er selber ihren Wert gefühlt hätte, doch im Grund ließen sie ihn kalt, und für seine Kinder leitete er aus ihnen nur unverständliche Verpflichtungen und eine Reihe von leeren Ritualen ab, die in ihren Augen als empörende Heuchelei erscheinen mußten: »Es war auch unmöglich, einem vor lauter Ängstlichkeit überscharf beobachtenden Kind begreiflich zu machen, daß die paar Nichtigkeiten, die Du im Namen des Judentums mit einer ihrer Nichtigkeit entsprechenden Gleichgültigkeit ausführtest, einen höheren Sinn haben konnten. Für Dich hatten sie Sinn als kleine Andenken aus früheren Zeiten, und deshalb wolltest Du sie mir vermitteln, konntest dies aber, da sie ja auch für Dich keinen Selbstwert mehr hatten, nur durch Überredung oder Drohung tun; das konnte einerseits nicht gelingen und mußte andererseits Dich, da Du Deine schwache Position hier gar nicht erkanntest, sehr zornig gegen mich wegen meiner scheinbaren Verstocktheit machen.« Aber das ist, wie Kafka deutlich macht, kein Einzelfall: »Ähnlich verhielt es sich bei einem großen Teil dieser jüdischen Übergangsgeneration, welche vom verhältnismäßig noch frommen Land in die Städte auswanderte.« Das heißt, daß die jüdische Familie, vor allem unter deutschen Verhältnissen, sozusagen chronisch im Zustand der Krise lebt. Durch die Schuld all dieser Väter wie Hermann Kafka, die aus dem »ländlichen Getto« ein bißchen authentisches Judentum noch mitgebracht haben und von ihren Kindern eine oberflächliche Treue gegenüber der Tradition fordern, während sie zugleich deren Verlangen nach Bruch mit der Tradition unklar billigen (»diese Unklarheit war das Empörende«), ist der Sohn heute, was auch immer er tut, ein unglückliches Wesen, dazu verurteilt, zwischen zwei Welten zu leben und sich mit Halbheit und Gespaltenheit abzufinden. Daher die Empörung gegen den, der zwar selber nur ein Opfer der Verhältnisse ist und allenfalls aus Lauheit und banalem Opportunismus schuldig wird, aber dennoch als erster verantwortlich ist für diese unfruchtbare Zerrissenheit, aus der nur Heuchelei und Verzweiflung kommen (daß dieser Vater auch die Quelle einer fragwürdigen Inspiration sein könnte, kann seine Verantwortung nicht mindern; für Kafka würde das den Fall eher noch verschlimmern). Eben von diesem Vater spricht die Psychoanalyse, und unabhängig davon, was sie im allgemeinen sonst noch zu sagen hat, ist es zunächst ihre Aufgabe, diesen spezifischen Konflikt einer ganzen Generation geistig und gesellschaftlich entwurzelter Juden zu deuten.[17]

Man wird gewiß einwenden, daß Kafka in dieser leidenschaftlichen Abrechnung die Sprache der neurotischen Unredlichkeit spricht, da er aus dem »Ödipuskomplex« das Inzestmotiv ausklammert, das doch das Wesen dieses Komplexes ausmacht; da er anklagt, während doch er selbst und er allein sich angeklagt fühlt (man weiß im übrigen, mit welchen epischen Mitteln er in seinen Büchern die Situation umkehrt). Man wird vor allem einwenden, daß die Psychoanalyse für Freud von Anfang an etwas völlig anderes war als eine dramatische Auseinandersetzung zwischen einem jüdischen Sohn und einem jüdischen Vater, die weder zueinander finden noch voneinander lassen können, und daß es folglich schlichtweg auf eine Verleugnung der Psychoanalyse hinausläuft, wenn man sie auf eine so eng umgrenzte Angelegenheit reduziert. Beide Einwendungen sind berechtigt; dennoch verfügt Kafkas Neurose über ein Instrument von außerordentlicher Präzision, um die verborgenste Realität hinter den sie tarnenden Bildern und vorgefaßten Meinungen zum Vorschein zu bringen, und wenn es zutrifft, daß die Psychoanalyse als Wissenschaft nur vom Allgemeinen handeln kann und will, so bleibt doch die Tatsache, daß sie ihre Existenz ganz wesentlich der Selbstanalyse ihres Schöpfers verdankt, und daß die Zentralgestalt dieser neuartigen Erfahrung nicht irgendein Vater schlechthin, sondern notwendigerweise Jakob Freud gewesen ist, ein jüdischer Vater, ein »unklarer Vater«, der nach allem, was wir über seine Herkunft und seine Zeit wissen, auch seinem Sohn das unsichere Schwanken zwischen zweierlei Geschichte, zwei Kulturen und zwei unvereinbaren Denkweisen aufbürden mußte. Der »Ödipus-Komplex«, von dem heute kaum noch bestritten wird, daß er das menschliche Drama par excellence ist, verdankt seinen Namen gewiß einer geistigen Welt, der näherzukommen Jakob Freud nie auch nur das Bedürfnis verspürte[18], aber dieser entliehene Name darf uns nicht über die Urerfahrung hinwegtäuschen, aus der der Begriff entsprang; Jakob, der Jude aus Galizien, und nicht ein sagenhafter griechischer König war zunächst für Freud der erschlagene Vater. In diesem Sinne muß man dem provozierenden Satz Kafkas über den Raschi-Kommentar eine unendlich größere Tragweite zuerkennen als so mancher abstrakten Spekulation über das gleiche Thema. Trotz seines bewußt tendenziösen Charakters – er richtet sich an Franz Werfel, der einige Jahre später dem »Unklaren« durch Konversion zu entrinnen versuchte – erfaßt dieser Satz genau in dem, was näher zu besehen er zwingt, den wahren Ausgangspunkt des Freudschen Werkes sowohl als die eigentümliche Bewegung, die es fast im letzten Moment zu diesem Ausgang wieder zurückführt. Denn dieses einzigartige Werk, in das ebensoviel Meditation wie Forschung eingegangen ist und das dem Roman so nahe steht wie der Wissenschaft, entwickelt sich nicht strikt linear, sondern beschreibt eher einen gewaltigen Kreis um ein einziges Motiv, das es unablässig abwandelt: begonnen mit der *Traumdeutung*, in der das zwar durch den Tod des Vaters inspirierte, aber als konstitutiver Faktor der menschlichen Psyche in allen Kulturen und zu allen Zeiten aufgefaßte ödipale Drama der realen Person Jakob Freuds nur eine Schattenrolle läßt, findet es seinen Abschluß in *Der Mann Moses und die monotheistische Religion* mit einer großartigen Vision des jüdischen Vatermordes, das heißt mit einer Rückkehr zu eben jenem Erlebnis, dessen Schrecken Freud einst überwinden mußte und das er nun, am Vorabend seines Todes, noch einmal heraufbeschwört und bei seinem Namen nennt, diesmal aber, um es zum Gründungsgut einer ganzen Kultur zu machen.

2. Die zwei Kulturen

Durch einen jener Zufälle, in denen die Nachwelt gerne eine tiefere Bedeutung sieht, ist Freud am 6. Mai 1856 geboren, also drei Monate nach dem Tod Heinrich Heines, des jüdischen Dichters, der nicht nur Jude, sondern auch Deutscher, Rheinländer und Protestant war, pariserisch fühlte und griechisch dachte und damit 30 Jahre lang den Zwiespalt und die Unruhe seiner Generation verkörperte. An der Schwelle der zweiten Jahrhunderthälfte, die dem deutschen Judentum die Aussicht einer erträglichen Zukunft eröffnet, es aber um so schärfer an den Vorurteilen und der Trägheit der »Anderen« leiden läßt, die es auf die Vergangenheit festnageln wollen – an diesem Wendepunkt also scheint der künftige Forscher das Erbe des Dichters anzutreten, um auf anderem Felde und mit anderen Mitteln den schon lange währenden Kampf des jüdischen Intellektuellen gegen all das weiterzukämpfen, was die Kräfte der Vernunft einengt und ihn selbst in Knechtschaft hält.

Tatsächlich ist die im Prinzip seit 1802 errungene Emanzipation der deutschen Juden auch 1856 noch nicht mehr als eine administrative Maßnahme, deren praktische Wirksamkeit höchst unterschiedlich und dort, wo der Mangel an gutem Willen in der Gesellschaft in offene Feindseligkeit umschlägt, sogar gleich Null ist. Zwar wurde das 1791 von der Französischen Nationalversammlung erlassene Dekret während der napoleonischen Kriege auch auf die deutschen Territorien ausgedehnt, das Gesetz ist also in Kraft, doch wird es im allgemeinen so wenig oder so nachlässig angewendet, daß es in der ersten Jahrhunderthälfte immer wieder durch neue Dekrete bekräftigt werden muß. 1802, 1808, schließlich 1848 – an diese Daten knüpft sich für die deutschen Juden die Hoffnung, endlich für immer der alten Schmach der mittelalterlichen Diskriminierung zu entrinnen, doch am Ende bringen sie nur ebenso viele Enttäuschungen, denn jedes neue Dekret, mag es die völlige Gleichheit der Rechte besiegeln oder ihre Geltung lokalen Einschränkungen unterwerfen, beweist nur die Ohnmacht des Gesetzgebers angesichts der massiven Gegenreaktion auf die geringste Andeutung einer Veränderung. Die Juden Deutschlands und Mitteleuropas, die die Revolution von 1848 mit Enthusiasmus begrüßt und aktiv an ihr teilgenommen hatten, waren wie vor ihnen schon Moses Mendelssohn überzeugt, daß es von nun an unmöglich sein würde, die Menschenrechte zu fordern, ohne zugleich für die Rechte des Juden einzutreten; sie mußten jedoch feststellen, daß der gemeinsame Kampf ihnen kaum etwas eingebracht hatte: noch 20 Jahre hatten sie auf die volle rechtliche Gleichstellung zu warten, auf die sie all ihre Freiheitshoffnung gesetzt hatten. Als das entscheidende Dekret schließlich erlassen wird (1868 für Deutschland, 1869 für Österreich-Ungarn), ist Freud gewiß noch nicht in dem Alter, in dem man die großen Lebensentscheidungen trifft, denn er ist noch ein kleiner Schüler auf den Bänken eines Wiener Gymnasiums, doch ist dieser Schüler nunmehr den anderen gleichgestellt, kann wie sie darauf zählen, die Universität zu besuchen und dort zu arbeiten wie jeder andere, ohne sich dafür rechtfertigen oder seine Eigenart verleugnen zu müssen.

In dieser Hinsicht unterscheidet sich die Epoche Freuds also merklich von der vorangegangenen, in der der theoretisch emanzipierte und mehr oder weniger dem traditionellen Judentum entfremdete Intellektuelle zwar ohne weiteres das Recht auf eine freischwebende Kultur und Bildung hatte, aber gesellschaftlich ein Außenseiter und buchstäblich beschäftigungslos blieb, welchen Rang auch immer er innerhalb der intellektuellen Elite einnehmen mochte. Gewiß hatte sich schon einiges geändert seit den Tagen Moses Mendelssohns, des berühmten Freundes Immanuel Kants, der von allen als einer der bedeutendsten Denker des aufgeklärten Europa und von seinen Glaubensgenossen als Prophet oder fast wie ein Prophet verehrt wurde und zugleich doch auch »Leibjude« Friedrichs II. und den demütigendsten Beschränkungen unterworfen war, sich ohne Einwilligung des Königs nicht einmal frei bewegen durfte und nicht höher geachtet wurde als ordinäres Vieh. Aber wenn die Zeitgenossen Heines sich nicht mehr an so engen und unverrückbaren Schranken stießen, so mußten sie gegen verborgenere Hemmungen kämpfen, ohne den Gegner je fassen zu können – nicht nur in der Außenwelt, sondern auf noch schmerzlichere Weise sogar in ihrem eigenen Inneren, in dem unausgesetzt eine Art Bürgerkrieg zwischen Zweifeln, Scham, Gewissensbissen und dem Trotz des Abtrünnigen tobte. Die literarischen Erfolge der Begabtesten – und an großen Begabungen fehlte es in diesem Milieu wahrhaftig nicht – vermochten die Folgen dieses mehr oder minder heftigen inneren Bürgerkrieges so wenig zu lindern wie der außerordentliche Einfluß der jüdischen Salons in Berlin, in denen die romantische Intelligentsia sich Anregungen holte, oder die revolutionäre Agitation, auf die einige sich stürzten, um zugleich sich selbst und die Menschheit zu befreien. Denn so groß sein Ruhm, so herausragend seine Werke auch sein mochten – seine gesellschaftliche Situation verstrickte den germanisierten jüdischen Intellektuellen in einen ausweglosen Konflikt mit sich selbst: er hatte, kurz gesagt, den Juden in sich zu unterdrücken im Namen von etwas, das er nicht oder noch nicht oder nur in seinen eigenen Augen war, aber durchaus nicht für die Gemeinschaft, in der aufzugehen er sich sehnte. Er konnte seinen Namen ändern, der Form halber katholisch oder protestantisch werden, sich Tonfall und Gebaren der intellektuellen Elite zu eigen machen, mit seinem Talent zum Glanz und Ruhm der deutschen Sprache beitragen – alles das zählte nicht, und seine Versuche, nicht aufzufallen, zogen erst recht die Aufmerksamkeit auf ihn und auf eben jene als interessant, verdächtig oder widerwärtig geltenden Eigentümlichkeiten, die er vergessen machen wollte, weil sie an sich schon ein Grund zur Diskriminierung waren. Je mehr er sich mühte, seine Besonderheit auszulöschen, desto weniger waren die anderen bereit, ihn als ihresgleichen zu betrachten – aufgrund jenes allgemeinen Gesetzes, daß der Einheimische eben keiner besonderen Anstrengungen bedarf, um sich den Sitten und Denkgewohnheiten seines Landes anzupassen, während der Fremdling, der unaufhörlich vor Rätseln steht, schon dadurch deutlich auffällt, daß er nicht nur für komplizierte Vorgänge, sondern für die simpelsten Dinge, für all die kleinen Banalitäten, die im täglichen Leben ständig ganz mechanisch getan oder gesagt werden, eine Erklärung braucht. Der Bodenständige, für den alles selbstverständlich ist, erkennt sofort den Fremden an der Mühe, die er sich gibt, das Selbstverständliche zu erklären, und an der Naivität, mit der er zu glauben scheint, durch solche Erklärungen den Anschein der Zugehörigkeit zu gewinnen, so daß man sein Anderssein nicht mehr bemerkt. Der germanisierte Jude – als Jude kenntlich gerade an dem, womit er sich unkenntlich zu machen glaubte, anerkannt als das, was er war, aber abgewiesen in seinem Anspruch, den Bürgern seines Wirtslandes gleich zu sein – befand sich also stets in jener halb tragischen, halb grotesken und total schiefen Lage, die Ludwig Börne auf die bemerkenswert knappe Formel brachte: »Es ist wie ein Wunder! Tausendmale habe ich es erfahren, und doch bleibt es mir ewig neu. Die Einen werfen mir vor, daß ich ein Jude sei, die Andern verzeihen mir es; der Dritte lobt mich gar dafür; aber alle denken daran. Sie sind wie gebannt in diesem magischen Judenkreise, es kann Keiner hinaus.«[1]

Daß dieser Zustand – beschrieben 1832 mit der hellsichtigen Ironie, die die jüdisch-deutsche Literatur kultivierte – trotz aller Gesetze auch noch nach der Krise fortbestand, die durch die beginnende Assimilation ausgelöst wurde, beweist eine Fülle jüdischer Texte – Briefe, Tagebücher, Romane –, aus denen gegen Ende des Jahrhunderts noch immer die gleiche Klage und das gleiche Staunen spricht. Ein halbes Jahrhundert nach dem

Dekret, das den Juden die volle rechtliche Gleichheit gewährte, sucht der Landvermesser K. in Kafkas *Schloß* noch immer den jüdischen Zauberkreis durch vollkommene Angleichung an die Dorfbevölkerung, bei der er sich niederlassen will, zu durchbrechen: »Nur als Dorfarbeiter, möglichst weit den Herren vom Schloß entrückt, war er imstande, etwas im Schloß zu erreichen, diese Leute im Dorf, die noch so mißtrauisch gegen ihn waren, würden zu sprechen anfangen, wenn er, wo nicht ihr Freund, so doch ihr Mitbürger geworden war, und war einmal ununterscheidbar von Gerstäcker und Lasemann – und sehr schnell mußte das geschehen, davon hing alles ab –, dann erschlossen sich ihm gewiß mit einem Schlag alle Wege, die ihm, wenn es nur auf die Herren oben und ihre Gnade angekommen wäre, für immer nicht nur versperrt, sondern unsichtbar geblieben wären.«[2] Man weiß, wie dieser Versuch der Angleichung *von unten* endet, von dem Kafka wie von einer letzten Chance träumt, dem Elend der falschen Ähnlichkeit und der falschen Identität endlich zu entrinnen: um den Gerstäcker und den Lasemann zu gleichen, muß er sie zunächst einmal verstehen, und da er nicht von hier und nichts ihm selbstverständlich vertraut ist, heißt das, daß er sie unablässig beobachten, ihre Handlungen und Gesten, ihre Gewohnheiten und die Gesetze, denen sie zu gehorchen scheinen, studieren und ihre Überlieferungen, ihre Überzeugungen und sogar ihre Sagen endlos deuten muß; und diese rastlose geistige Tätigkeit verweist ihn nicht nur auf die ungreifbaren Autoritäten des Schlosses, liefert ihn nicht nur tödlicher Erschöpfung aus, sondern macht ihn auch radikaler zum Fremdling als ein offenes Bekenntnis seiner Andersartigkeit.

In der Zeit der Kindheit und Jugend Freuds, in der die Frage der Rechtsgleichheit juristisch und, wie es schien, endgültig entschieden war, blieb die doppelte Aufgabe, an der Kafkas Held und Kafka selber nach und nach scheitern sollten, das große Problem des jüdischen Intellektuellen: sich in nichts mehr von den Gerstäcker und Lasemann unterscheiden, um unter ihnen nicht mehr aufzufallen und so ihren ewigen Haß besiegen zu können; zugleich aber Abstand von ihnen halten, um ihrem Leben und Treiben zusehen, Beobachtungen sammeln und das Beobachtete deuten zu können – fast wie ein Ethnologe, der sich fern von seiner eigenen Zivilisation dem Studium eines Eingeborenenstammes widmet[3]. Gleich sein wollen und gerade deshalb gezwungen sein, seine Andersartigkeit, ja buchstäblich seine Exzentrizität herauszustellen: das war die bis zur Absurdität paradoxe Aufgabe, die der Jude in Berlin, Wien oder Prag in voller Kenntnis der Sachlage oder halb unbewußt auf sich nahm, sobald er die ersten Schritte auf dem Weg der Germanisierung hinter sich gebracht hatte. Wie auf viele andere so wartete diese Aufgabe auch auf Freud, ohne daß er hätte entscheiden müssen, ob er mit ihr fertig werden konnte oder wollte. Wir wissen nicht, wie er das Problem in seiner Jugend anging und welche Vorstellungen er darüber hatte, als er seinen Lebensweg bewußt wählte; unsere Dokumente bleiben hier leider stumm. Eines ist jedoch gewiß: anders als viele Schriftsteller und Denker, die vor oder nach ihm in einer gänzlich vergleichbaren Lage waren, empfand er die Zugehörigkeit zu zwei Kulturen nicht als eine schmerzliche Alternative (zumindest nicht vor der Machtergreifung der Nazis, und danach gab es für ihn überhaupt keine Alternative mehr)[4], und Fragen zu diesem Thema schienen ihn nicht im mindesten zu stören. Offensichtlich fühlte er sich sowohl als Jude wie als Deutscher – mehr als Jude z. B. in Paris, als ein revanchistischer Franzose ihn herausforderte[5], aber mehr als Deutscher im Jahre 1914, als die Kultur, der er innig verbunden war, ihm bedroht schien[6] –, ohne zu leiden an dieser doppelten Identität, die viele andere als Zweideutigkeit, als moralische Fragwürdigkeit empfanden, die ihr Gewissen mit quälenden Skrupeln belastete. Anscheinend – diese Einschränkung ist wichtig, denn der Anschein reicht für unsere Untersuchung bei weitem nicht aus – kann er in dieser Hinsicht sogar als ein seltenes, ja musterhaftes Beispiel der Abgeklärtheit gelten.

Geboren als Jude in einem Milieu, das dem traditionellen Leben der Juden noch sehr nahe stand, auch wenn es sich zumindest väterlicherseits schon ein klein wenig den Einflüssen von draußen öffnete[7], folgte Freud ganz natürlich dem Weg, den ihm seine Familie allein schon dadurch vorgezeichnet hatte, daß sie sich in Wien niederließ – aus gewiß zwingenden ökonomischen Gründen, aber ohne die Folgen für ihre Söhne zu kennen, zu wollen oder gar beeinflussen zu können. Das Wenige, was wir über Jakob Freud wissen, oder, genauer gesagt, aus den Erinnerungen seines Sohnes und einigen spärlichen Zeugnissen ableiten können, erlaubt in der Tat kaum, ihn als einen völlig okzidentalisierten Juden darzustellen. Wir müssen vielmehr annehmen, daß er aus seiner galizischen Heimat gewisse Eigentümlichkeiten des Lebensstils und vielleicht sogar teilweise den typischen Habitus des frommen osteuropäischen Juden bewahrt hat. Die Anekdote von der Mütze im Kot zeigt uns, daß Jakob Freud in Freiberg in Mähren, wo er zur Zeit der Geburt Sigmunds wohnte, für einen vorübergehenden und selbstverständlich böswilligen Christen noch auf den ersten Blick als Jude erkennbar war. Man kennt den banalen und empörenden Vorfall, den Freud in der *Traumdeutung* nicht nur als eines seiner prägendsten Kindheitserlebnisse, sondern auch als eine für den 40jährigen noch immer aktuelle Quelle des Kummers erzählt: »Ich mochte zehn oder zwölf Jahre gewesen sein, als mein Vater begann, mich auf seine Spaziergänge mitzunehmen und mir in Gesprächen seine Ansichten über die Dinge dieser Welt zu eröffnen. So erzählte er mir einmal, um mir zu zeigen, in wieviel bessere Zeiten ich gekommen sei als er: Als ich ein junger Mensch war, bin ich in deinem Geburtsort am Samstag in der Straße spazierengegangen, schön gekleidet, mit einer neuen Pelzmütze auf dem Kopf. Da kommt ein Christ daher, haut mir mit einem Schlag die Mütze in den Kot und ruft dabei: Jud, herunter vom Trottoir! ›Und was hast du getan?‹ Ich bin auf den Fahrweg gegangen und habe die Mütze aufgehoben, war die gelassene Antwort...«[8]. Einem Briefpartner, der sich allen möglichen Spekulationen über seine religiöse Vergangenheit hingab, bestätigte Freud im übrigen, daß Jakob Freud in seiner Jugend nicht nur den Habitus, sondern auch die Vorstellungen und den Lebensstil eines frommen Juden hatte: »Es wird Sie interessieren zu hören, daß mein Vater tatsächlich aus chassidischem Milieu stammte. Er war einundvierzig Jahre alt, als ich geboren wurde, und seinen heimatlichen Beziehungen seit fast zwanzig Jahren entfremdet. Ich wurde so unjüdisch erzogen, daß ich heute nicht einmal imstande bin, Ihre offenbar in jüdischer Schrift gehaltene Widmung zu lesen. In späteren Jahren habe ich dieses Stück meiner Unbildung oft bedauert.«[9] Freud sagt nicht, welche Umstände seinen Vater veranlaßten, die Frömmigkeit mit religiöser Gleichgültigkeit zu vertauschen, noch sagt er, worauf er selber diese Wandlung zurückführte. Ob nun seine Bindung an den Glauben zerbrach oder sich nur lockerte – man kann annehmen, daß er sich in der typischen Situation des frisch Verpflanzten fand, die nach Kafka die Ursache quälender Probleme für die nachwachsende Generation ist: durch das abrupte Überwechseln aus einer kleinen ländlichen Gemeinschaft in die Stadt von der Tradition abgeschnitten, bewahrte der Vater noch genügend lebendiges Judentum, um selbst kein gefährlich Entwurzelter zu sein, während seine Kinder, denen er nicht mehr mitgab als ein bißchen mit demütigenden Erinnerungen durchsetzte Folklore, nur noch eine tote Vergangenheit, eine ungewisse Zukunft und eine Gegenwart hatten, in der alles neu geschaffen werden mußte. Zwar kann andererseits das Jüdische in der Erziehung Freuds nicht so völlig vernachlässigt worden sein, wie er in dem zitierten Dokument behauptet, denn er vergißt hier – oder gibt gegenüber einem etwas lästigen Briefpartner vor, zu vergessen –, daß er die heiligen Schriften und das Hebräische durchaus in der Schule studiert hat und daß sein jüdischer Lehrer Samuel Hammerschlag keineswegs eine beiläufige Randfigur seiner Kindheit war und später einer seiner teuersten Freunde wurde, bei dem er in schwierigen Augenblicken Rückhalt und aktive Hilfe fand[10]; schließlich vergißt er, daß sein Vater ihm zum 35. Geburtstag seine eigene Bibel mit einer hebräischen Widmung

schenkte, die widersinnig gewesen wäre, wenn Jakob Freud nicht genau gewußt hätte, daß sein Sohn sie lesen und verstehen würde[11].
Aber ungeachtet dieses auffälligen Vergessens und seiner möglichen Hintergründe war Jakob Freud durchaus der Mann des Übergangs, dessen Werdegang Freud hier zusammenfaßt: da er einen entscheidenden Schritt der Loslösung vom Judentum seiner Vorfahren getan hatte, ohne zugleich nach einer neuen geistigen Heimat zu suchen, in der er selbst und seine Kinder hätten Fuß fassen können, brachte er den begabtesten seiner Söhne in eine zweideutige Position, auf halbem Wege zwischen unmöglich gewordener Treue gegenüber der Tradition und dem logisch vorgezeichneten Bruch mit ihr.
Daß Freuds Vater, so gottlos oder gleichgültig er auch mit zunehmendem Alter geworden sein mag, dennoch völlig im kulturellen Bannkreis der Bibel verblieb, wird uns eben durch das Bibel-Exemplar bewiesen, an dem der kleine Sigmund offenbar lesen gelernt hatte und das er ihm, mit einer Widmung versehen, als Unterpfand künftiger geistiger Erfolge zu seinem 35. Geburtstag schenkte. Zu diesem Zeitpunkt ist Freud gewiß noch nicht der Schöpfer einer skandalumwitterten neuartigen Wissenschaft, aber immerhin ein Arzt und Gelehrter, der bereits eine beträchtliche Forscherkarriere hinter sich hat. Er hat in Paris und Berlin gearbeitet, er hat ein Werk von John Stuart Mill und einen Teil der *Leçons* von Charcot übersetzt, er ist der Verfasser zahlreicher Veröffentlichungen über Themen der Anatomie und Pathologie, und eben in diesem Jahre 1891 hat er sich über sein Spezialgebiet hinausgewagt, indem er eine Arbeit über die Aphasie publizierte. In Übereinstimmung mit einer mitteleuropäischen Tradition, nach der ein Mann mit 35 Jahren in das Alter der Reife eintritt, wählt Jakob Freud diesen Zeitpunkt[12], um seinem Sohn ein Buch zu schenken, das sicher mit vielen rührenden Erinnerungen verbunden und mehr als andere geeignet ist, die Tiefe seiner Zuneigung auszudrücken, aber neben seiner Bedeutung als Reliquie der Familie für ihn sichtlich auch seine religiöse Kraft und Majestät zu einem guten Teil bewahrt hat. Die Bibel ist es, die diesen geliebten Sohn, den er fast als alter Mann gezeugt hat, im geheimen leitet und behütet, und ihr, nicht der Unterweisung durch gelehrte Männer, ist seine Liebe zur Erkenntnis und die Entfaltung seines Genies zu verdanken. Weiß dieser Vater, daß solche Obhut zu der geistigen Orientierung des jungen Forschers und zu seinem Verlangen nach dem, was er die Wahrheit nennt, kaum recht paßt? Davon sagt er nichts, aber der fast biblische Text, mit dem er das »Buch der Bücher« überreicht, bringt klar seine Überzeugung zum Ausdruck, mit diesem im doppelten Sinne symbolischen Geschenk seinem Sohn näher zu rücken: »Mein ge-

liebter Sohn, Es war in deinem siebenten Lebensjahr, daß der Geist des Allmächtigen dich überkam und dich drängte zu lernen. Der Geist des Allmächtigen spricht zu dir und sagt: ›Lies in meinem Buch; wenn du so tust, eröffnen sich dir die Quellen des Wissens und Verstehens.‹ Es ist das Buch der Bücher; es ist der Brunnen, den die Weisen gegraben haben, aus dem die Gesetzgeber das Wasser ihrer Weisheit schöpfen. Du hast in diesem Buch deinen ersten Blick auf das Bild des Allmächtigen geworfen. Du hast seine Lehre willig angehört und hast dein Bestes getan, dich auf den Flügeln seines Geistes in die Höhe tragen zu lassen. Heute, an deinem 35. Geburtstag, hole ich diese Bibel wieder ans Licht und schicke sie dir als einen Beweis der Liebe von deinem alten Vater.«[13] Mag dieser alte Mann sich noch so sehr von dem Glauben seiner Jugend entfernt, sich gar nach der Aussage seines Sohnes ganz von ihm abgewandt haben, so ist die Bibel dennoch für ihn die ewige Quelle der Weisheit geblieben; mit ihr beginnt alle Wahrheitssuche, wenn sie nicht mit ihr auch endet, und sogar der Geist der profansten Wissenschaft nährt sich von ihr. Dies ist wirklich das Buch der Bücher, einzigartig auch darin, daß Vater und Sohn in ihm ein Stück unverlierbarer Gemeinsamkeit, gleichsam die Besiegelung ihrer Zusammengehörigkeit finden.

Wir könnten geneigt sein, zu vermuten, daß dieser Jude, der religiöse Indifferenz so gut mit glühender Verehrung für das heilige Buch zu vereinigen weiß, kaum mehr als einen zaghaften Schritt zur abendländischen Kultur hin getan hat. Aber wir brauchen dies gar nicht zu vermuten, denn an vielen Stellen seines Werkes bestätigt uns Freud entweder direkt oder mit der Wiedergabe von Träumen, daß es sich wirklich so verhielt und daß er lange so sehr an diesem Sachverhalt gelitten hat, daß seine höchsten geistigen Befriedigungen ihm ein Schuldgefühl verursachten. Als Mann der Bibel hatte Jakob vor anderen Büchern oder, was fast auf das gleiche hinausläuft, vor den Büchern der »Anderen« kaum Respekt; das verrät uns der Traum von der »Botanischen Monographie«, bei dessen Deutung Freud sich daran erinnert, daß sein Vater ihm selbst und seiner kleinen Schwester einmal ein Buch zum Zerreißen überließ – eine Erinnerung, die er übrigens auf bizarre Weise mit seiner eigenen Leidenschaft für alles Gedruckte in Verbindung bringt. Diese donquichoteske Leidenschaft, die man im allgemeinen mit dem edelsten Streben assoziiert, fand durchaus keine Gnade vor den strengen Augen Jakobs; man ahnt vielmehr, daß sie während der Jugendjahre Sigmunds eine ständige Quelle von Reibungen, wenn nicht gar von ernsten Konflikten zwischen Vater und Sohn wurde (»Als ich siebzehn Jahre alt war, hatte ich ein ansehnliches Konto beim Buchhändler und keine Mittel, es zu begleichen, und mein Vater ließ es kaum als Entschuldigung gelten, daß sich meine Neigungen auf nichts Böseres geworfen hatten«[14]). In dieser Familie Freud, in der zwei Generationen auch zwei schwer in Einklang zu bringende Welten verkörpern, ist »Das Buch« etwas Einendes, während die Bücher im allgemeinen ein dorniges Kapitel darstellen, das für den künftigen Eroberer des Unbewußten mit einem schweren Schuldgefühl verbunden ist.

Schuldig war oder fühlte sich Freud gegenüber einem Vater, der zwar bewandert in den heiligen Schriften, aber im gewöhnlichen Verstand der Gesellschaft ungebildet und weit hinter ihm in einer Zone geistiger Enge zurückgeblieben war, in der sein eigener unersättlicher Hunger nach Wissen und seine kühnsten Strebungen weder Raum hatten noch Verständnis fanden. Mit 80 Jahren erzählt er Romain Rolland – in einem außergewöhnlichen Brief, der ein kleines Meisterwerk darstellt – ein merkwürdiges Erlebnis, das er dreißig Jahre zuvor bei seiner ersten Reise nach Athen hatte und das er bisher auch mit Hilfe der Analyse nicht hatte deuten können. Der leichte Anfall von Depersonalisierung, von dem Freud beim Anblick der Akropolis erfaßt wird (»Also existiert das alles wirklich so, wie wir es auf der Schule gelernt haben?!«) läßt sich jedoch auf die einfachste Weise erklären: er hängt mit den höchst ambivalenten Gefühlen zusammen, die in Freud jedesmal aufsteigen, wenn er zu den Heiligtümern der abendländischen Kultur pilgert, zu den Stätten des Geistes, die ihn unwiderstehlich anziehen, aber zugleich mit einem Erlebnis der Entfremdung verbunden sind, weil Jakob Freud weder den Wunsch noch die Zeit noch die Mittel gehabt hatte, sich Zugang zu ihnen zu verschaffen: »Es ist nicht wahr, daß ich in den Gymnasialjahren je an der realen Existenz von Athen gezweifelt habe. Ich habe nur daran gezweifelt, daß ich Athen je werde sehen können. So weit zu reisen, es ›so weit zu bringen‹, erschien mir als außerhalb jeder Möglichkeit. Das hing mit der Enge und Armseligkeit unserer Lebensverhältnisse in meiner Jugend zusammen... Ich hätte damals auf der Akropolis meinen Bruder fragen können: Weißt du noch, wie wir in unserer Jugend Tag für Tag denselben Weg gegangen sind, von der ...straße ins Gymnasium, am Sonntage dann jedesmal in den Prater oder auf eine der Landpartien, die wir schon so gut kannten, und jetzt sind wir in Athen und stehen auf der Akropolis! Wir haben es wirklich weit gebracht! ... Es muß so sein, daß sich an die Befriedigung, es so weit gebracht zu haben, ein Schuldgefühl knüpft; es ist etwas dabei, was unrecht, was von altersher verboten ist. Das hat mit der kindlichen Kritik am Vater zu tun, mit der Geringschätzung, welche die frühkindliche Überschätzung seiner Person abgelöst hatte. Es sieht aus, als wäre es das Wesentliche am Erfolg, es weiter zu bringen als der Vater, und als wäre es noch immer

unerlaubt, den Vater übertreffen zu wollen. (...) Zu dieser allgemein gültigen Motivierung kommt noch für unseren Fall das besondere Moment hinzu, daß in dem Thema Athen und Akropolis an und für sich ein Hinweis auf die Überlegenheit der Söhne enthalten ist. Unser Vater war Kaufmann gewesen, er besaß keine Gymnasialbildung, Athen konnte ihm nicht viel bedeuten. Was uns im Genuß der Reise nach Athen störte, war also eine Regung der *Pietät.*«[15] Überlegenheit der Söhne, Stolz, es ohne die Hilfe eines bereits »arrivierten« Vaters so weit gebracht zu haben, Hochgefühl, dem Mittelmaß der eigenen Familie entronnen zu sein, schließlich Liebe und Pietät – dieses unentwirrbare Knäuel von Gefühlen beschreibt Freud als eben das, was angesichts einer in doppelter Weise feindseligen Welt noch immer kennzeichnend für ihn ist, und vielleicht auch, um vor seinem Tode noch daran zu erinnern, daß er sein Werk für, gegen und mit diesem ungebildeten Vater geschaffen hat, der vermutlich Goethe nicht gelesen hatte und sich weder um Rom noch um Athen scherte.
Wo also andere bei ihren Eltern das fast fertige Vorbild der Assimilation fanden, mußte Freud sozusagen am Nullpunkt anfangen, und um sein Ziel zu erreichen, mußte er sich beeilen, denn Schnelligkeit war in seinem Falle gleichfalls der Schlüssel der ganzen Situation (hierin allerdings war er nicht ohne Vorläufer: seitdem Moses Mendelssohn in die höchsten Ränge der deutschen Kultur aufstieg, grenzte das Tempo, mit dem die jüdischen Intellektuellen vorwärtsstürmten, fast an ein Wunder). Anders als Einstein, dessen Vater bereits ein »echter Deutscher«, ein Bewunderer Bismarcks[16] und glühender Patriot war, hängt Freud noch überall an der jüdischen Welt mit Fasern, deren Unzerreißbarkeit er fühlt; auch denkt er, obwohl Atheist und vom Standpunkt der strengen Orthodoxie bereits überhaupt kein Jude mehr, nicht daran, die jüdische Gemeinschaft formell zu verlassen (wie Einstein es in seiner Jugend tut), und folglich auch nicht daran, sich ihr neuerdings anzuschließen. Mit einem halb okzidentalisierten Vater und einer Mutter, die stets nur gebrochen deutsch sprach, hätte er sich schwerlich das auf traurige Weise prophetische Glaubensbekenntnis Walter Rathenaus zu eigen machen können: »Wir wollen, wie unsere Väter, in Deutschland und für Deutschland leben und sterben. Mögen andere ein Reich in Palästina begründen –: uns zieht nichts nach Asien.«[17] Und Georg Brandes, der einem zionistischen Freund schrieb: »Es sind die andern, die Ihnen das Heimatlosigkeitsgefühl gegeben haben; hätten die andern Sie nie einen Unterschied merken lassen, so zweifle ich, ob Sie ihn auf Grund einer Temperamentsabweichung gefühlt hätten. Die dänische Sprache ist nun einmal mein Vaterland«[18] – Georg Brandes hätte er wahrscheinlich geantwortet, daß der Unterschied, auch wenn er in der Tat aus-

schließlich das Werk der »Anderen« sei, jedenfalls entscheidend geworden sei und ihn, den Rationalisten und Atheisten, mit stärkeren und tieferen Banden als nur denen der Solidarität an sein Volk binde.

Als Wesenszüge, die das Fortwirken dieser Bindung bei Freud bezeugen, hat man häufig in einem Atemzug so verschiedene Dinge genannt wie moralische Qualitäten, Vorlieben und Abneigungen, eine gewissermaßen angeborene Neigung zur Analyse und zur Kasuistik, einen unerschöpflichen Vorrat an jüdischen Witzen und schließlich eine Lebensauffassung besonderer Art – als ob sich aus so disparaten Elementen eine Typologie aufbauen ließe. Gewiß maß Freud der Ehe und dem Familienleben eine außerordentlich hohe Bedeutung bei, sah er in seinen zahlreichen Kindern nicht nur einen Grund zum Stolz, sondern in Übereinstimmung mit der ältesten jüdischen Tradition eine Garantie der Unsterblichkeit[19]; er war von der gleichen Leidenschaft für Forschung und Erkenntnis erfüllt wie seine talmudistischen Vorfahren und besaß wie sie den Mut, zu seinen Überzeugungen zu stehen, und eine grenzenlose liebevolle Aufmerksamkeit für die alleralltäglichsten Dinge; seinen jüngeren Schülern gegenüber, die zu arm waren, um ihr Studium zu bestreiten oder fortzusetzen, erfüllte er die Solidaritätspflicht der jüdischen Tradition und ließ ihnen regelmäßig, manchmal jahrelang, materielle Unterstützung zukommen, obwohl er selber ein karges Leben führte[20]; in seinen moralischen Auffassungen von einer Strenge, deren Ursprung er, wie er sagt, sich selbst nicht erklären konnte, neigte er gleichsam von Natur aus zur Selbstbeherrschung und machte sich schwere Vorwürfe wegen seiner Schwächen – Tabakgenuß, übermäßige Liebe zu den Büchern, Leidenschaft für Altertümer[21] –, als sei der Rigorismus seiner Vorfahren trotz allem und gegen seinen Willen für ihn das entscheidende moralische Kriterium geblieben; und sogar noch seine Vorurteile verraten die Zugehörigkeit zu einem verfolgten Volk, denn so liberal er auch dachte in moralischen und politischen Fragen, so hatte er doch gegenüber den Massen, die er ohne weiteres mit dem »gemeinen Pöbel« identifizierte, das instinktive Mißtrauen jener, die in einer langen Geschichte nur allzu sehr gelernt haben, die Ausbrüche dieser Masse zu fürchten, und dieser typische Abwehrreflex wirkte unmittelbar auf sein Denken ein.[22] Alles das ist wohl richtig – richtig im Sinne jener etwas nichtssagenden Wahrheiten, die einer gründlicheren kritischen Nachprüfung nicht standhalten. Denn schließlich sind die Hochschätzung des Familienlebens und einer zahlreichen Nachkommenschaft, moralischer Puritanismus, Vorliebe für Erkenntnis und Analyse und auch gelebte mitmenschliche

Solidarität keine ausschließlich jüdischen Eigenschaften, und die *Massenpsychologie,* auf die Freud sich beruft, um seine eigene Psychologie des Kollektivs zu begründen, stammt nicht von einem jüdischen Denker, sondern von Gustave Le Bon, bei dem die Gleichsetzung von Masse und Pöbel gewiß ganz andere Gründe hatte als eine atavistische Furcht. Will man Freud also von dem Komplex von Gefühlen, Vorstellungen, Gewohnheiten und Vorlieben her verstehen, der zwischen ihm und dem, was er stets sein »Volk« genannt hat, ein weitläufiges Gewebe von gemeinsamen Interessen schuf, so hält man sich besser an das, was er selber entweder spontan oder auf die Fragen anderer nach seinem »Standort« in seiner umfangreichen Korrespondenz und dem unmittelbar autobiographischen Teil seines Werkes zu diesem Thema gesagt hat.

Der erste Brief von ihm, den wir besitzen – geschrieben am 16. Juni 1873 an einen Kindheitsfreund – gewinnt für unser Vorhaben eine schon fast symbolische Bedeutung: Freud erwähnt in dem gleichen Brief seinen vor allem im Deutschen ausgezeichneten Erfolg bei der Matura-Prüfung und die täglichen Besuche eines gewissen Herrn Bretholz und seines weisen Neffen bei seinen Eltern: »Er ist in der Tat ein Weiser, ich habe viel Freude an ihm gehabt.«[23] Mit 17 Jahren also, in dem Augenblick, da er über seine Zukunft entscheidet (er hat soeben den Gedanken an ein Jurastudium aufgegeben, um sich der Medizin zuzuwenden), glaubt Freud sichtlich noch an die Möglichkeit, in aller Unschuld er selbst zu sein, das heißt ein Jude zu sein und sich zum Beispiel für einen »Weisen« aus Czernowitz zu begeistern und zugleich als ein Gelehrter, der durch Sprache und Erziehung zum Deutschen wurde, »der Menschheit zu dienen« (das war das Thema seines Matura-Aufsatzes). Diesen Glauben hat er, so scheint es, seine ganze Kindheit hindurch gehabt, und das war gar nicht einmal so unvernünftig zu einer Zeit, in der der Liberalismus blühte und zum ersten Mal in Österreich-Ungarn jüdische Minister in der Regierung saßen. In den sechziger Jahren konnte ein Versemacher im Prater dem elf- oder zwölfjährigen Knaben eine glanzvolle politische Karriere weissagen, die Familie Freud konnte zu Ehren des *Bürgerministeriums* illuminieren, dem die Doktoren Herbst, Giskra, Unger, Berger u. a. angehörten, und der Gedanke, daß »jeder fleißige Judenknabe... das Ministerportefeuille in seiner Schultasche« trug, mußte gar nicht abwegig erscheinen, da die Realität ihn in gewissem Maße bestätigte.[24] Im Jahre 1873 allerdings waren solche Ambitionen bereits zu Hirngespinsten geworden, die Liberalen waren geschlagen und mußten zurückstecken, und die »besseren Zeiten«, die Jakob Freud einst so freudig für seinen Sohn begrüßt hatte, waren vorbei; schlimmere Zeiten kündigten sich an, in denen der politische Antisemitismus unter neuem Namen und aus anderen Ursachen die Tradition des alten Judenhasses auf gefährliche Weise fortführen sollte.[25] Als Freud voller Zukunftshoffnungen und noch ganz durchdrungen von der Gleichberechtigung, die er am Gymnasium genossen hatte[26], in die Universität eintrat, hatte die antisemitische Agitation, die es in solch organisierter Form bisher nicht gegeben hatte, bereits die studentischen Verbindungen erfaßt; die jungen Juden waren daher gezwungen, sich entweder ihrer Haut zu wehren oder aber in völliger Isolation zu leben, um Diskriminierungen und demütigenden Diskussionen zu entgehen. Für Freud, der sich die Stätte wissenschaftlicher Arbeit als Hochburg der Universalität vorgestellt hatte, die schon durch ihre Bestimmung über die kleinlichen Unterscheidungen des Alltags erhaben sein mußte, waren die Faseleien seiner Kommilitonen über Rasse und Blut absolut empörend, um so mehr, als die liberalen Illusionen seiner Umgebung ihn daran gewöhnt hatten, sie in einer entsprechend »aufgeklärten« Welt für unmöglich zu halten. Die Enttäuschung des Anwärters auf den »Dienst« an der Menschheit hinterließ Bitterkeit und ein Ressentiment, das noch in dem schon zitierten Passus aus der *Selbstdarstellung* nachklingt (»vor allem traf mich die Zumutung, daß ich mich als minderwertig und nicht volkszugehörig fühlen sollte, weil ich Jude war«), doch fühlte Freud sich nicht so tief verletzt, daß er sich damit hätte begnügen müssen, seine Wunden zu lecken; anstatt zu resignieren und seinerseits die Mütze wieder aus dem Schmutz aufzuheben, beschloß er, sich niemals der »kompakten Majorität« zu beugen, als Jude vor den Augen aller zu arbeiten, als Jude das Feld der Erkenntnis zu erweitern und nötigenfalls auch die Allmacht der offiziell etablierten Wissenschaft durch eine neue Art von Wahrheit zu erschüttern.

So groß auch Freuds Empörung gewesen sein mag angesichts der Feigheit und niedrigen Gesinnung, die er bei den Wiener Studenten erlebt hatte, so würde man sich doch in der Annahme täuschen, sein Gefühl, Jude zu sein, habe lediglich auf der von den »Anderen« gesetzten künstlichen Trennungslinie beruht, in der Georg Brandes und die meisten deutschen Juden als uneingeschränkte Anhänger der Assimilation den einzigen Unterschied sehen wollten. Weit davon entfernt, sein Jude-Sein als ein Manko zu empfinden, fühlte er sich im positiven Sinne als Jude, im Sinne jener Besonderheit, die ein Zeitgenosse mangels einer besseren Erklärung einen »Duktus des Gehirns«[27] nannte. Was er als 17jähriger an dem »Weisen« von Czernowitz bewunderte, war für ihn absolut keine negative Eigenschaft, sondern eher eine spezifische Eigentümlichkeit des jüdischen Lebens, dem er sich, trotz allem, was dazu beigetragen hatte, ihn dem Judentum zu entfremden, stets zugehörig glaubte. Gewiß war Freud niemals ein Theoretiker oder Vorkämpfer dessen, was er unter Judentum verstand; er empfand lediglich eine starke Zuneigung für eine bestimmte Art, Jude zu sein, die er mindestens einmal mit der Genauigkeit des geschulten Beobachters und den subtileren Mitteln des echten Schriftstellers beschrieben hat. Diese Beschreibung, die einen ganzen Brief an Martha Bernays ausfüllt, verdient ausführlich zitiert zu werden, weil sie einiges über Freuds Judentum verrät und zwar gerade dort, wo es am häufigsten mißverstanden wird. Dieser Brief ist am 23. Juli 1882 in Hamburg geschrieben und beginnt mit einer Anspielung auf Lessings *Nathan der Weise*. Freud ist also 26 Jahre alt und im Augenblick noch nicht der Störenfried, von dem es später heißen wird, er profaniere die Vergangenheit, vergifte die Gegenwart und töte die Zukunft; er ist ein Mann der strengen Laborforschung und überzeugter Positivist, der alles von der Wissenschaft erwartet, was er früher vielleicht der Religion überlassen hätte, ohne freilich seine Fähigkeit verloren zu haben, zu verehren und sich zu begeistern. Er hofft, bald heiraten zu können; soeben hat er seine Braut besucht, und bevor er die Stadt verläßt, schickt er ihr noch die Schilderung seiner Begegnung mit einem alten jüdischen Händler, bei dem er Briefpapier mit eingraviertem Monogramm bestellt hatte. Im Verlauf eines langen Gesprächs stellt sich heraus, daß der Papierhändler ein begeisterter Schüler von Isaac Bernays, dem berühmten Chacham[28] von Hamburg ist, für den sich zu interessieren Freud einigen Grund hat, da er überdies der Großvater seiner Braut ist. »Der Mann, bei dem ich dieses despotische Papier am Freitag bestellte, wollte es erst am Sonntag liefern; denn am Sonnabend, sagte er, sind wir nicht hier. Es ist so eine alte Sitte bei uns. O, ich kenne die alte Sitte... Sonntags sah ich ihn wieder. Er war sehr stolz auf die Eleganz des Monogramms, aber er wollte mich nicht bloß als Kunden behandeln... Ich mußte einen Stuhl neben ihm einnehmen, und er fragte mich aus, wo ich bereits gewesen, und riet mir diesen und jenen Ausflug an: ›Ich würde gerne selbst mit Ihnen gehen, aber ich bin ein alter Jude, und sehen Sie mich an!‹ Ich sah, sein Bart war struppig. Sie konnten sich gestern nicht rasieren lassen. ›Nicht wahr, das wissen Sie, was für ein Fasttag jetzt bald kommt.‹ Ich wußte das leider; weil Jerusalem vor vielen Jahren um diese Zeit – nach einer falschen Zeitrechnung – zerstört worden war, sollte ich mein Mädchen am letzten Tag meines Hierseins nicht sprechen dürfen. Aber was ist mir Hekuba?... Und die Geschichtsforscher sagen, wenn Jerusalem nicht zerstört worden wäre, wären wir Juden untergegangen wie so viele Völker vor uns und nach uns. Erst nach dem Zerfall des sichtbaren Tempels sei der unsichtbare Bau des Judentums möglich geworden. Also neun Tage vor Tischo-B'ow[29], sagte mein alter Jude, versagen wir uns jedes Vergnügen. Wir sind hier eine Reihe von Männern von der alten Schule, die alle fest an der Religion halten, ohne sich dabei vom Leben abzuschließen. Wir verdanken unsere Erziehung *einem* Mann… Er erzählte weiter von seinen Jugenderinnerungen, und Züge des weisen Nathan tauchten jetzt in seinem Gemüte auf. Er (Bernays) war ein außerordentlicher Mensch und lehrte die Religion mit solchem Geist und Humanität. Wenn jemand gar nichts glauben will, ach, dann ist nichts mit ihm zu machen; wenn er aber einen Grund verlangt für dieses und jenes, was als unsinnig gilt, so stellte er sich außerhalb des Gesetzes und rechtfertigte es von da aus auch für den Ungläubigen… Er erzählte noch mehrere solcher sinnreicher Stütz- und Erklärungsversuche. Ich kannte ja die Art. Der Anspruch der Heiligen Schrift auf Wahrheit und Gehorsam war so nicht zu stützen, es war da keine Reform berechtigt, nur ein Umsturz; aber es lag ein ungeheurer Fortschritt, eine Art Erziehung des Menschengeschlechts in Lessingschem Sinne in solcher Lehrweise. Die Religion war nicht mehr starres Dogma, sie wurde zum Gegenstand des Nachsinnens, zur Befriedigung des verfeinerten künstlerischen Geschmacks und gesteigerter logischer Anforderungen und schließlich empfahl sie der Hamburger Lehrer, nicht weil sie einmal als geheiligt vorhanden war, sondern weil er sich des tiefen Sinnes freute, den er in ihr entdeckte oder in sie hineintrug. Es war Kritik, wenn auch willkürlich gehandhabte und fest bestimmten Zielen zusteuernde, wohl geeignet, den Schülern die entscheidende Richtung zu geben, die mein alter Jude jetzt noch bewahrte, als ich für die Enkelin des Lehrers unser Monogramm bei ihm holte. – Er war kein Asket, fuhr er fort. Der Jude, sagte er, ist die höchste Blüte des Menschen und für den Genuß geschaffen. Er verachte jeden, der nicht genießen könne… Das Gesetz schreibt dem Juden vor, sich jeden kleinen Genusses zu freuen, über jede Frucht die Broche[30] zu sprechen, die an den Zusammenhang mit der schönen Welt, in der sie gewachsen ist, erinnert. Der Jude ist für die Freude, und Freude ist für den Juden. Der Lehrer erläuterte dies an der Steigerung der Feste… Ein Kunde kam, und Nathan war wieder Kaufmann… Und für uns beide glaube ich: wenn die Form, in der die alten Juden sich wohl fühlten, auch für uns kein Obdach mehr bietet, etwas vom Kern, das Wesen des sinnvollen und lebensfrohen Judentums, wird unser Haus nicht verlassen.«[31]

Dieses Dokument, in dem Erzählkunst auf bemerkenswerte Weise die pädagogische Absicht unterstützt, gewinnt zusätzlichen Wert dadurch, daß Freud aus ihm eine Grundsatzerklärung gegenüber seiner Braut macht, die seine Ansichten offensichtlich nicht teilen, ja nicht einmal verstehen konnte, da sie in der Erinnerung an eine glorreiche Familienvergangenheit aufgewachsen und von ihrer Mutter im Geist strengster Orthodoxie erzogen worden war. Um jedes Mißverständnis auszuschließen – aber man weiß, daß er im letzten Augenblick den Konflikt doch nicht vermeiden kann –, will Freud schon jetzt klar machen, wie er über die heikle Religionsfrage denkt, und was er sagt, ist keine Gelegenheitsäußerung, sondern enthüllt das Grundprinzip seines intellektuellen Vorgehens, dem er später auch in seiner Theorie der Illusion folgen wird. Die Reform des Judentums, wie Moses Mendelssohn sie als Ideal entwarf, und das lebendige Beispiel des Weisen Lessings bleiben trotz allem in schierer Illusion stecken, weil in solchen Dingen keine Reform möglich ist, sondern nur eine Revolution Befreiung bringen kann. Die religiöse Illusion, die sich in Jahrhunderten eingewurzelt hat, kann nicht durch Anpassungen erträglicher gemacht werden; man bleibt entweder ihr Opfer oder muß sie radikal zerstören, wie Freud es eines Tages tun wird, indem er mit tauglichem Rüstzeug neue Grenzen zwischen Wunsch und Wirklichkeit zieht. Doch die jüdischen Reformatoren begnügen sich nicht damit, überholte Glaubensvorstellungen am Leben zu halten, sondern wenden auch eine Lehrmethode an, die ihrerseits »ein ungeheurer Fortschritt« ist, »eine Art Erziehung des Menschengeschlechts in Lessingschem Sinn«, und der Vernunft einen Weg bahnt, an dessen Ende der Schüler eine gewisse Chance hat, die alte Bürde der Vorurteile und Zwänge endlich loszuwerden. Der Illusionen wegen, die sie weiterhin nährt, ist die Haskala so wenig zu rechtfertigen wie irgendein anderer moderner Versuch, prähistorischem Denken neues Leben einzuflößen (Freud übrigens wird später sagen, daß er solchen Modernisierungsversuchen den alten Katechismus noch immer vorziehe); in dem Maße aber, in dem sie lehrt, »gesteigerten logischen Anforderungen« zu genügen, bereitet sie die Ankunft »unseres Gottes Logos« als der einzigen Gottheit vor, der der Erfinder der Psychoanalyse im Vertrauen auf einen echten Fortschritt opfern kann und will. In diesem Punkt stimmt der Briefschreiber von 1882 bereits völlig überein mit dem späteren Verfasser von *Totem und Tabu* und *Die Zukunft einer Illusion;* der Briefschreiber muß nur noch den Schlüssel finden zur Enträtselung des Traumes – und vor allem zur Enträtselung des Heilstraumes der Offenbarungsreligionen –, um seine Kritik wissenschaftlich zu begründen.

Wenn das Judentum einer Reform in dem Sinne fähig ist, daß es ein langsames Fortschreiten der Vernunft zuläßt, dann deshalb, weil das »mystische Element« ihm vom Ursprung her wesensfremd bleibt und weil es, im Unterschied zu der großen Religion, die aus ihm entsprang, aus dem unvergessenen Kampf gegen den Götzendienst eine geschärfte Empfindlichkeit gegen Aberglauben und geistige Ausschweifungen bewahrt hat. Implizit

enthält der Brief über den alten Papierhändler das »Wir haben es leichter«, mit dem Freud Karl Abraham zu mehr Nachsicht gegenüber Jung ermahnt, und mit dem Thema »Fortschritt« rückt er in unmittelbare Nähe der Betrachtungen über den Moses von Michelangelo, in denen Freud seiner mit Schrecken durchsetzten Verehrung für den biblischen Heros und Kulturbringer Ausdruck gibt, der für ihn vielleicht weniger ein Prophet ist als ein weiser Erzieher und überlegener Führer der Intelligenz. Doch verdient das Judentum, wie Freud es hier auffaßt[32], Respekt nicht nur wegen der Aufgabe, die es als Rückhalt der Vernunft im Kampf gegen Mythologien und Verirrungen des Geistes hat oder haben könnte, sondern auch deshalb, weil es über die Zeiten hinweg mit Lebenssinn und Lebensfreude durchdrungen blieb, weil es also weise ist in jener Bedeutung des Wortes, die es für den modernen, voll Skepsis nach Wahrheit suchenden Menschen allein haben kann.
Hier freilich bleiben viele Fragen offen. Was genau hat es auf sich mit jenem Kern der jüdischen Lebensform, den der 26jährige Freud für sein eigenes Haus keinesfalls missen will? Was versteht er unter diesem alten, noch immer unverbrauchten Sinn, unter dieser Lebensfreude, für die ihm der Hamburger Papierhändler ein Beispiel gegeben hat? Und vor allem: auf welche Weise hofft er sie in einer völlig vom Glauben und den religiösen Lebensformen emanzipierten Familie fruchtbar werden zu lassen? Für Martha Bernays muß das »Wesen«, von dem ihr Bräutigam spricht, ganz und gar unverständlich bleiben, denn in ihrem Milieu kennt man nur eine einzige Art, Jude zu sein, nicht mehrere verschiedene, und diese besteht eben in der strikten Einhaltung der Vorschriften und Verbote des Gesetzes. Wir wüßten gerne, auf welche Weise Freud vor und nach der Hochzeit versucht, Martha zu seinen Ansichten zu bekehren, ob er sie in diesem Punkt erfolgreich erziehen kann oder sich, ob er will oder nicht, zu gewissen Kompromissen bequemen muß. Halten wir uns an Ernest Jones, den einzigen Biographen, der über Dokumente aus erster Hand verfügte und sich bei den Betroffenen selber informieren konnte, so hat sich Martha Freud, nachdem die religiösen Differenzen beigelegt waren, die ein wenig ihre Verlobungszeit überschattet hatten, ganz und gar den Ansichten ihres Gatten gefügt; wie aber konnte sie dann den »Kern des Judentums« bewahren, den nicht preiszugeben Freud feierlich gelobt hatte? Darüber sagt Jones in seiner Biographie kein Wort[33], und da die Briefe Freuds, die hierüber Aufschluß geben könnten, nicht veröffentlicht sind, müssen wir einräumen, über diesen Aspekt seines Lebens ziemlich unvollkommen unterrichtet zu sein und uns nur anhand einiger unbestreitbarer Anhaltspunkte ein Bild davon machen zu können.

So steht zum Beispiel fest, daß Freud bis zur Veröffentlichung der *Traumdeutung* und sogar noch ziemlich lange danach in einem ausschließlich jüdischen Milieu lebte, in dem die »Anderen« nur seine Professoren, Kommilitonen, Kollegen oder Patienten sein konnten, niemals aber persönliche Bekannte oder gar Freunde. Man mag einwenden, daß diese Beschränkung nicht notwendig bewußter Entscheidung entsprang; man hat kaum Lust, Beziehungen zu Menschen aufzunehmen, deren geringschätzige oder gar feindselige Haltung man im vorhinein kennt, und das um so mehr, als sie sich nicht immer still verhielten, sondern bei jeder Gelegenheit zu Peinlichkeiten Anlaß geben können.[34] Gewiß hat Freud diese Erfahrung zunächst auf der Universität und dann in medizinischen Kreisen gemacht, in denen es besonders arrogante Antisemiten gab, doch waren zumindest in Wien Anpöbeleien und Provokationen keineswegs an der Tagesordnung; im Alltag waren die Beziehungen zwischen Juden und Nicht-Juden zwar nicht frei von Animosität, aber erträglich. So war es zum Beispiel möglich, daß der Direktor des Spitals für den Juden Dr. Carl Koller (den Entdecker der therapeutischen Wirkungen des Kokains) Partei ergriff, als dieser einen christlichen Chirurgen, der ihn »Saujud«[35] genannt hatte, ohrfeigte, und ebenso war es möglich, daß die Tochter eines christlichen und dazu noch sehr vermögenden berühmten Professors einen gewissen Dr. Moritz Kohn heiratete, der der Sohn eines armen Schammes[36] war und sehr rasch zu einer Kapazität aufstieg[37]. Freud hätte also ohne weiteres mit einem der vielleicht nicht sehr zahlreichen, aber beherzten liberalen Christen Freundschaft schließen können, die entschiedene Gegner der antisemitischen Umtriebe waren (gewiß gab es solche Männer in der Umgebung von Professor Nothnagel, dem großen Mediziner, der sich an die Spitze des Kampfes gegen Rassismus an der Universität stellte und damit den kämpferischen Liberalismus beispielhaft verkörperte). Und schließlich war Freud ja durchaus nicht verpflichtet, seine Frau ausgerechnet in einer bekanntlich orthodoxen Familie zu suchen, die auf ihre »Weisen« und ihre Vergangenheit stolz war. Doch ganz offensichtlich war er gern unter seinesgleichen; er fühlte sich wohl im Haus seines alten Hebräischlehrers Samuel Hammerschlag, der ihn wie einen Sohn liebte, und sah in dieser jüdischen Familie, die ganz ohne Zweifel das »Wesen« des Judentums bewahrt hatte, so etwas wie ein Ideal.[38] Ebenso findet er das Muster eines Heimes, wie er selber es gründen will, bei den Breuers; er bewundert das Ehepaar Breuer und vertraut sich ihm an, wie er sich später Wilhelm Fliess anvertraut, dem Mann, dessen Judentum er dem seinen am verwandtesten findet, den er lange sein »einziges Publikum« nennt und mit dem sein Werk weit über den Bruch hinaus, der die Freundschaft beendet, verbunden bleibt. Mag er auch wiederholt den Wunsch haben, seinen Lebensstil zu ändern (jahrelang schmiedet er Auswanderungspläne, die ihn regelmäßig nach England führen, das Land, das ihm wegen seiner Kultiviertheit und Liberalität vorbildlich erscheint), mag er sich in Ehrgeiz verzehren und im verschwiegensten Winkel seiner Seele vom Aufstieg in die obersten Ränge der guten Gesellschaft träumen[39], so kann er sich letztlich doch nicht von seinem Herkunftsmilieu lösen, das für ihn offensichtlich die einzige Umgebung bleibt, in der er sich anderen Menschen nahe fühlen und er selbst sein kann. Im Gegensatz zu vielen anderen, die in einer sehr ähnlichen Lage die Gefährten dieses halb gewollten, halb erzwungenen Gettos zu hassen beginnen, äußert Freud sich nie abfällig über die Juden als solche, er empfindet ihnen gegenüber weder Abscheu noch Scham, sondern ein Gefühl der Sympathie, eine Art spontaner Zuneigung. »Daß Sie Juden sind, konnte mir nur erwünscht sein«, schreibt er den Mitgliedern der Loge B'nai B'rith[40], der er sich im Augenblick seiner schlimmsten wissenschaftlichen Isolierung (nach 1895) angeschlossen hat, um ein wenig Verständnis und menschliche Wärme zu finden, die die äußere Welt ihm so hartnäckig vorenthielt. Trotz des Unbehagens, das ihm die ein wenig indiskreten Deutungen A. A. Robacks sichtlich bereiten, schließt er einen seiner Briefe an den jungen Autor »mit dem Ausdruck jener Sympathie, die Ihr mannhaftes Eintreten für unser Volk erzwingt«.[41] Und nach dem Tod des englischen Psychoanalytikers David Eder schreibt er an seine Schwägerin Barbara Low: »Wir waren beide Juden und wußten voneinander, daß wir gemeinsam das geheimnisvolle Etwas tragen, das – bisher jeder Analyse unzugänglich – den Juden ausmacht.«[42] Als er 1936 mit diesen Worten andeutete, was die Spontaneität und Tiefe seiner Sympathien ausmacht, hat er den Kreis seiner menschlichen Beziehungen bereits seit langem beträchtlich weiter gezogen. In allen Ländern hat er treue Schüler und ergebene Freunde, zu denen er dauerhafte geistige und emotionale Bindungen geknüpft hat. Der Kosmopolitismus, der ebenfalls in seiner Natur liegt, hat seit langem die gesellschaftliche Enge seiner schweren Anfänge abgelöst; und gerade jetzt, wo seinem Volk die schlimmste Hölle seiner Geschichte bevorsteht, schreibt er zum ersten Mal ein Buch, das die Seinen mit einigem Recht als schweren Affront, ja als eine Art Lossagung betrachten können. Aber im Grunde seines Wesens hat er sich nicht verändert: er ist und bleibt der Träger jenes »geheimnisvollen Etwas«, das den Juden ausmacht und von dem er nichts zu wissen bekennt, als daß er ihm alles Gute und Schlimme, alle Leiden und Freuden, alles Gewöhnliche und Außergewöhnliche seines gefährlichen Abenteuers verdankt.

Jenes geheimnisvolle Etwas, das »den Juden ausmacht« und jeder Analyse – also auch der Psychoanalyse Freuds – unzugänglich bleibt, äußert sich vor allem in einer gewissen Eigentümlichkeit des menschlichen Umgangs: es ist ein gemeinsamer Besitz, ein Verbindendes jenseits der Worte, das sich nicht definieren läßt. Bewahrt im Laufe einer langen Geschichte, deren Ursache und Wirkung zugleich es ist, wird dieses Etwas faßbar in einer Fülle profaner und heiliger, erhabener und banaler Geschichten, die von ihm erzählen und es nach den Bedürfnissen der jeweiligen Generation kommentieren. Wenn es um dieses Etwas geht, das den Juden ausmacht und ihn unabhängig von seinen Glaubensvorstellungen und Meinungen seinem Volk verbindet, dann gibt es für Freud keinen substantiellen Unterschied zwischen den Geschichten der Bibel und des Talmud und den unerschöpflichen jüdischen Witzen, in denen das Volk unablässig über sich selbst lacht, und die Rangordnung wird allein durch den Kontext bestimmt, in dem sie zitiert werden. Jede dieser Geschichten hat ihren Sinn, der mit geschichtlichen Ereignissen oder Vorfällen des individuellen Lebens verwoben ist, jede kann auf ein Geschehnis bezogen werden, das der in ihr bewahrten Erfahrung entspricht, und dieser bald sublime, bald banale, bald komische Bezug gibt noch dem geringsten Alltagserlebnis so etwas wie einen Hintergrund von Ewigkeit. Dies zumindest ist die Art, wie Freud den gemeinsamen Besitz jedesmal dann nutzt, wenn sich für ihn etwas Wichtiges ereignet oder wenn er sich in besonderer Bedrängnis fühlt: während er bei gleichgültigeren Dingen seine Zitate aus dem klassischen Fundus wählt, über den jeder gebildete Deutsche verfügt, fallen ihm eher jüdische Witze oder die Geschichte des jüdischen Volkes ein, sobald ihm etwas persönlich nahegeht. 1897 zum Beispiel, als er sich eingestehen muß, sich in einem zentralen Punkt seiner Theorie geirrt zu haben (der Annahme, daß der Hysteriker in früher Kindheit das Opfer einer Verführung wurde), und damit nicht nur die Arbeit mehrerer Jahre zunichte gemacht, sondern auch seine materielle Existenz gefährdet sieht, schreibt er an Wilhelm Fliess: »Gewiß, ich werde es nicht in Dan erzählen, nicht davon reden in Askalon, im Lande der Philister, aber vor Dir und bei mir habe ich eigentlich mehr das Gefühl eines Sieges als einer Niederlage (was doch nicht recht ist)...«[43] Ein Kapitel der *Traumdeutung*, das sich sozusagen von selbst geschrieben hat, schickt er nach der Vollendung mit den Worten an Fliess: »Sie (meine Arbeit) ist ganz dem Unbewußten nachgeschrieben nach dem berühmten Prinzip von Itzig dem Sonntagsreiter. ›Itzig, wohin reit'st Du? – Weiß ich, frag das Pferd.‹«[44] Als er sich nach hartem innerem

Ringen entschieden hat, seine Zweifel hintanzustellen und die *Traumdeutung* zu veröffentlichen, da er, wie er sagt, nicht reich genug ist, »den schönsten, den wahrscheinlich einzig überlebenden Fund, den ich gemacht habe, für mich zu behalten«, vergleicht er sein eigenes Dilemma, das er soeben mit einem schlechten Kompromiß gelöst hat, mit dem des Rabbiners, der in einem bekannten jüdischen Witz darüber entscheiden soll, ob ein Hahn geschlachtet wird oder ein Huhn, und die Skrupel, daß im einen Fall der Hahn, im anderen die Henne sich kränkt, mit dem salomonischen Spruch beschwichtigt: »Loß er sich kränken«.[45] Und als er sich endlich entschlossen hat, seine letzten Bedenken zu überwinden, deutet er dem Freund wiederum mit einem jüdischen Witz an, wie unzufrieden mit seinem Werk und daher um so begieriger auf Anerkennung er ist: »Morgen gebe ich die ersten Bogen in den Druck; vielleicht gefällt es anderen besser als mir. ›Mir gefällt sie nicht‹, könnte man Onkel Jonas variieren.«[46] Die Briefe an Fliess sind immer wieder mit solchen bald heiteren, bald bitteren Anekdoten durchschossen, die Freud während seiner Selbstanalyse mit einer solchen Selbstverständlichkeit in die Feder fließen, als gäbe es für den schwindelerregenden Abstieg in das eigene Innere keinen passenderen Begleiter als die Bosheit und scheinbare Lächerlichkeit dieser Witze.[47] Vierzig Jahre später aber, als die Wiener Psychoanalytische Vereinigung sich für aufgelöst erklärt und ihren Mitgliedern die Emigration als einziges Mittel nahelegt, der Verfolgung zu entgehen, muntert Freud seine Schüler mit der Erinnerung an einen der dramatischsten Momente ihrer gemeinsamen Geschichte auf: »Unmittelbar nach der Zerstörung des Tempels in Jerusalem durch Titus erbat Rabbi Jochanan ben Sakkai die Erlaubnis, die erste Thoraschule in Jabne zu eröffnen. Wir sind im Begriff, dasselbe zu tun. Schließlich sind wir durch unsere Geschichte, Tradition und manche auch durch persönliche Erfahrung an Verfolgung gewöhnt.«[48] Der absolut gottlose Jude gibt sich also am 13. März 1938, dem Vorabend des Unheils, das sein Werk in Österreich und Deutschland für viele Jahre auslöschen wird, als Erbe der jüdischen Tradition, der den mühseligen Kampf seiner Vorfahren auf sich nimmt: er wird nach Jabne gehen, damit die Erkenntnis weiter verbreitet werden kann, die heute wie immer die einzige Zuflucht und die einzige Hoffnung angesichts der entfesselten Barbarei ist.

Freuds persönliches Verhältnis zur jüdischen Geschichte – zur Geschichte im großen ebenso wie zu den Geschichtchen, die für ihn auf ihre Weise nicht minder exemplarisch sind – kann nicht als Basis dienen, um Ausmaß und Gründlichkeit seines judaistischen Wissens abzuschätzen, denn es kommt aus einer ganz anderen Tiefe als der Geschmack an literarischen

Denkmälern und entspringt absolut nicht aus emsiger Gelehrsamkeit. Tatsächlich ist für Freud der Umgang mit den großen biblischen Gestalten etwas ganz Natürliches, er lebt mit ihnen auf so vertrautem Fuße, sie gehören so selbstverständlich zu seinem Seelenhaushalt, daß er sich abwechselnd als Joseph, Jakob oder Moses fühlen kann: als Joseph, weil auch er sich auf die Kunst der Traumdeutung verstand, als Jakob, weil ihn im hohen Alter seine Kinder nach Ägypten führten[49], als Moses schließlich, weil er auf seine Weise das Freiheitswerk des Gesetzgebers fortführte, indem er für »die Diesseitigkeit der Lebensauffassung und die Überwindung des magischen Denkens, die Absage an die Mystik«[50] kämpfte, also für das, was in seinen Augen die wahre Botschaft des Mosaismus ausmacht. Aber so tief auch sein Leben lang diese gewissermaßen poetische Identifikation gewesen sein mag, so geht sie doch nicht notwendigerweise mit jener Art von Wissen einher, die der Theologe, Historiker oder einfach Gebildete aus dem geduldigen Studium der Texte schöpft. Dem Spezialisten für die Geschichte des Judentums, dem Fachmann für Judaistik verraten Freuds Arbeiten auf diesem Gebiet im besten Falle den Dilettanten, im schlimmsten Falle den Ignoranten, der sich tollkühn auf ein Gebiet vorgewagt hat, von dem er nichts versteht (man denke etwa an die unerbittliche Kritik Martin Bubers an *Der Mann Moses und die monotheistische Religion*, einem gewiß abenteuerlichen Buch, auch wenn Freud vorsichtig genug war, es als »Roman« auszugeben). Was er tatsächlich von der älteren und neueren jüdischen Literatur kannte, was er gelesen hatte und auf welche Weise er das Gelesene verarbeitete, ist eine Frage, über die wir leider ziemlich wenig wissen, wie wir ja überhaupt nur ungefähre Anhaltspunkte dafür haben, aus welchen Quellen sein Denken sich speiste. Wenn es unwahrscheinlich ist, daß Freud einer jener Juden war, die nach einem Wort Kafkas die Bibel stets aufgeblättert vor sich sehen, so kann man ihn doch auch nicht zu jenen rechnen, denen sie nichts mehr bedeutet; seine Erinnerungen sind im Gegenteil präzise, lebendig, bei jeder Gelegenheit leicht zu wecken und stets parat, den Ereignissen der Gegenwart tieferen Sinn zu verleihen. Darin unterscheidet er sich von den rationalistischen jüdischen Denkern aus der Mitte des 19. Jahrhunderts, deren Anschauungen er andererseits doch zumindest im Hinblick auf Mystizismus und magische Tendenzen, die das Denken irreleiten, teilt[51]; sein Kult des »Gottes Logos«, so ernsthaft und ausschließlich er auch in allen Phasen seiner Entwicklung ist, hindert ihn nicht daran, selber sehr tief in der alten Welt der Bilder zu leben. Trotz der besonderen Intimität, die Freud gegenüber seinem kulturellen Erbe bewahrt, oder vielleicht gerade wegen dieser Besonderheit und wegen seiner Neigung zur Verinnerlichung seiner Vorbilder, interessiert sich

Freud auffallend wenig für die verschiedenen sozialen, politischen und geistigen Bewegungen, die zwischen der Jahrhundertwende und dem Ende seines eigenen Lebens die nunmehr für die Modernität offene jüdische Welt in leidenschaftliche Erregung versetzen. Gewiß hat er sich der Loge B'nai B'rith angeschlossen und jahrelang regelmäßig an den Versammlungen seiner »jüdischen Brüder« teilgenommen (jeden zweiten Dienstag, wie er sagt, zur Zeit der Freundschaft mit Fliess); später wurde er zum Administrator der Hebräischen Universität von Jerusalem ernannt, und von Zeit zu Zeit unterstützt er ein Hilfskomitee[52], ansonsten aber suchte er so wenig Anschluß, daß man versucht sein könnte, anzunehmen, er habe sein Judentum ausschließlich als seine Privatsache betrachtet, wenn eine solche Formulierung nicht zu Mißverständnissen Anlaß gäbe und auf eine gewisse Heuchelei schließen ließe. Die damals geläufige Redensart, daß manche »außer Hause Menschen, zu Hause aber Juden« seien, trifft auf Freud durchaus nicht zu; er ist vielmehr ganz einfach überall Jude; nur ist das Private, wie er es versteht, ihm notwendigerweise wichtiger als das Öffentliche, und zwar keineswegs als die unverletzliche Intimsphäre der bürgerlichen Individualität, sondern im Gegenteil als das, was ständig verletzt werden muß, weil sich der Analyse eben hier, in den verborgensten Wünschen und Träumen aller, in der tiefsten Schicht ihrer Vergangenheit, der Widerspruch zwischen den vorgeblichen Absichten der zur Schau getragenen Worte und Taten und den wahren Motiven enthüllt. Für den, der sich die Freudsche Theorie zu eigen macht, steht das Privatleben nicht im Gegensatz zum öffentlichen Leben, sondern liefert im Gegenteil dessen Erklärung, läßt die Interessen erkennen, die dort verfolgt werden; die Handlungen, Reden, Werke und auch das Engagement für irgendeine große Sache sind nicht so uneigennützig, wie man glaubte, solange man vom Unbewußten nichts wußte oder wissen wollte; es handelt sich um psychische Vorgänge, die strenger Determination unterliegen, um Tagträumereien, die, auch wenn sie die Allgemeinheit betreffen und bis zu einem gewissen Grade etwas über die äußere Realität aussagen können, doch im Dienste der gleichen infantilen Tendenzen stehen, die gleichen egoistischen Wünsche befriedigen wie alle anderen Produktionen der Psyche. So vernünftig und überzeugend sich diese auf die Ebene von Handlungen oder bewußten Gedanken erhobenen Phantasien auch ausnehmen mögen, so sind sie doch nie gänzlich objektiv, nie ganz das, was sie scheinen, und gewinnen den Anschein von Objektivität nur infolge einer tendenziösen Verwechslung von innen und außen oder, wie Freud sich in einem entwickelteren Stadium seiner Theorie ausdrückt, einer hartnäckigen Illusion. Dieser Primat des Psychischen vor allem, was aus ihm hervorgeht, ist aber für den Schöpfer

der Psychoanalyse nicht bloß ein theoretisches Postulat, sondern eine ursprüngliche Wahrheit, an der sich seine eigene Lebensauffassung ganz entscheidend orientiert. Wenn er in seiner Jugend noch gewisse Ambitionen bezüglich der Politik, der praktisch angewandten Wissenschaft und der Philosophie hegte, so verlagerten sich mit zunehmendem Wissen über die menschliche Psyche langsam seine Interessen, und je mehr er die Folgerungen seiner Gedanken entwickelte, desto weniger war er bereit, Partei zu ergreifen oder *offiziell* für irgendeine Sache Stellung zu beziehen; die einzige Sache, für die er eintrat, war nun die Psychoanalyse – nicht nur, weil sie die seine war, sondern weil er überzeugt war, daß jede andere Sache zuerst einmal der Psychoanalyse bedurfte, um ihren eigenen Realitätsgehalt exakt zu bestimmen.[53]
Freilich stammt diese reservierte Haltung Freuds gegenüber allen Bewegungen des öffentlichen Lebens nicht erst aus der Zeit seiner Entdeckungen. Während der Epoche der Affäre Dreyfus verraten nur seine Briefe an Wilhelm Fliess, wie tief ihn die Ereignisse erschüttern und wie sehr er unter der Erniedrigung Frankreichs leidet. Und auch als der antisemitische Agitator Karl Lueger, dessen großspuriges Gehabe den Wienern imponiert, es nach einem beispiellosen Wahlkampf geschafft hat, Bürgermeister zu werden, obwohl der Kaiser persönlich sein Gegner ist und die Wahl fünfmal durch Gerichtsbeschluß für ungültig erklärt wird, enthüllen wiederum allein die Briefe an Wilhelm Fliess, den Freund, der noch immer sein »einziges Publikum«[54] ist, Freuds Empörung und sein Gefühl, persönlich beleidigt worden zu sein. Gewiß reagiert er spontan auf alle Arten von Verfolgung und alle antijüdischen Ausschreitungen, und anders als Einstein braucht er nicht erst durch die bedrohlichen Ausmaße des Antisemitismus daran erinnert zu werden, daß er Jude ist, weil er nie aufgehört hat, Jude zu sein; niemals aber wird er offizieller Wortführer des Zionismus sein, obwohl wir einigen Grund zu der Annahme haben, daß er gegenüber dem politischen Zionismus eher positive Gefühle hegte.[55] Sofort nach der Gründung der Hebräischen Universität in Jerusalem trat er deren Verwaltungsausschuß bei, und in einem Brief an Israel Spanier Wechsler bestätigt er dessen Vermutung, daß diese Universität ihm »lieb und teuer« sei[56] (eine Zeitlang hoffte er sogar, daß dort ein Lehrstuhl für Psychoanalyse errichtet und sein Schüler Max Eitingon, der sich 1933 in Palästina niederließ, als erster Lehrstuhlinhaber berufen werden würde, doch erfüllten sich diese Hoffnungen nicht[57]). Und einem italienischen Autor, der ihm ein ziemlich kritisches Buch über die Psychoanalyse zusammen mit einem Essay über die zionistische Frage sandte, schrieb er halb traurig, halb gerührt: »In der Lektüre Ihres großen Werkes über die Psychoanalyse habe

ich mit Bedauern gemerkt, daß Sie unserer jungen Wissenschaft Ihre Zustimmung nicht ohne große Einschränkungen geben können... Aber ganz ohne gemischte Empfindungen, mit uneingeschränktem Wohlgefallen habe ich Ihre kleine Schrift über die zionistische Frage gelesen und mich dabei gefreut, mit wieviel Sympathie, Menschenfreundlichkeit und Verständnis Sie in dieser von den menschlichen Leidenschaften verwirrten Angelegenheit Ihren Standpunkt zu wählen wissen. Ich habe den Eindruck, als wäre ich verpflichtet, Ihnen dafür persönlich zu danken. Ich weiß nicht, ob Ihr Urteil recht hat, welches in der Psychoanalyse ein direktes Erzeugnis des jüdischen Geistes erkennen will, aber wenn es so wäre, würde ich mich nicht beschämt fühlen. Obwohl der Religion meiner Voreltern längst entfremdet, habe ich das Gefühl der Zusammengehörigkeit mit meinem Volke nie aufgegeben und denke mit Befriedigung daran, daß Sie selbst sich einen Schüler eines meiner Stammesgenossen – des großen Lombroso – nennen.«[58]

Ohne diesen so bezeichnenden Brief wüßten wir vielleicht überhaupt nichts über Freuds Verhältnis zum Zionismus, da er sich nie öffentlich darüber geäußert und auch in keine der Polemiken eingegriffen hat (vielleicht wegen der »menschlichen Leidenschaften«, die diese Angelegenheit auf allen Seiten »verwirren«). Doch so wenig kämpferisch sein Interesse an der Bewegung der Heimkehr ins Gelobte Land auch ist und so wenig er dieses Interesse öffentlich bekundet, so spricht er doch davon wie aus einem tief verwurzelten Gefühl heraus, das ihn mit einer Gewalt, die ihn fast selber überrascht, zugleich zur jüdischen Geschichte und zu sich selbst zurückführt. An Arnold Zweig schreibt er 1932 nach dessen erster Palästinareise: »Aber um zu Ihnen zurückzukehren, wie merkwürdig muß dieses tragischtolle Land, das Sie besucht haben, Ihnen geworden sein. Denken Sie, kein anderer Fortschritt verknüpft sich mit diesem Streifen unserer Muttererde, keine Entdeckung oder Erfindung – die Phönizier sollen das Glas und das Alphabet (beides zweifelhaft!) gefunden haben, die Insel Kreta hat die minoische Kultur geschaffen, an Pergamon erinnert das Pergament, an Magnesia der Magnet, und so weiter ins Unendliche, aber Palästina hat nichts gebildet als Religionen, heiligen Wahnwitz, vermessene Versuche, die äußere Scheinwelt durch die innere Wunschwelt zu bewältigen. Und wir stammen von dort (obwohl sich einer von uns auch einen Deutschen glaubt, der andere nicht), unsere Vorfahren haben dort vielleicht durch ein halbes Jahrtausend, vielleicht ein ganzes, gelebt (aber auch dies nur vielleicht), und es ist nicht zu sagen, was wir vom Leben in diesem Land als Erbschaft in Blut und Nerven (wie man fehlerhaft sagt) mitgenommen haben.«[59] Offensichtlich spricht Freud hier weniger von dem Gelobten Land als von der Heimat, die halb legendäre Vorfahren einst besaßen und die weniger ein Unterpfand der Zukunft als eine Frage an das Geheimnis der Vergangenheit ist; und doch hat er mindestens einmal daran gedacht, selber in dieses Land heimzukehren, als dessen Erben er sich fühlt, auch wenn er nicht genau weiß, was er daraus mitgenommen hat. Jedenfalls sagt er das zu demjenigen seiner Schüler, der ihn damals unter allen seiner geistigen Söhne am nächsten steht: »Etwas sträubt sich in mir gegen den Zwang, immer noch viel Geld zu verdienen, was doch nie genug werden kann, und dieselben psychologischen Künste fortzusetzen, die mich seit 30 Jahren gegen die Menschenverachtung und den Weltekel aufrecht gehalten haben. Sonderbare geheime Sehnsüchte steigen in mir auf, vielleicht aus der Erbschaft der Ahnen, nach dem Orient und dem Mittelmeer und einem Leben ganz anderer Art, spätkindische Wünsche, unerfüllbar und der Wirklichkeit unangepaßt, wie um eine Lockerung der Verhältnisse zu ihr anzudeuten. Anstatt dessen – werden wir uns wohl auf dem nüchternen Boden von Berlin im September wiedersehen.«[60] Mit 66 Jahren also läßt Freud seiner Empörung über die unabänderliche Schiefheit seiner Position freien Lauf; er hat Wien und das Abendland satt und fast sogar seine eigene Wissenschaft, die ihm eine Objektivität möglich macht und auferlegt, die gegen die Natur ist und fast die Kräfte des Menschen überfordert. Aber während er sein stilles Heimweh nach dem Land seiner Väter und die Verlockung, ihm nachzugeben, nur andeutend ausspricht, benennt er in diesem Augenblick der Ermattung desto drastischer die Ursache seines Unbehagens: die Verachtung für die abscheuliche Welt der »Anderen«, in der er, auch wenn es jetzt zu spät ist, sie zu verlassen, sich weder wirklich zuhause fühlen kann noch will.

Auch wenn das Verhältnis Freuds zur »anderen Seite« weniger tief und folglich weniger kompliziert ist als die tausendfachen und unauflöslichen Bindungen an die Gemeinschaft seiner Herkunft, so ist es doch seinerseits nicht so gradlinig einfach, daß es mit dem Hinweis auf Regungen der Empörung und des Widerwillens erschöpfend charakterisiert wäre. Nicht immer ist Freud so pessimistisch, wie er es an diesem Tag des Jahres 1922 zu sein scheint, an dem er seinen Überdruß ausspricht und den Wunsch gesteht, eine so widerwärtige Welt zu verlassen. Aber abgesehen von Schwankungen der Stimmung und dem Einfluß des Temperaments ist auch die »andere Seite« durchaus kein einheitliches Ganzes, das man in Bausch und Bogen verdammen könnte. Denn weit davon entfernt, sich auf die gegenwärtige Realität und die oberflächlichen und gedankenlosen Menschen reduzieren zu lassen, deren intellektuelle Zurückgebliebenheit und moralische Schäbigkeit Freud nur allzu oft schmerzlich empfindet, umfaßt sie auch Menschen und Ereignisse der Vergangenheit; sie ist das Produkt einer Sprache und einer Kultur, von der der abendländische Jude, auch wenn er kaum geneigt ist, sie als die seine zu betrachten, selber so stark geprägt und durchdrungen ist, daß er nicht sagen kann, wieviel er ihr für die Ausbildung seiner eigenen Gedankenwelt verdankt. Diese Wiener, die er wegen ihrer Laxheit und ihrer Vorurteile verachtet, sprechen immerhin die gleiche Sprache wie er – eine Sprache, die er ebensosehr, ja vielleicht mehr liebt und bewundert, als wenn er sie mit vollem Recht seine Muttersprache nennen dürfte. Und die gemeinsame Sprache schafft andere Gemeinsamkeiten, ein ganzes Gewebe von Verhaltensweisen und Denkgewohnheiten, die in früher Kindheit übernommen wurden und um so zäher festgehalten werden, als sie im Dämmer des Unbewußten verwurzelt sind. Ob er will oder nicht, Freud teilt mit den Menschen des Wirtslandes alles, was er aus dem Mund seiner Lehrer über die Natur und die Welt gelernt hat, alles was er sich an Wissen aus ihren klassischen Büchern angeeignet hat, aus denen sie den größten Teil ihrer Maximen und ihrer ästhetischen Urteile schöpfen. Als ein Mann des Denkens und der Kultur, der buchstäblich das Produkt ihrer Lehren ist, durch ihre Auffassung des Wahren, Schönen und Guten geformt wurde, neigt er auf ganz natürliche Weise dazu, in den Banalitäten des Alltags genauso zu urteilen wie sie, und in geistigen Dingen orientiert er sich an dem gleichen Ideal. Wenn er sich deshalb noch nicht als ihr Bruder oder Freund fühlt, so ist er doch, ob er will oder nicht, ihresgleichen, was zweifellos dazu beiträgt, seine negativen Gefühle zu mildern oder zwiespältiger zu machen. Er kann diese Menschen, die soviel mit ihm gemeinsam haben und die gleichen Worte gebrauchen, nicht grundsätzlich ablehnen, sondern nur in Einzelheiten kritisieren, soweit sie ihm ihre eigenen Werte zu verraten und sich ihres Erbes unwürdig zu erweisen scheinen.

Ehe wir den Anteil untersuchen, den Freud am Erbe der »Anderen« hat – grob gesagt also an der humanistischen Kultur, aus der er seine moralischen, wissenschaftlichen und ästhetischen Ideale und, noch allgemeiner, seine Ideologie gewinnt –, müssen wir einen wichtigen Punkt hervorheben, der leicht zu Mißverständnissen Anlaß gibt, wenn es darum geht, die soziale Einstellung des Schöpfers der Psychoanalyse zu bestimmen. Es handelt sich um sein Unverständnis für das Volk als solches und eine gewisse Idiosynkrasie, in der manche, ausgehend von mehr oder minder gut beobachteten Tatsachen und mehr oder minder vorgefaßten Meinungen, einen konstanten Wesenszug des jüdischen Charakters zu erkennen glauben. In der

Tat ist diese Aversion verschiedentlich bezeugt, doch gerade hier muß sorgfältig differenziert werden, denn im Falle Freuds deckt der Begriff »Volk« zwei klar unterscheidbare Sachverhalte und Erfahrungsbereiche: die eine Bedeutung bezeichnet etwas unmittelbar Gegebenes, dessen Realität und Sinn sich von selbst verstehen, so sehr auch andererseits Philosophen und Historiker ein Problem darin sehen mögen; die andere etwas Fernes, an sich Ungreifbares, das um so problematischer ist, als es, verwoben in das endlose Auf und Ab der Geschichte, stets nur in einem komplizierten Wechselspiel von Gegensätzen und Konflikten zu Tage tritt. Das Volk im erstgenannten Sinn – das jüdische Volk – empfindet Freud als einen lebenden Organismus, zu dessen Gliedern er durch Geburt gehört, den er ganz selbstverständlich kennt und auch dann noch kennen würde, wenn er ihn vergäße oder sich überhaupt nicht mehr für ihn interessierte. Über das Volk im zweiten Sinne – das deutsche Volk oder auch das Volk ganz allgemein – hat Freud nur indirekte Informationen, in schwer überprüfbaren Bildern, die, bald zu vage und bald allzu scharf, zugleich abstrakt und mit der quälenden Erinnerung an entfesselten Rassenhaß befrachtet, kaum an etwas anderes denken lassen als an jäh in Aufruhr versetzte blinde Gewalten, an brodelnde Massen unbekannter Herkunft, die urplötzlich in einen konvulsivischen Taumel verfallen. Während das Volk auf der jüdischen Seite für Freud eine vertraute Realität ist, die unabhängig von jeder Wertung durch ein Gefühl der Nähe und Wärme Sicherheit gibt, hat es auf der anderen Seite etwas Okkultes und eben deshalb Unheildrohendes, ist es die Sphynx, das rätselvoll Unbestimmte, von dem man alles zu befürchten hat, sobald es auf der Bühne der Geschichte erscheint, schließlich der unberechenbare Unruhestifter, der sich der Beobachtung entzieht und deshalb die Vernunft mit den Schreckbildern der Mythologie lähmt.

Freilich darf diese Gegenüberstellung nicht zu der Annahme verleiten, daß Freud noch im jüdischen Volksleben zuhause gewesen sei, wie es zu seiner Zeit beispielsweise in den osteuropäischen Gemeinden bestand. Er kennt das Volk in diesem Sinne nur aus dem, was davon in seiner Familienumgebung und vor allem bei seinen eigenen Eltern übrig geblieben ist, die bis zu einem gewissen Grade noch immer typische Repräsentanten ihrer ursprünglichen Klasse sind[61]. Abgesehen vielleicht von dem einen oder anderen »Weisen« aus Czernowitz, verkehrt er in Wien ausschließlich mit sozusagen klassenlosen Leuten, mit Juden, die von überall her gekommen sind und, mehr oder minder gründlich mit der deutschen Kultur vertraut, keinen Kontakt mehr mit ihrem Volk haben, ohne diesen Mangel des gesellschaftlichen Hintergrundes auf andere Weise zu kompensieren.

Dennoch fehlt seiner Alltagserfahrung das volkstümliche Element nicht so vollständig, daß er nicht einen lebendigen Kern davon (»das Wesen des sinnvollen und lebensfrohen Judentums«) bewahrt hätte, und soweit er ihn doch durch die Macht der Umstände verloren hat, findet er ihn in seiner ganzen Fülle in den geliebten jüdischen Witzen, mit deren Sammlung er längst begonnen hat, ehe er seine Theorie auf sie anwendet, um ihren tiefen Sinn freizulegen. Denn diese Witze, die er so oft als Beispiel zitiert, sind nicht nur ein Stück amüsanter Folklore zum Sammeln und Weitererzählen, sondern stellen das Volk in seinen originellsten und authentischsten Zügen dar, ja sie sind das Volk selbst, das den entwurzelten Intellektuellen immer wieder neu in Bann schlägt, um ihn daran zu erinnern, daß er ihm noch gar nicht so lange entwachsen ist. Freud mag noch so sehr der ehrgeizige Wissenschaftler sein, der entschlossen ist, sich durchzusetzen und sich mit seinem Werk unter die großen Geister des Abendlandes einzureihen – im Grunde fühlt er sich nicht großartiger als der kleine osteuropäische Jude, der ohne Fahrkarte im Eilzug fährt und auf jeder Bahnstation mit Fußtritten hinausgeworfen wird, aber trotzdem die Hoffnung nicht aufgibt, nach Karlsbad zu gelangen, »wenn's meine Konstitution aushält«.[62] Aber auch wo der Held des jüdischen Witzes nicht zu solcher Identifikation einlädt – was er freilich, wie die Briefe an Wilhelm Fliess und die *Traumdeutung* bezeugen, sehr oft tut –, hat Freud eine Schwäche für diese banale Figur mit ihrer strahlenden Intelligenz, die als »Schnorrer«, als Heiratsvermittler oder unglücklich Verheirateter, als gewöhnlicher Lügner oder genialer Fabulierer mit einem einzigen Wort die Welt bloßzustellen und ins Unrecht zu setzen versteht. Und darum huldigt er dieser Figur, indem er nicht nur ihre Aussprüche zitiert, wenn der Humor sein Recht fordert, sondern sie auch mit dem Teil seines Werkes verknüpft, den er mit Grund mehr als andere für geeignet hält, seinen Namen unsterblich zu machen.[63]

Wie wir gesehen haben, sind die Gefühle Freuds gegenüber dem Volk schlechthin völlig anderer Art als die, die er seinem eigenen Volk spontan entgegenbringt, und hier findet man keine Spur jener wägenden Gerechtigkeit oder auch Neutralität, zu der ihn der Anspruch seiner ethischen Prinzipien ebenso verpflichtete wie der seines Berufs. Aus Gründen, die teils persönlicher Natur, teils durch schmerzhafte historische Erfahrungen bedingt sind, ist Freuds Betrachtungsweise in der Tat hier vollkommen verändert; was ihm in seinen eigenen Kreisen als ein von Wärme und Leben erfüllter Organismus erscheint, wird zur trägen Masse, zur blindwütigen Menge, zum leicht verführten Pöbel, und hier sieht er nichts mehr, das ihn rühren könnte, sondern empfindet nur noch Abscheu und maßlose

Angst. Diese Furcht vor den Massen, die man als Phobie ansprechen kann, ohne dem Wort Gewalt anzutun, da sie nicht einer realen Bedrohung entspringt, scheint er immer gehabt zu haben, und von früh an erklärt er sie merkwürdigerweise mit einer Analogie, die später zum Thema seiner Arbeiten über soziologische Fragen wird: das Volk lebt auf gleicher Ebene mit den Niederungen der Psyche, zwischen ihm und dem menschlichen Unbewußten besteht ein Verhältnis des Einverständnisses, fast der Komplizenschaft, das die höchsten Werte des Bewußtseins und die Errungenschaften der Individualität bedroht. Wie das Unbewußte kennt das Volk weder Gesetz noch Zügel; es ist ein Konglomerat primitiver Instinkte, auf das die Vernunft so wenig Einfluß hat wie das Realitätsprinzip. Daher die Angst, die sein Anblick dem psychisch höher organisierten Individuum einjagt: da es ausschließlich der Befriedigung seiner Leidenschaften frönt, sich also der Ordnung der Logik entzieht, hat es Teil an den Schrecken der Nacht und erinnert den zivilisierten Menschen an den ungezähmten Wilden, der ihn aus der Tiefe des eigenen Inneren bedroht.

Soweit das Volk die in bewußtseinsfernen Regionen angesiedelten unbezähmbaren Triebe in der Außenwelt greifbar verkörpert, bleibt es ungeachtet aller Unterschiede der Sprache, der Nation, der Geschichte und sogar des scheinbaren Niveaus seiner Institutionen überall und zu allen Zeiten gleich. Da ihm die Transzendenz und in gewisser Weise Zeitlosigkeit dieser dem Bewußtsein gnädig verhüllten Schicht der menschlichen Psyche eignet, gibt es überall Anlaß zur Furcht, gewiß in Wien, als es der Verführungskunst eines Lueger erliegt, ebenso in Berlin und Freiberg, aber auch in der zivilisiertesten aller Weltstädte, in Paris, in dessen so friedlich scheinenden Straßen immer der Aufruhr in der Luft liegt. Wahrscheinlich hätte 1885 auch der furchtsamste Beobachter die Pariser nicht in einem geistigen Zustand gefunden, der in dieser Hinsicht Befürchtungen hätte wecken müssen; Freud aber schreibt, von einem Spaziergang zurückkehrend, kurz nach seiner Ankunft: »Nur soviel, die Stadt und die Menschen sind mir unheimlich, die Leute scheinen mir von ganz anderer Art als wir, ich glaube sie alle von tausend Dämonen besessen und höre, wie sie anstatt ›Monsieur‹ und ›Voilà l'Echo de Paris‹ schreien ›A la lanterne‹ und ›A bas dieser und jener‹. Ich glaube, sie haben weder Scham noch Grauen, sie drängen sich ebenso – Männer und Frauen – um alle Nuditäten wie um die Leichen in der Morgue und die gräßlichen Anschlagzettel in den Straßen, welche einen neuen Roman in dem oder jenem Journal ankündigen und gleichzeitig eine Probe von seinem Inhalt geben. Es ist das Volk der psychischen Epidemien, der historischen Massenkonvulsionen und hat sich seit Victor Hugos Notre-Dame nicht geändert.«[64] Gewiß ist das von Freud halb scherzhaft gemeint, auch wenn sein Erschrecken sicherlich nicht geheuchelt ist, aber zweifellos gibt das Volk ihm zu denken. Zwei Jahre zuvor hat er es sogar zum Gegenstand eines Briefes an Martha gemacht, als ob es in seiner Lebensauffassung eine wichtige Rolle spielte, über die er seine Braut informieren wollte: »Aber nun verzeih, wenn ich mich selber zitiere, es fällt mir ein, was ich bei der Carmenvorstellung gedacht habe: Das Gesindel lebt sich aus und wir entbehren. Wir entbehren, um unsere Integrität zu erhalten, wir sparen mit unserer Gesundheit, unseren Erregungen, wir heben uns für etwas auf, wissen selbst nicht für was – und diese Gewohnheit der beständigen Unterdrückung natürlicher Triebe gibt uns den Charakter der Verfeinerung... Die Armen, das Volk, sie können nicht bestehen ohne ihre dicke Haut und ihren leichten Sinn; wozu sollten sie Neigungen so intensiv nehmen, wenn sich alles Unglück, das die Natur und die Gesellschaft im Vorrat hat, gegen ihre Lieben richtet, wozu das augenblickliche Vergnügen verschmähen, wenn sie auf kein anderes warten können? Die Armen sind zu ohnmächtig, zu exponiert, um es uns gleichzutun. Wenn ich das Volk sich gütlich tun sehe mit Hintansetzung aller Besonnenheit, denke ich immer, das ist ihre Abfindung dafür, daß alle Steuern, Epidemien, Krankheiten, Übelstände der sozialen Einrichtungen sie so schutzlos treffen. Ich will diese Gedanken nicht weiter verfolgen, aber man könnte darlegen, wie ›das Volk‹ ganz anders urteilt, glaubt, hofft und arbeitet als wir. Es gibt eine Psychologie des gemeinen Mannes, die von der unsrigen ziemlich unterschieden ist«[65]. Diesmal ist das Bild nuancierter, man fühlt die gewohnte Langmut Freuds und seine Gabe, sich mit den Entrechteten, den Schwachen und Leidenden zu identifizieren (später werden die Neurotiker ihm reichlich Gelegenheit geben, von dieser Gabe Gebrauch zu machen). Das Volk – Freud selbst setzt das Wort in Anführungszeichen – trägt nicht mehr die fratzenhaften Züge des ewigen Aufrührers, sondern erscheint unter dem Doppelaspekt des Genießers und des Elenden: es genießt, weil es unglücklich ist, es giert nach sofortiger Lust, weil die Grausamkeit der Natur und die Unterdrückung durch die Gesellschaft ihm die höheren Befriedigungen vorenthalten. Das ist die andere Seite jener Barbarei, die das unentrinnbare Schicksal des gemeinen Mannes ist, weil er einerseits in der gesellschaftlichen Rangordnung auf die unteren Plätze verwiesen ist und weil andererseits seine primitive psychische Organisation seinen Horizont auf die unmittelbare Gegenwart einengt und es ihm unmöglich macht, den freiwilligen Verzicht als ein Mittel der kulturellen Verfeinerung zu begreifen.

Freud sagt, daß er diese Gedanken nicht weiter verfolgen wolle, aber ganz offensichtlich hat er sich viel mit ihnen beschäftigt, genug jedenfalls, um

ihnen fast das Gewicht und die innere Kohärenz einer ausgearbeiteten Theorie zu geben. Hier handelt es sich um eine jener Antizipationen, auf die wir schon hingewiesen haben, denn seine Theorie von 1883 über den Unterschied zwischen der Elite und dem gemeinen Volk ist im wesentlichen identisch mit jener, die er später im vollen Bewußtsein ihrer Konsequenzen formulieren wird, nachdem die Psychoanalyse mit der Enthüllung der gewaltigen Rolle des Unbewußten für das Funktionieren der menschlichen Psyche auch der Soziologie völlig neue Grundlagen geliefert hat: die gesamte Kultur beruht auf der Unterdrückung der Triebe, sie fordert vom Individuum den Verzicht auf unmittelbaren Lustgewinn zugunsten späterer Gratifikationen, auf die es nicht einmal zählen kann; ihre Höherentwicklung setzt also den teilweisen oder völligen Verzicht auf die größten Freuden des Lebens voraus, und ihre Größe ist proportional dem Maß widernatürlicher Verstümmelung, die ihr als Opfer dargebracht wird. Freilich wird auch der Tag kommen, an dem Freud aus der Erforschung der Neurosen die Erkenntnis gewinnt, daß diese Größe der Kultur mit einem schwerwiegenden Unbehagen, ja mit eigenartigen Erkrankungen des Geistes erkauft wird. Aber auch dann noch bleibt das Erklärungsmodell, das er schon gut fünfzehn Jahre zuvor angedeutet hat, als er Volk mit Trieb identifizierte, der Eckstein seiner Lehre, vor allem in jenen Arbeiten, die sich mit der Kollektivpsychologie und, weiter gefaßt, mit den stets problematischen Beziehungen des Individuums zum Allgemeinen befassen.
Man kann sagen, daß diese Identifikation des Volkes mit Natur und Trieb – den »niedrigen Instinkten«, wie man damals gerne sagte – sicherlich nicht zu Freuds originellsten Gedanken gehöre, im Grunde nur ein Gemeinplatz der Zeit sei, der dem konservativen oder liberalen Bürgertum zugleich einen Anlaß zum Gruseln und die beste Rechtfertigung für seine privilegierte Stellung lieferte. Das ist zweifellos richtig, aber doch wiederum nur teilweise richtig, denn Freud fürchtet das Volk nicht aus den gleichen Gründen wie der Bourgeois, und wenn er es im Zustand der Inferiorität findet, so weiß er doch sehr wohl, daß seine Primitivität mindestens ebenso sehr durch Elend und Unterdrückung wie durch angeborene Minderwertigkeit zu erklären ist, und das ist genau das, was der Bourgeois immer zu leugnen versucht. Freud ist selber arm gewesen, so arm, daß die Furcht vor Mittellosigkeit ihn bis an sein Lebensende verfolgen wird[66]; er weiß daher, daß das hoffnungslose Elend der unteren Klassen absolut unvergleichbar ist mit den vorübergehenden Geldschwierigkeiten des Intellektuellen, auch wenn eines der hartnäckigsten bürgerlichen Vorurteile das Unglück des Armen einfach zu den gewöhnlichen Wechselfällen des Lebens rechnet und behauptet, nur den Schwachen und Minderwertigen

erniedrige das Elend, nicht aber den höher gearteten Menschen, der sich auch in widrigen Umständen als stark erweise. Nur zu gut erinnert sich Freud seiner eigenen Demütigungen, um hier nicht zu unterscheiden; in diesem Punkt ist er keineswegs eines Sinnes mit dem Bourgeois und dem Parvenu und kann sie mitunter sogar hassen, als sähe er sie plötzlich mit den Augen ihrer Feinde. Zur gleichen Zeit, zu der das Volk von Paris ihn schaudern läßt, weil er in jedem Wort das Grollen des Aufruhrs zu vernehmen glaubt, kann er beim Anblick der Champs-Elysées, auf denen selbstzufriedene Bürger ihren Luxus und ihre fein ausstaffierten Kinder zur Schau stellen, selber rebellische Impulse verspüren: »Die noblen Damen gehen dort mit einer Miene spazieren, als wollten sie die Existenz der Welt außer sich und ihren Männern leugnen oder doch gütigst übersehen... Ich mußte an die arme Mitzi denken und wurde sehr, sehr wütend und voller revolutionärer Gedanken.«[67] Das Mißverständnis zwischen Freud und dem Bürgertum ist übrigens permanent, denn freilich ist Freud durch das Bürgertum geprägt, und vieles von dem, was er glaubt, liebt und bewundert, von den Werten, die er für unabdingbar hält, stammt direkt aus der bürgerlichen Ideologie; niemals aber hat er die Sache der Bourgeoisie als der herrschenden Klasse zu der seinen gemacht, niemals ihre Interessen vertreten, und wenn er sich ihren maßgebenden Gewohnheiten anpaßt, so verurteilt er darum die von ihr geprägte Welt nicht minder als »abscheulich«. Will man seine Überzeugungen auf ein etwas vereinfachtes Schema bringen, so könnte man sagen, daß er nach außen Konformist, im Grunde seines Wesens aber ein Rebell war, bürgerlich in seinen Gewohnheiten, revolutionär in der Klarheit seines Denkens, voller Respekt vor den Konventionen, aber zutiefst subversiv in jenem Sinne, in dem die alten Propheten seines Volkes subversiv waren, wenn sie gegen Abgötterei und Lüge, gegen soziale Heuchelei und Ungerechtigkeit ihren Bannstrahl schleuderten. Aus diesem doppelten Anspruch, der sie bis heute kennzeichnet, geht die Psychoanalyse hervor: geboren aus der humanistischen Kultur, die um die Wende vom 19. zum 20. Jahrhundert den Stolz, die Kraft und die höchste Rechtfertigung der herrschenden Klasse ausmacht, ist sie nichtsdestoweniger der radikalste Zerstörungsakt, gegen den das Bürgertum sich jemals zu wehren hatte, und der einzige, der ihm zugleich seine »ewigen« Mythen und seine Glaubwürdigkeit rauben konnte, da er es an der Wurzel seiner Existenz angriff: in der bis dahin so uneinnehmbaren Bastion der bürgerlichen Familie.

Dieses Gegensatzes von zwei widerstreitenden Tendenzen in seinem Charakter ist Freud sich von Jugend an bewußt, auch wenn er noch nicht weiß, in welcher Form eines Tages die stärkere, aber weniger sichtbare dieser Tendenzen zur Geltung kommen wird. 1886 äußert er sich Martha gegenüber über seine Schüchternheit im Verkehr mit der Welt, unter der er sehr leidet, und fügt hinzu: »Man würde es mir kaum ansehen, und doch war ich schon in der Schule immer ein kühner Oppositionsmann, war immer dort, wo es ein Extrem zu bekennen und in der Regel dafür zu büßen galt. Als ich dann eine hervorragende Stellung als langjähriger Primus bekam, als man mir allgemein Vertrauen schenkte, hatte man sich auch nicht mehr über mich zu beklagen. Weißt Du, was mir Breuer eines Abends gesagt hat? Ich war so ergriffen davon, daß ich ihm darauf das Geheimnis unserer Verlobung mitteilte. Er sagte, er hätte herausgefunden, daß in mir unter der Hülle der Schüchternheit ein maßlos kühner und furchtloser Mensch stecke. Ich habe es immer geglaubt, und mich nur nie getraut, es wem zu sagen. Mir war oft so, als hätte ich den ganzen Trotz und die ganze Leidenschaft unserer Ahnen, als sie ihren Tempel verteidigten, geerbt, als könnte ich für einen großen Moment mit Freude mein Leben hinwerfen.«[68] Diese im guten Sinne donquichotteske Leidenschaft, die niemand hinter seinen korrekten Umgangsformen ahnt, bezieht Freud also aus einer sehr fernen Vergangenheit, von der er sie vollständig geerbt hat, mit all ihrem Trotz, ja ihrer Tollkühnheit angesichts einer wohlgeordneten Welt. Diese heftige, exzessive Leidenschaft, die sich auflehnt gegen alles Bestehende und die gängigen Meinungen, ist die Quelle des Schöpferischen in ihm, und darum ist er so unzufrieden mit allem, was man über ihn schreibt, ohne von diesem Quell der Leidenschaft die leiseste Ahnung zu haben. Stefan Zweig, der in seinem Porträt Freuds das »kleinbürgerlich korrekte Element« allzu ausschließlich betont hat, erwidert er ohne Umschweif: »Der Kerl ist doch etwas komplizierter«[69], und wenn er es wagen könnte, würde er den gleichen Vorwurf wohl auch gegen Thomas Mann erheben, der die Psychoanalyse damit zu erklären glaubt, daß er sie ohne viel Federlesens einfach in den großen Topf der deutschen Romantik wirft[70]. Denn so gegensätzlich beide Interpretationen auch zu sein scheinen, so tragen sie doch den gleichen Makel der Einseitigkeit: sie übersehen das jüdische Element der Kühnheit und die jüdische Leidenschaft für die Idee, die doch entscheidende Momente der Persönlichkeit Freuds sind, und geben damit ein verharmlosendes Bild seines Denkens. Der Konflikt, um den es hier geht, ist weder der zwischen Freiheit des Geistes und kleinbürgerlichem Konformismus, wie Stefan Zweig annimmt, noch zwischen klassischem Rationalismus und Romantik, wie Thomas Mann sich einbildet; er entspringt vielmehr der Antinomie zwischen jener Ordnung, der der assimilierte Jude sich einzufügen versucht, und dem uralten Radikalismus der Propheten, der ihn dazu drängt, jeden Kompromiß mit den bestehenden Verhältnissen zu verwerfen. Revolutionär ist Freud also gewissermaßen als Jude des Alten Testaments, konservativ dagegen als halb verbürgerlichter Jude von heute; er ist schüchtern und geradezu furchtsam, insofern er sich die sittlichen und geistigen Normen einer übernommenen Kultur weitgehend zu eigen gemacht hat, aber unerbittlich und jeder Kühnheit fähig, sofern er weiterträumt an dem Traum eines unbeugsamen Volkes, das mit Zähigkeit festhält an seinem eigenen Weg und an dem, was es für die Wahrheit hält.

Solange Freud tastend nach einem Sektor der Wissenschaft sucht, auf dem er als Neuerer wirken kann, hat der prophetische Elan, der es ihm unmöglich macht, mit der Bourgeoisie zu paktieren, keine Gelegenheit, in Erscheinung zu treten; dazu bedarf es erst des erstaunlichen Zusammenwirkens von günstigen Umständen, aus dem eines Tages die Psychoanalyse hervorgeht, um eine neue Epoche des Denkens einzuleiten. Freud selbst ist nicht imstande, jene Art von Tollheit, deren er sich fähig fühlt, ganz zu ermessen, und da sie in dem klassischen Geist, der ansonsten seine intellektuellen Tätigkeiten lenkt[71], ihr Gegengewicht findet, riskiert er es nur selten, sie nach außen zu zeigen. Wenn er bereit ist, »für einen großen Moment mit Freude mein Leben hin(zu)werfen« – was er dann in der Tat auch tut, als er seine ganze Karriere auf die Traumdeutung setzt, was für die Wissenschaftler seiner Zeit nichts als reinste Tollheit ist –, so läßt der Mann der Vernunft und geistigen Ordnung, der er für gewöhnlich ist, davon kaum etwas erkennen. Dieser Freud hat wirklich nichts von einem Visionär, der sein Leben für eine Minute der Ekstase hingibt; er ist ein nüchterner Kopf, ein entschiedener Anhänger der Aufklärungsphilosophie, der sich Fortschritt nur in der Form eines allmählichen Vordringens der wissenschaftlichen Erkenntnis vorstellen kann. In dieser Hinsicht können die »Anderen« und auch er selber das »geheimnisvolle Etwas« vergessen, das ihm eine Sonderstellung fast am Rande der Gesellschaft zuweist: er teilt ihre Vorstellungen in hinreichendem Maße, um das Recht auf einen Platz in ihrer »aufgeklärten« Republik zu beanspruchen.
Diesen Platz, den er sich in der Gesellschaft der »Anderen« erringen will, kann Freud schon in seiner Jugend auch nicht einen Augenblick lang in den unteren Rängen sehen; früh weiß er, daß er sich entweder damit abfinden muß, nichts zu sein und nichts zu besitzen, also das traurige Los des verachteten Juden zu erdulden, oder aber allen Ernstes ganz hoch zielen und mit nie nachlassender Zähigkeit ums »Arrivieren« kämpfen muß. Denn in dieser Gesellschaft, in der zu leben und zu arbeiten ihm

der Zufall auferlegt hat, gibt es für die Seinen nur zwei Mittel, der Erniedrigung zu entgehen: Geld und Wissen, sehr viel Geld und ein so umfangreiches Wissen, daß es auch den Anspruchsvollsten imponiert. Da er in puncto Geld nichts zu erwarten hat, bleibt die Wissenschaft seine einzige Hoffnung; mit ihrer Hilfe wird er der Erste auf dem Feld des Geistes sein, wenn er es in anderen Bereichen nicht durch Geburt und Vermögen werden kann. An diesen Entschluß hält er sich schon im Gymnasium, wo er in der Tat jahrelang Klassenerster ist, was seine Neigung zur Rebellion beträchtlich dämpft, wie er in einem bereits zitierten Brief schreibt.[72] (Man kann das leicht verstehen: indem er sich das Wissen der »Anderen« so gründlich aneignet, daß er es besser beherrscht, als sie selbst, und es auch gewissenhafter anwendet, verliert sein Hang zur Revolte zumindest einen Teil seiner Motivation.) Überall lernt er rasch und gründlich, und am Ende ist ihm seine zweite Kultur so vollkommen auf den Leib geschnitten, daß sie nicht weniger, vielleicht sogar mehr als die jüdische selbstverständlicher Familienbesitz zu sein scheint.

In diesem Sinne kann Freud als Musterbeispiel einer geglückten deutschen Erziehung gelten – mit den Vorzügen und den Fehlern, der Weite des Horizontes und den Einengungen, die die damaligen Erziehungsmethoden hervorbrachten, ganz besonders in jenem Teil Europas, in dem die Schule in der buntscheckigen Vielfalt der Völkerschaften das einigende Band stiften mußte. Zu den Vorzügen muß man gründliche und umfassende Kenntnisse rechnen, ferner die Liebe zur Literatur und zu den Humaniora, die nicht nur als Zierde des Geistes, sondern zu seiner Formung gepflegt werden, schließlich einen gewissen intellektuellen Kosmopolitismus, der in einem Reich, in dem so vielfältige Nationen in engster Nachbarschaft leben, ganz natürlich ist. Freud spricht oder liest mühelos fünf moderne Sprachen, nämlich Deutsch, Französisch, Englisch, Italienisch und Spanisch (für seine Umgebung blieb es lange ein Rätsel, wo und wie er das Spanische hatte erlernen können[73]); er liest die römischen und griechischen Schriftsteller und ist mit ihnen so vertraut, daß Zitate, meist in der Originalsprache und so passend gewählt, daß niemand ihn für einen Pedanten halten kann, ihm ganz selbstverständlich in die Feder fließen. Natürlich findet er unerschöpfliche Befriedigung in der deutschen Literatur (im Gegensatz zur Philosophie, die er nach eigenem Geständnis wenig kennt; lange behauptete er sogar, Nietzsche nicht gelesen zu haben, was seine stets nach Vorläufern der Tiefenpsychologie suchenden Schüler zu Unrecht für Koketterie hielten); er ist vertraut mit Goethe, Schiller, Heine, Lessing. Vor allem Goethe steht ihm nahe, und abgesehen von den rein theoretischen Texten gibt es kaum eine Seite in seinem Werk, auf der er Goethe nicht mit einem

Zitat oder mindestens einer liebevollen Anspielung huldigt. Aber seine Begeisterung macht an den sprachlichen Grenzen nicht Halt, kann sie um so leichter überschreiten, als er zu vielen fremdländischen Bereichen einen unmittelbaren Zugang hat; überall hat er Brüder im Geiste, hier und da Idole, aber über allen steht sein Abgott Shakespeare, dem er in seinen Schriften immer wieder seine Verehrung bezeugt. Kurz, die Wahl seiner geistigen Lehrmeister und die Ernsthaftigkeit seiner ausgedehnten Kenntnisse machen ihn genau zu dem, was ein gebildeter Deutscher oder Europäer damals als das Muster eines vollkommenen Menschen ansehen mußte. Die Mängel aber einer solchen auf Lektüre gegründeten Betrachtungsweise sind die unmittelbare Konsequenz dieser humanistischen Dressur, die ausschließlich darauf gerichtet ist, die Werte der Vergangenheit zu pflegen, und damit den Sinn für die Gegenwart und die Modernität mehr oder minder vollständig verkümmern läßt. Für Freud wie für alle diejenigen Zeitgenossen, die bis zu einem gewissen Grade gute Schüler geblieben sind, gibt es Schönes, Wahres und des Interesses Würdiges nur insofern, als es in der näheren oder ferneren Vergangenheit von Autoritäten, die als unfehlbar gelten, dafür erkannt wurde; alles übrige ist falsch, häßlich, schlecht, ja schändlich und kann nur das gemeine Volk beeindrucken, der kultivierte Mensch aber läßt sich niemals von der Lüge oder dem Aberwitz der »dekadenten« Kunst[74] blenden. Hier wie überall schlägt also die klassizistische Haltung leicht in Konvention und leeren Akademismus um, aber aus Gründen, die weitgehend in der lokalen Situation zu suchen sind, führt sie hier mehr als anderswo zu einer außerordentlichen Überbewertung der Kultur und wird damit zur stärksten Stütze einer Ideologie. Freud, der mehr als irgendein anderer Mensch seiner Zeit für die Befreiung des menschlichen Geistes aus den Fesseln alteingewurzelten Aberglaubens getan hat, konnte sich sein Leben lang weder aus der Enge seiner humanistischen Bildung lösen noch von ihrer abergläubischen Überschätzung, die diese Einseitigkeit kompensieren sollte.

Durch die philologische Schule des österreichischen Gymnasiums gegangen und jahrelang Klassenbester, ist er das glänzende Produkt eines pädagogischen Programms, das andere, weniger bildungshungrige Geister als drückende Last empfunden haben mögen, das seine Begabung aber optimal gefördert zu haben scheint. Leider haben wir für den Inhalt des Unterrichts und das Spektrum der Fächer an den Wiener Gymnasien in den sechziger Jahren keine direkten Quellen, doch können wir uns anhand der Verhältnisse etwa dreißig Jahre später am deutschen Gymnasium in Prag, dessen Stundentafeln erhalten sind, ein wahrscheinlich ziemlich genaues Bild davon machen.[75] Im Jahre 1893 zum Beispiel hatten die Schüler des ersten

Schuljahrs (der heutigen fünften Klasse) wöchentlich acht Stunden Latein, die Schüler des dritten Schuljahres, die mit dem Studium des Griechischen begannen, noch eine Lateinstunde täglich. Nach den von Klaus Wagenbach[76] veröffentlichten Zahlen beanspruchten Latein und Griechisch in den unteren Klassen etwa ein Drittel der gesamten Unterrichtszeit und von der dritten Klasse an sogar die Hälfte, während das Deutsche (anfangs vier, dann drei Stunden wöchentlich) im Stundenplan eine untergeordnete Rolle spielte. Der große Philologe Fritz Mauthner – derselbe, der vom Judentum als einem »Duktus des Gehirns« sprach[77] – hat dieses System, die Schüler mit alten Sprachen zu mästen, die sie seiner Meinung nach eher verdummen als bilden, mit den schärfsten Worten gegeißelt: »Im Schulprogramm ... hieß es immer, man werde durch das Studium des Lateinischen und des Griechischen in den Geist der antiken Welt eingeführt. Und auch moderne Bildung sei ohne diesen Geist nicht zu erwerben... In den antiken Geist dringen vielleicht die besten Philologen ein wenig während ihrer Universitätsjahre. Von uns Schülern – wir waren ungefähr vierzig in der Klasse – wurden nur drei oder vier so weit gefördert, daß sie mit knapper Not einen alten Klassiker silbengetreu übersetzen konnten; auch die schablonenhafte Begeisterung für Homer und für Sophokles fehlte bei diesen Auserwählten nicht; aber von einem Verständnis für die besondere Art, für die Unvergleichlichkeit und Unnachahmlichkeit, also auch für die Fremdheit des antiken Geistes, fehlte es durchaus. Und gar die anderen Schüler, neun Zehntel der Klasse, gingen mit gutem Erfolg durch das Abiturientenexamen und hatten doch in den alten Sprachen nie etwas anderes gesehen als Zuchtruten.«[78] Seit den Tagen Freuds dürfte sich die Situation, wie Mauthner sie schildert, kaum verändert haben, man kann sogar aus der allgemeinen Entwicklung folgern, daß die Lehrpläne inzwischen eher etwas weniger überfrachtet waren. Im übrigen war diese Situation keine Besonderheit Österreich-Ungarns, sondern so ziemlich die gleiche nicht nur in Deutschland, sondern in ganz Mittel- und Osteuropa, sogar in Rußland, wo – wenn wir uns auf die scharfsinnige Analyse Trotzkis verlassen können[79] – das Pauken der alten Sprachen ganz bewußt als Mittel zur geistigen Knechtung benutzt wurde. Um die Jahrhundertwende verliert die klassische Bildung für viele den Charakter des Sakrosankten; man beginnt, sie in polemischen Schriften in Frage zu stellen, indem man entweder das im konventionellen Unterricht vermittelte Ideal der Antike als hohl denunziert oder in ihm ein Instrument der Herrschaft erkennt, das die Machthaber brauchen, um sich eine ideologisch verläßliche, von Kindheit an zu gehorsamen Befehlsempfängern dressierte Bürokratie zu schaffen.[80] Es gibt jedoch keinerlei Anzeichen dafür, daß Freud sich dieser doppelten Kritik des Pädagogen und des Revolutionärs jemals angeschlossen hätte; er zeigt sich im Gegenteil sein Leben lang dankbar für die Art von Bildung, die ihm zuteil wurde, was er indirekt durch viele Aspekte seines Werkes und direkt in einer kleinen Schrift *Zur Psychologie des Gymnasiasten* zum Ausdruck bringt, die er an der Schwelle zum Greisenalter als eine Huldigung an seine verehrten Lehrer verfaßt hat: »Man hat ein sonderbares Gefühl, wenn man in so vorgerückten Jahren noch einmal den Auftrag erhält, einen ›deutschen Aufsatz‹ für das Gymnasium zu schreiben. Man gehorcht aber automatisch wie jener ausgediente Soldat, der auf das Kommando ›Habt acht!‹ die Hände an die Hosennaht anlegen und sein Päckchen zu Boden fallen lassen muß. Es ist merkwürdig, wie bereitwillig man zugesagt hat, als ob sich in dem letzten Halbjahrhundert nichts Besonderes geändert hätte. Man ist doch alt geworden seither, steht knapp vor dem sechzigsten Lebensjahr... Noch vor zehn Jahren konnte man Momente haben, in denen man sich plötzlich ganz jung fühlte... Die Gegenwart war dann wie verdunkelt und die Lebensjahre von zehn bis achtzehn stiegen aus den Winkeln des Gedächtnisses empor mit ihren Ahnungen und Irrungen, ihren schmerzhaften Umbildungen und beseeligenden Erfolgen, die ersten Einblicke in eine untergegangene Kulturwelt, die wenigstens mir später ein unübertroffener Trost in den Kämpfen des Lebens werden sollte, die ersten Berührungen mit den Wissenschaften, unter denen man glaubte wählen zu können, welcher man seine – sicherlich unschätzbaren – Dienste weihen würde. Und ich glaubte mich zu erinnern, daß die ganze Zeit von der Ahnung einer Aufgabe durchzogen war, die sich zuerst nur leise andeutete, bis ich sie in dem Maturitätsaufsatze in die lauten Worte kleiden konnte, ich wollte in meinem Leben zu unserem menschlichen Wissen einen Beitrag leisten.«[81] Freud erinnert sich also nicht nur nicht, unter den harten geistigen Zwängen seiner Schulzeit gelitten zu haben, sondern hat das Gefühl, sehr viel davon profitiert zu haben und ihnen »unübertroffenen Trost« in den Kämpfen des Lebens zu verdanken; er hat dem Zwangshumanismus, den andere als Vergewaltigung empfanden, nicht nur nichts vorzuwerfen, sondern ist überzeugt, daß er in seinem Fall eine lebensentscheidende Rolle gespielt und ihn tatsächlich gebildet hat, und zwar genau in dem klassischen und gewissermaßen bürokratischen Sinne, den der Begriff der Bildung in der offiziellen Doktrin hatte. Mit Rührung erinnert er sich, daß er stolz war auf jene Männer, die ihm die »untergegangene Kulturwelt« nahebrachten, »stolz auf ihre großen Vorzüge, ihr Wissen und ihre Gerechtigkeit«[82]; und er, der die Welt gründlich revolutionierte, indem er die unreine Quelle aller Schöpfungen des Geistes bloßlegte, denkt keinen Augenblick daran, seinen alten

Lehrern die Verfehltheit ihrer Pädagogik oder ihren blinden Glauben an ein vorgeblich zeitloses und eben deshalb verlogenes Ideal zum Vorwurf zu machen. Und zwar deshalb, weil dieses Ideal durch alle Lebensalter hindurch auch sein eigenes geblieben ist; in dieser Hinsicht hat er sich niemals geändert. Noch immer glaubt er an die Antike als Quelle aller Weisheit und Wahrheit; mehr noch, er sieht in der Antike die höchste Garantie der Menschlichkeit und letztlich die einzige, die zu verteidigen sich lohnt – sogar gegen die pietätlosen Verfahren und die profanierenden Analysen, deren er sich als Wissenschaftler bedienen muß.

Dieser Kult der Antike nimmt bei Freud zwar ungewohnte Dimensionen an[83], ist aber für seine Zeit keine Ausnahmeerscheinung, sondern bei den Deutschen ebenso weit verbreitet wie bei den assimilierten Juden, die hier eine der seltenen Gelegenheiten finden, ihrem Wirtsvolk auf neutralem Boden zu begegnen (auch Goethe bietet eine solche Gelegenheit, ebenso Bismarck, wenn auch eine weit gefährlichere). Sich über »unsterbliche« Wahrheiten zu unterhalten, die im Maße ihrer Zeitlosigkeit auch gleichgültig werden, ist weniger riskant als sich auf die heiklen Gebiete der Religion oder der Politik einzulassen, auf denen die belanglosesten Diskussionen eine schlimme Wendung nehmen können. Die Größe Homers bietet kaum Anlaß zu Mißverständnissen; sie hat zudem den Vorteil, gemeinsamer Besitz aller Gebildeten zu sein. Gewiß ist dieser Besitz etwas Totes, aber die Bilder und Erinnerungen, die er in der Seele jedes kultivierten Menschen zurückläßt, geben ihm Leben. In diesem Sinne eröffnet die Vergangenheit Möglichkeiten der Kommunikation in der Gegenwart, und insofern kann man ihr auch eine universelle Bedeutung zuerkennen. Platon, Sophokles und Virgil zu bewundern, die klassischen Autoren in der Originalsprache zu lesen, sie gut genug zu kennen, um sie bei passender Gelegenheit mühelos zitieren zu können, und sie für die unvergänglichen Vorbilder der Menschlichkeit zu halten, ist für den Juden also ein ausgezeichnetes Mittel, sich der »anderen Seite« anzunähern, ohne eine demütigende Abfuhr befürchten zu müssen; für einen Augenblick wenigstens kann er in der klassischen Bildung seiner schicksalhaften Andersartigkeit entrinnen und sich jedem beliebigen Intellektuellen der herrschenden Klasse gleich oder sogar überlegen fühlen (Hellenisten wie Jacob Bernays oder Fritz Mauthner sind für die Juden der lebende Beweis, daß sie nicht notwendig Dilettanten des Wissens bleiben müssen[84]). Doch diese Neutralisierung der »anderen Seite« durch den Fetisch Antike erlaubt nicht nur die Hoffnung auf eine Annäherung, sondern ist zugleich auch eine Hilfe für alle jene, die nach einer Möglichkeit suchen, auf ehrenhafte Weise ihr eigenes geistiges Getto zu verlassen. Wenn sie durch intimes Verständnis der Werke und Denkmäler zu Griechen werden, hoffen sie gewiß nicht, auch tatsächlich Deutsche oder Österreicher zu werden; hätten sie diese Hoffnung doch, so würde sie rasch zunichte gemacht. Wohl aber können sie glauben, bis zu einem gewissen Grade keine Juden mehr zu sein, und vor allem den Makel der ästhetischen Minderwertigkeit loszuwerden, der dem Judentum angeheftet wurde und um so schmachvoller und demütigender ist, als man die angeblich angeborene jüdische Häßlichkeit mit der legendären Schönheit der Antike kontrastieren läßt. Denn darüber sind sich Juden und Nicht-Juden im allgemeinen einig: Judentum und Hellenismus bilden einen vollkommenen Gegensatz, weil das Judentum, durch das uralte Bilderverbot zur ästhetischen Impotenz verurteilt, aus dem Reich der schönen Künste ausgeschlossen bleibt, in dem die Griechen gerade ihre Unsterblichkeit erlangten. Zu all dem Fluch, mit dem Israel ohnehin beladen ist, kommt also noch der Mangel an Schöpfertum hinzu, der für Künstler und Dichter die eigentliche Ursünde ist. So weiht sich Heine dem Hellenismus, wie man sich sonst nur einer Religion weiht, um sich wenigstens für seine Person von der untilgbaren Kollektivsünde reinzuwaschen. Aber trotz aller Leidenschaft bringt ihm die Konversion hier wie auch in anderer Hinsicht nicht das Heil, und allmählich versucht er, dem schmerzhaften Zwiespalt zu entgehen, den seine Erziehung ihm eingepflanzt hat, natürlich mit Hilfe der Bibel, die er nun mit anderen Augen liest: »Welch ein großes Buch! Merkwürdiger noch, als der Inhalt, ist für mich diese Darstellung, wo das Wort gleichsam Naturprodukt ist wie ein Baum, wie eine Blume, wie das Meer, wie die Sterne, wie der Mensch selbst. Das sproßt, das fließt, das funkelt, das lächelt, man weiß nicht wie, man weiß nicht warum, man findet alles ganz natürlich. Das ist wirklich das Wort Gottes, statt daß andere Bücher nur vom Menschenwitz zeugen. Im Homer, dem anderen großen Buche, ist die Darstellung ein Produkt der Kunst, und wenn auch der Stoff immer ebenso wie in der Bibel aus der Realität aufgegriffen ist, so gestaltet er sich doch zu einem poetischen Gebilde, gleichsam umgeschmolzen im Tiegel des menschlichen Geistes... In der Bibel scheint auch keine Spur von Kunst; das ist der Stil eines Notizbuches, worin der absolute Geist, gleichsam ohne alle individuelle menschliche Beihilfe die Tagesvorfälle eingezeichnet.«[85] Wie man sieht, kann Heine sich auch in diesem wirklich schönen Text, zu dem die Bibel ihn begeistert, nicht dazu entschließen, Kunst zu nennen, was seine eigenen Worte doch als Kunst beschreiben – denn was, wenn nicht Kunst, wäre der »Stil eines Notizbuches, worin der absolute Geist... die Tagesvorfälle einzeichnet«? –, und ebenso wenig kann er auf den konventionellen Vergleich mit Homer verzichten, der ihn zu faszinieren scheint. Im Licht dieses aufgezwungenen Vergleichs wird der Mangel an Kunst in der Bibel noch augenfälliger, und um diesem Mangel abzuhelfen, muß schon der absolute Geist bemüht werden, der allein die Sünde eines ganzen Volkes gegen die Schönheit tilgen kann. Das Gefühl der ästhetischen Minderwertigkeit des Judentums läßt den Dichter nicht los, und noch am Ende seines Lebens wird er in der Idee der Kunst die Rechtfertigung für die Rückwendung zu der Kultur seines Ursprungs suchen: Moses wird nun für ihn der einzigartige Künstler, der nicht Figuren aus Stein, sondern Menschen formt, der Erbauer großartiger menschlicher Pyramiden, deren Schönheit und Vollkommenheit alle Wunder des Altertums in den Schatten stellt.[86]

Bei Freud, der ebenfalls die letzten Seiten seines Werkes Moses widmet, hat man nie den Eindruck, daß der stets als selbstverständlich vorausgesetzte Gegensatz zwischen Judentum und antikem Denken für sein persönliches Leben ein Grund zur Scham und eine Quelle von Konflikten gewesen wäre. So »unübertroffenen Trost in den Kämpfen des Lebens« – in denen es für ihn, wie er oft genug sagt, auch darum geht, als Jude leben zu können – er auch aus seiner Vertrautheit mit den Griechen gezogen haben mag, so steht er doch keineswegs im Banne jenes »entweder oder«, in dem Heine lange verzweifelt befangen bleibt. Jedenfalls hat er nichts geschrieben, das auf einen solchen Zwiespalt schließen ließe. Er scheint im Gegenteil keine Mühe gehabt zu haben, seine beiden Kulturen miteinander zu versöhnen und zu genießen, was jede von ihnen ihm jeweils zu bieten hatte, ohne die eine auf Kosten der anderen zu verherrlichen oder sich verpflichtet zu fühlen, sie gegeneinander abzuwägen. In Wirklichkeit haben sie keineswegs den gleichen Status, und was sie in Gegensatz zueinander bringt, liegt nicht in Unterschieden auf den Gebieten der Kunst oder der Philosophie, sondern in ihrer Herkunft, die ihre Tiefe und ihre Reichweite bestimmt. Um die jüdische Kultur zu besitzen, bedarf es für Freud nicht der besonderen Anstrengungen, die die beständige Vermehrung der Kenntnisse verlangt; ihr gegenüber bedarf es bis zu einem gewissen Grade nicht einmal der Lektüre und der Unterweisung, denn sie hängt mit jenem »geheimnisvollen Etwas« zusammen, das den Juden ausmacht und sich jeder Berechnung mindestens ebenso sehr entzieht wie der Analyse. Arm also, aber tief, wie sie ist, muß sie ebensowenig erweitert werden, wie sie in Gefahr steht, zu verkümmern oder verloren zu gehen; sie muß auch nicht in einer Sammlung von bedeutsamen Objekten oder an gewissermaßen spezialisierten Stätten gesucht werden: Freud trägt sie in sich, ohne sie allzu genau von seiner eigenen Person zu unterscheiden, und folglich auch ohne nach ihr streben zu müssen. Die andere Kultur hingegen, die im wesentlichen auf die Antike gegründete humanistische Kultur des

Abendlandes, hat er zunächst einmal mit disziplinierter Arbeit erwerben müssen, und insofern bleibt sie, bei aller Bedeutung, die sie gewinnen kann, für ihn eine zweite Kultur und eben wegen ihrer Ausgedehntheit auch oberflächlich – gewiß nicht im geläufigen Sinn des Wortes, aber doch in dem Sinne, daß sie auf die höheren Regionen des Bewußtseins beschränkt bleibt und nicht mit den tieferen Schichten des Lebens verknüpft ist. Während Freud seine jüdischen Geschichten immer dann zitiert, wenn seine eigene Existenz in gewisser Weise auf dem Spiel steht, beruft er sich auf die klassischen Autoren in beispielhaften Situationen, die den Menschen ganz allgemein betreffen, und was er zitiert, erfüllt ihn regelmäßig mit Erstaunen, als könne er es nur aus jener respektvollen Distanz betrachten, zu der die Ehrfurcht und die Magie des Fremden nötigen. Wir wissen im übrigen, daß er trotz seines Enthusiasmus mindestens einmal an dem Realitätsgehalt dieser Kultur gezweifelt hat, die man ihn lehrte (»Also existiert das alles wirklich so, wie wir es auf der Schule gelernt haben«[87]); in der Regel scheint er jedoch eher daran gezweifelt zu haben, auf legitime Weise an dieser Kultur teilzuhaben, und deshalb sucht er als Sammler ihrer Überreste und als frommer Pilger zu den beiden heiligen Städten, die ihr Wunder offenbarten, seinen Zweifel zu beschwichtigen[88].

Die beiden Kulturen, die Freud in seiner persönlichen Mythologie vereint, ehe er sie in seinem Werk verbindet, stehen zueinander also weder völlig in einem Verhältnis komplementärer Ergänzung noch in dem eines strikten Gegensatzes. Je nach dem Grad von Freiheit, die jede von ihnen ihm läßt, sieht und gebraucht er sie in unterschiedlicher Weise, und das scheint häufig zum Nachteil des Judentums auszuschlagen, weil hier sein Urteil nicht nur sicherer und tiefer motiviert ist, sondern sich paradoxerweise auch freier ausdrücken kann. Die erworbene Kultur, der er aus Vorliebe wie aufgrund seiner intellektuellen Begabung zuneigt, ist für ihn jeder Infragestellung völlig entrückt – zunächst sicher, weil er von ihr fasziniert ist, aber wahrscheinlich auch, weil er sich als Außenstehender weder in der Lage noch im Recht fühlt, über sie zu urteilen. Ganz anders steht es natürlich mit der Kultur, die er ererbt hat, denn sie ist die seine, er kennt sie gründlich und steht mit ihr auf hinreichend vertrautem Fuße, um ohne Skrupel ziemlich schonungslos mit ihr umgehen zu können. Infolgedessen scheint die psychoanalytische Kritik, die gegenüber dem Hellenismus bemerkenswert zurückhaltend bleibt, sich fast ausschließlich gegen das Judentum als den wichtigsten Unruhestifter zu richten, der nicht nur für die Krankheiten des Individuums, sondern auch noch für ein schwerwiegendes kollektives Unbehagen[89] verantwortlich ist (zu dem, was das Judentum direkt zu verantworten hat, kommt noch die Schuld hinzu, das

Christentum hervorgebracht zu haben, eine Lehre, die auf die »Unterdrükkung der Triebe« gegründet und daher höchst gefährlich für das Gleichgewicht der Psyche ist). Doch gerade diese scheinbare Parteilichkeit läßt am besten erkennen, wie ungleich die beiden Kulturen in ihrer Tiefendynamik sind: die eine, sorgfältig abgeschirmt gegen den Zugriff der Psychoanalyse, bleibt an der beruhigenden Oberfläche der geläufigen Vorstellungen und ohne wirklichen Bezug zu dem tiefinneren Drama, aus dem Freud die Leidenschaft seines Werkes schöpft; die andere dagegen, verwoben in die Ambivalenz jedes tieferen Lebens und daher eingeschlossen in den ewigen Kreislauf von Schuld und Reue, ist eben die treibende Kraft, die ihn unerbittlich in sein eigentümliches Schicksal wirft.

3. Verbotener Ehrgeiz

Jakob Freud, der sich so sehr darüber freute, daß Sigmund sich »auf den Flügeln des göttlichen Geistes in die Höhe tragen« ließ, hat nicht lange genug gelebt, um noch zu erfahren, auf welche Weise er selber in die anstößigsten Entdeckungen seines Sohnes verwoben sein sollte. Und es wäre müßig, darüber zu spekulieren, was er darüber gedacht haben würde, wenn sein Leben länger gewährt hätte. Denn sein Verschwinden war notwendig, um in Freud jenen nachhaltigen Schock auszulösen, aus dem die Psychoanalyse schließlich den Kernbestand ihrer Lehre und ihren besten Beweis gewann.

Im September 1896, als ihn jener so banale wie einzigartige Schicksalsschlag ereilt, aus dem seine Patienten eine wahre Tragödie zu machen pflegen, als ob noch nie ein Vater auf ganz natürliche Weise gestorben wäre, ahnt Freud vermutlich noch nicht, daß dieses Ereignis ihn in die Lage versetzen wird, das größte Rätsel der Psyche zu lösen, über dem er seit Jahren vergeblich brütet. Obwohl er genauer als andere Ärzte darüber Bescheid weiß, wie sehr der Tod ihres Vaters das ohnehin prekäre Gleichgewicht seiner Hysteriker oder Zwangskranken zu erschüttern vermag, und obwohl er sich auf eine schmerzhafte Weise in einer verborgenen Schicht seines Wesens getroffen fühlt – »auf irgendeinem der dunkeln Wege hinter dem offiziellen Bewußtsein«[1], um es mit seinem eigenen Bild zu sagen –, beweint er den dahingegangenen Alten nicht anders, als es jeder andere liebevolle Sohn auch getan hätte, ohne zu ahnen, wie heftig die Krise werden würde, die ihm bevorstand, und mit welch großartigem Elan sie seine Forscherarbeit beflügeln würde. Gewiß werden ein wachsendes inneres Unbehagen, psychische und körperliche Störungen von ähnlicher Art, wie er sie an seinen Patienten beobachtet, und eine quälende intellektuelle Schwäche ihn schon bald über die weit zurückliegenden Ursachen seiner Krise aufklären, aber die ganze Tragweite des Vorganges ermißt er erst, als er sich entschließt, systematisch seine Träume zu analysieren. Das tut er in der doppelten Hoffnung, sowohl seiner eigenen Probleme Herr zu werden als auch sein Werk endlich aus der Sackgasse herauszuführen, in der es steckenzubleiben droht.

Über die Natur dieses Unbehagens, an dem er seit Jahren leidet, das sich aber in letzter Zeit merklich verschärft hat, kann Freud sich um so leichter täuschen lassen, als es für ihn nur allzuviele Gründe in der Gegenwart gibt, sich ermattet, unruhig und desorientiert zu fühlen. Nachdem er gewaltige Hoffnungen auf seine neue Behandlungsmethode gesetzt hat – das ist zunächst das sogenannte Verfahren »nach Breuer und Freud«, dann das freie Assoziieren, nötigenfalls ergänzt durch Hypnose und Handauflegen –, muß er sich wohl oder übel eingestehen, daß er keine wirklichen Heilungen zustande bringt; seine Patienten fühlen sich unleugbar erleichtert, aber nicht gesund, und, was noch schlimmer ist, es gelingt ihm nicht, den Fehler seines therapeutischen Verfahrens oder seiner Theorie herauszufinden, der alle seine Behandlungsversuche dazu verurteilt, ein vorzeitiges Ende zu nehmen. Seine naturgemäß ohnehin stark fluktuierende Klientel schmilzt von Tag zu Tag mehr zusammen bis zu dem Punkt, an dem seine materielle Sicherheit bedroht ist, so daß die Angst vor der Armut, die ihn seit jeher verfolgt hat, die Bitterkeit und die Demütigung noch verschärft, die für ihn darin liegt, trotz leidenschaftlicher Anstrengung gescheitert zu sein und seine wissenschaftlichen Ansprüche gerade in dem Augenblick herabschrauben zu müssen, da seine unbestreitbaren Entdekkungen – die Rolle der Sexualität in der Ätiologie der Neurosen und eine neuartige Therapie – diese Ansprüche endlich zu legitimieren scheinen. Verbittert, gedemütigt, in Sorge um seine Zukunft und um die seiner Kinder, ärgerlich auf seine widerspenstigen Patienten und zugleich von einem hartnäckigen Schuldgefühl ihnen gegenüber geplagt, weil er sie für eine Heilung bezahlen läßt, die zu gewähren er außerstande ist, und damit zum bloßen Scharlatan wird, denkt Freud dennoch keinen Augenblick daran, seine Sache aufzugeben. Im Gegenteil, er stürzt sich nun erst recht immer tiefer in die Erforschung jener unbekannten Kontinente, in die seine Neurotiker ihn in gewisser Weise gegen seinen Willen hineingezogen haben, und anstatt ein Verfahren fallen zu lassen, das offensichtlich für seinen Mißerfolg verantwortlich ist, wie es vernünftig schiene, beschließt er, es mit aller Strenge auf seinen eigenen Fall anzuwenden, um seine Theorie auf die Probe zu stellen und wenn möglich die konzeptionellen Schwächen zu klären, die ihrer praktischen Anwendung so ärgerliche Grenzen setzten. Seine Patienten hatten ihn, sobald er sie frei sprechen ließ, die gewaltige Bedeutung des Traumes als eines Modells für das Funktionieren der unbewußten Psyche ahnen lassen – eines Modells, das analysierbar und daher unschätzbar für das Verständnis der verschiedenartigsten psychischen Phänomene war, seien sie pathologisch oder normal, unscheinbar oder von höchster kultureller Bedeutung. Er wird also dem Beispiel seiner Patienten folgen, indem er sorgfältig seine nächtlichen Träume aufzeichnet und sie anschließend jener besonderen Form von Analyse unterzieht, die er teils aufgrund von scharfsinnigen Ableitungen, teils mit Hilfe der »Genialität« seiner Hysterikerinnen entwickelt hat. Der erste Traum, den er auf diese Weise analysiert – es ist der berühmte Traum von Irmas Injektion, dessen Interpretation zum Hauptthema und gewissermaßen zum Leitmotiv der *Traumdeutung* wird –, bringt ihm gewiß noch nicht die vollständige Lösung für seine augenblicklichen Schwierigkeiten, denn dazu bedarf es kontinuierlicher Analyse und noch mancher Irrwege. Aber er bestätigt nachdrücklich seine Grundhypothese über den Sinn des Traumgeschehens, und eben darin legitimiert er in erheblichem Maße die Hartnäckigkeit, mit der Freud scheinbar wider alle Vernunft und zu seinem eigenen Schaden an der einmal eingeschlagenen Richtung festhält.

Die Entzifferung des Traumes von Irmas Injektion[2], die anhand von spontanen Assoziationen zu den einzelnen Elementen des Traumtextes geschieht, wirft zunächst einmal ein helles Licht auf die Leiden, die Unzufriedenheit mit sich selbst und anderen, den Zweifel an seiner Therapie, den Neid und das Ressentiment, das Freud angesichts des Scheiterns seiner ehrgeizigen Pläne empfindet (für ihn selbst bedeutet die Entzifferung jedoch bereits den Beginn einer Überwindung der Krise, denn einerseits steht der Träumer eben durch diese Einsicht doch über den Schäbigkeiten, die er sich eingestehen muß, und andererseits verheißt sie jene große Entdeckung, zu der Freud sich stets berufen fühlte). Die Analyse bestätigt also Dinge, von deren Existenz der Träumer seit langem wußte, da er sie erfahren hatte, von denen ihm aber nun erst aufgeht, daß sie in seiner psychischen Organisation eine elementare und ungleich massivere Rolle spielen, als er ihnen bewußt eingeräumt hatte. Diese Bestätigung des Lebens durch den Traum wird bald aufsehenerregende Folgen haben; im Augenblick liefert sie Freud die sichere Basis für die Behauptung, daß jeder Traum, mag er noch so von Absurdität strotzen, seinen Sinn hat und, korrekt gedeutet, völlig aufzuhellen vermag, was selbst die ehrlichste und gewissenhafteste Introspektion im dunkeln lassen muß.

Um freilich jedes Mißverständnis auszuschließen, beeilt sich Freud, den Leser darauf hinzuweisen, daß er das, was er im Verlauf dieser seltsamen Arbeit über sich selbst in Erfahrung bringen konnte, nicht vollständig mitteilen wird; er wird sich bewußt mit einer Teilwiedergabe begnügen und sich das Recht vorbehalten, alle allzu persönlichen oder seiner Meinung nach kompromittierenden Motive mit Schweigen zu übergehen, also im wesentlichen alles, was unmittelbar mit seinem Geschlechts- und Liebesleben zusammenhängt.[3] Tatsächlich bricht er die Deutung jedesmal ab, wenn er nicht fortfahren könnte, ohne das anstößige Thema ganz offen zu behandeln, und das ist ziemlich häufig der Fall, da ja nach der Schlußfolgerung, zu der er rasch gelangt ist, die Aufgabe des Traumes im wesentlichen darin besteht, verbotene Wünsche in einer verhüllten Form zum Ausdruck zu bringen, was ihn so besonders geeignet macht, ungehörige Vorstellungen, mißbilligte Gefühle und irgendwie beschämende Leidenschaften zu offenbaren. Solchermaßen einer Vorzensur unterworfen, setzt der veröffentlichte Text also gewissermaßen die Arbeit des Traumes fort, deren Funktionsweise er studiert: was er ausspricht, tritt gegenüber dem, was er verschweigt, in den Vordergrund, so daß das Entscheidende in Freuds intimem Gefühlsleben durchaus nicht die Sexualität zu sein scheint, sondern das Verlangen, Erfolg zu haben, sich einen Namen zu machen und durch eine unerhörte Entdeckung unsterblich zu werden – mit all der Heftigkeit und Skrupellosigkeit, die derartige Bedürfnisse stets kennzeichnet. Das Paradox des absichtlichen Verschweigens seitens des Autors verfälscht natürlich die autobiographische Dimension des Werkes, korrigiert dafür aber einen anderen Aspekt, der für unser Vorhaben wichtiger ist. Denn indem Freud sich dafür entscheidet, eher seinen Ehrgeiz einzugestehen als dem Leser Einblick in seine Intimsphäre zu geben, sieht er sich veranlaßt, nahezu unverhüllt zu beschreiben, auf welche Weise er die unerschütterliche Loyalität gegenüber den Seinen mit jener Art von Abtrünnigkeit zu versöhnen sucht, die mit seinem Verlangen nach Erfolg und Eroberung der »anderen Seite« notwendig verbunden ist.

Man kann sich leicht vorstellen, daß Freud sich nur schweren Herzens entschließt, in seiner *Traumdeutung* eben das zu unterdrücken, was sauer erworbene Erfahrung ihn als das Wesentliche zu betrachten gelehrt hat; offensichtlich tut er es gezwungenermaßen, aus Gründen, die sehr unmittelbar das berühren, was er selber empfindet, wenn er die skandalöse Behauptung von der Vorrangstellung der Sexualität im menschlichen Seelenleben aufstellen muß, die aber auch mit den Angriffen, den Anwürfen und den echten oder vorgespiegelten Ängsten zu tun haben, deren er sich von seinen Zeitgenossen zu gewärtigen hat.

In der Tat ist Freud in keiner Weise zu der Rolle des Skandalmachers und zweideutigen Agitators prädisponiert, in der man ihn sieht, seitdem seine Entdeckungen bekannt werden. Alles müßte ihn im Gegenteil dazu drängen, sich dieser Rolle zu widersetzen, denn er ist selbst Puritaner, und dies aus einem zweifachen Grund: einmal als ein Mann, der in einer steifen Gesellschaft aufgewachsen ist, für die sexuelle Etikette und Moral nahezu identisch sind, und zum anderen als Jude, der den traditionellen ethischen Rigorismus seines Milieus teilweise bewahrt hat. Für diesen stark ausgeprägten Zug seiner Persönlichkeit gibt es gewiß zahlreiche Belege, am unmittelbarsten aber kommt er zweifellos in den Briefen an Martha zum Ausdruck, und zwar ebenso in dem, was diese Briefe nicht sagen, wie in den Sorgen, mit denen sie sich unaufhörlich beschäftigen. Freud zeigt sich in diesen Briefen als ein zwar leidenschaftlicher, aber ungewöhnlich keuscher Liebhaber, und seine Sprache ist so diskret und reserviert, daß das Wort »Kuß« bereits das Äußerste an Kühnheit bezeichnet, das ihm möglich scheint. Obwohl das junge Mädchen, das er liebt, eigentlich kein Backfisch mehr ist, überwacht Freud streng die Lektüre seiner Braut, verbietet ihr den Umgang mit einer Freundin, die seiner Meinung nach ihren guten Ruf verloren hat, und erlaubt ihr nicht, ohne Begleitung zu reisen. In all dem ist übrigens keine Spur von Heuchelei; im Gegensatz zu vielen Zeitgenossen, die den Rigorismus der Prinzipien sehr wohl mit ungebundener Lebensführung zu vereinbaren wissen, hält sich Freud, offenbar ohne sonderliche Mühe, streng an seine engen Moralvorstellungen und ändert seine Lebensweise auch dann nicht im mindesten, als sich aus der Logik seiner Theorie die Forderung nach etwas mehr Freiheit für den zivilisierten Menschen ergibt. Seine Ideen sind in diesem Punkte fortschrittlicher als seine Sitten, und im reifen Alter kann er, vielleicht nicht ganz ohne Bedauern, von sich sagen, daß er persönlich kaum einen Vorteil von der sexuellen Befreiung gehabt habe, zu deren Vorkämpfer er zu einem gewissen Grade geworden war.[4] Daher seine Schamhaftigkeit, die sich übrigens nicht auf die Sexualität beschränkt, sondern in noch höherem Maße das Gefühlsleben verbirgt; hier hält Freud es nicht einmal für geboten, seine Verschwiegenheit zu rechtfertigen, da er offensichtlich lieber gefühlskalt scheinen als seine Geheimnisse preisgeben will.[5]

Neben diesen durch Gewohnheit und Alter verfestigten Charakterzügen hat Freud noch andere Gründe, sich reserviert zu zeigen und sogar mit der Veröffentlichung seiner Entdeckung zu zögern. Als sich ihm die Frage stellt, ob er seine Erkenntnisse über den Traum publizieren oder weiterhin schweigen soll – schon das Dilemma selber ist aufschlußreich –, ist Freud 40 Jahre alt und kann, von den stets möglichen Wechselfällen der Karriere abgesehen, davon ausgehen, daß sein Leben seine endgültige Bahn gefunden hat; als verheirateter Mann und Vater von sechs Kindern mit beträchtlichen materiellen und moralischen Verpflichtungen belastet, hat er weder Möglichkeit noch Neigung, seine geregelte Lebensführung umzustürzen. Die Selbst-Analyse, der er sich unterzieht, ist an sich schon ein hinreichend riskantes Unternehmen; er kann sich von ihr vernünftigerweise gewisse Vorteile versprechen wie heilsame Selbsterkenntnis, Linderung seiner inneren Schwierigkeiten, die Genugtuung, seine Theorien durch eine völlig neuartige Erfahrung bestätigt zu sehen, und schließlich etwas mehr Selbst-

sicherheit und mehr Kühnheit im Umgang mit der Gesellschaft; aber der gesunde Menschenverstand erlaubt ihm nicht die Hoffnung auf eine Erneuerung seiner Persönlichkeit mit anderen Vorlieben, anderen Lebensgewohnheiten und einer neuen Sensibilität. Er ist also gezwungen, sich mit seinen Vorlieben und Abneigungen zu arrangieren, da er über keine neue Moral verfügt, die geeignet wäre, sie zu verändern. Das sind vermutlich seine Überlegungen, als er sich entschließt, seine *Traumdeutung* zu veröffentlichen – auf die Gefahr hin, »sich als den einzigen Bösewicht (zu) enthüllen unter all den Edlen, mit denen man das Leben teilt« – und damit seine Person der krankhaften Neugier des Publikums auszuliefern: wenn er den Schritt schon tun muß, so will er ihn doch so tun, daß er sich selbst dabei nicht allzu sehr gefährdet und die Verpflichtung, die Seinen vor jedem Eindringen in die Familiensphäre zu schützen, nicht vernachlässigt.[6] Er macht also darauf aufmerksam, daß er zwar sagen wird, was er weiß, aber weder alles noch »das Beste«; was er willentlich verschweigt, verfälscht die Darstellung, weil er genötigt ist, jene Schwächen und »Schändlichkeiten«, von denen allein sein Sittenkodex ihm offen zu sprechen gestattet, stärker zu betonen, als ihm wahrscheinlich lieb ist.
Selbstverständlich läßt dieser Kompromiß sich teilweise auch durch die Notwendigkeit erklären, auf das Schamgefühl des Publikums Rücksicht zu nehmen und sich nicht den Angriffen mehr oder weniger wohlgesinnter Fachkollegen auszusetzen, die, gerade weil sie durchaus wissen, wie es mit diesem Thema steht, ihre sexuellen Theorien wohlweislich nur privat äußern. Dennoch ist dies kein so ernsthaftes Hindernis, wie Freud annimmt (für seine späteren Werke wird es ihn übrigens auch nicht mehr stören), oder genauer gesagt, das Problem stellt sich weniger massiv, ist dafür aber um so verwickelter. Denn die Prüderie der Epoche gilt ja weniger der Sexualität selber, als der Art und Weise, in der von ihr gesprochen werden darf: man kann sie durchaus als ein Laster darstellen, sie unter dem Blickwinkel der Perversionen und krankhaften Abirrungen studieren und sie zum Gegenstand wissenschaftlicher Beobachtungen machen[7]; das Sexuelle aber ganz konkret und detailliert in seiner Alltäglichkeit darstellen, wie Freud aufgrund der Natur seiner Untersuchungen tun muß, ist unmöglich; damit zieht man sich zwangsläufig den Vorwurf der Pornographie zu. Dieses in gewisser Weise sprachliche Vergehen wird schwerlich Verzeihung finden[8]; dagegen haben jene dunklen Flecken, die Freud in der Tiefe seiner Träume findet, wenig Vergängliches. Solche Kleinigkeiten empfindet niemand als skandalös, denn der leidenschaftliche Drang, emporzukommen, der Ehrgeiz, sich vor allen anderen auszuzeichnen und selbst der verschwiegene Wunsch, Rivalen und Konkurrenten zu beseitigen, werden

in einer Gesellschaft, die selbst alles tut, um diese Eigenschaften zu fördern, nicht allzu streng verurteilt. Freud mag also dem Sexuellen ausweichen, wie er an Fliess schreibt[9], und dafür den leider nicht zu umgehenden »Dreck« sich ausbreiten lassen; die Zeitgenossen werden sich trotzdem über diesen »Dreck« weit weniger aufregen als über die wenigen sexuell anstößigen Stellen, die Freud doch in seine Darstellung aufnehmen mußte[10].

Vieles kommt also zusammen, um den Eindruck jener Verruchtheit zu verdichten, deren Freud sich in seinem harten Kampf um einen seiner würdigen Platz in der Welt schuldig fühlt. Aber selbstverständlich hätten weder seine angeborene Schamhaftigkeit noch die ihm verbliebenen Vorurteile noch seine Furcht, die öffentliche Meinung gegen sich aufzubringen, alleine ausgereicht, Freud zu einer solchen Akzentverlagerung zu bewegen, wenn der Ehrgeiz, ein hervorstechender Zug seiner Persönlichkeit, nicht in den düsteren Jahren vor dem Erscheinen der *Traumdeutung* für ihn tatsächlich eine ständige Quelle des Leidens und der Enttäuschungen gewesen wäre. Mit 40 Jahren hat Freud gewiß bereits eine beachtliche Karriere als Forscher und Arzt hinter sich; er hat in pathologischer Anatomie und Neurologie eine Reihe viel beachteter Arbeiten publiziert und sich in einem kleinen Kreis von Spezialisten einen Namen gemacht; er hat eine Klientel, von der er bis jetzt jedenfalls leben und seine Familie anständig ernähren konnte, aber er hat noch nichts vollbracht, das in weiteren wissenschaftlichen Kreisen aufhorchen läßt, er hat nichts gefunden, er hat die sensationelle Entdeckung nicht gemacht, zu der er sich stets berufen fühlte, und im Vergleich mit dem, was er selber von seinen Fähigkeiten erwartet, erscheinen ihm die relativen Erfolge um so mehr als klägliche Fehlschläge, als sie noch viel zu ungewiß sind, um sich mit ihnen zufrieden zu geben. Er ist nicht nur nicht durch ein geniales Werk mit einem Schlag unsterblich geworden, sondern er hat zweimal die Chance, Ruhm zu gewinnen, um Haaresbreite verfehlt: einmal 1882 mit dem Entwurf für eine Theorie der Neuronen, den abzuschließen er sich nicht die Mühe gemacht hatte, und dann wieder 1884, als er die Untersuchungen über das Kokain fallen ließ, bevor er das Prinzip der Lokalanästhesie gefunden hatte, was seinem Freund Koller die Möglichkeit gab, an seiner Stelle Ruhm zu ernten.[11] Seitdem konnte er gewiß einige keineswegs bedeutungslose Entdeckungen verbuchen: er hat das kathartische Verfahren Breuers verbessert, er hat den Widerstand und die Übertragung als zwei Mechanismen identifiziert, die bei diesem Heilverfahren eine entscheidende Rolle spielen, er hat die von der Hysterie nahegelegte Theorie einer spezifischen Abwehr auf alle Psychoneurosen ausgedehnt und am hysterischen Symptom die somatische

Konversion einer verdrängten Vorstellung nachgewiesen, und schließlich hat er seine Beobachtungen in der Behauptung einer sexuellen Ätiologie der Hysterie und vielleicht sogar aller unter dem Oberbegriff Psychoneurosen subsumierten klinischen Einheiten zusammengefaßt. Aber keine einzige dieser Entdeckungen ist eben endgültig gesichert, sie sind noch weit davon entfernt, sich zu einem kohärenten Ganzen zu fügen; zudem sind sie mit einer empirischen Methode gewonnen, von der abschließende Erkenntnisse kaum zu erwarten sind, und die letzte dieser Entdeckungen, an der er um den Preis seiner Reputation festzuhalten entschlossen ist, hat ihn endgültig die Freundschaft seines Lehrers Breuer gekostet, eines redlichen und gerechten Menschen, dem er grenzenlos vertraut hatte.[12] Im Jahre 1895, als er zum ersten Mal einen eigenen Traum analysiert, liegt der so heiß begehrte Ruhm für ihn in größerer Ferne denn je. Der Bruch mit Breuer hat ihn einsam und innerlich unsicher gemacht; er ist voller Zweifel an dem Wert seiner Arbeiten, und die Vorstellung, er könne sich geirrt haben, erfüllt ihn mit Schrecken. Wenn wenigstens aus der Arbeit mit seinen Patienten Trost zu schöpfen wäre! Aber weit gefehlt; es hat vielmehr ganz den Anschein, als wollten sie nicht gesunden; viele wenden sich von ihm ab, ohne daß er die Gründe verstehen könnte. Und um das Maß der Demütigungen voll zu machen, ist er noch immer Privatdozent, ist es ihm nicht gelungen, den Titel *Professor extraordinarius* zu erhalten, der in Wien das Zeichen und Unterpfand des Erfolges ist und den er am allermeisten begehrt. Unter solchen Bedingungen ist es durchaus nicht erstaunlich, daß seine Träume weniger von sexuellen Begierden verraten als von einem maßlosen Ehrgeiz, ja einem Strebertum, dem jedes Mittel recht ist, um sich durchzusetzen: die Größenphantasien, die er stets hegte, zum Paroxysmus getrieben durch die geringe Aussicht, sie erfüllt zu sehen, überfluten sein Traumleben ebenso, wie sie ihn bei Tage angesichts einer zum Mittelmaß verurteilten Existenz nicht zur Ruhe kommen lassen. Es ist freilich eine Ironie des Schicksals, die er vielleicht zu ahnen beginnt, daß gerade die Analyse seiner ehrgeizigen Träume ihm schließlich tatsächlich den Weg zu jener Berühmtheit ebnen wird, die er mit seinen »seriöseren« Arbeiten nicht erlangen konnte.

Dem Leser von heute mag es auf den ersten Blick gar nicht auffallen, daß der Ehrgeiz und die mit ihm verknüpften Wünsche und Gefühle die mächtigste Triebkraft der in der *Traumdeutung* analysierten Träume Freuds sind. Denn im Laufe der Zeit ist das berühmte Buch mit einer Fülle von Beispielen fremder Träume angereichert worden – meist handelt es sich um Traumaufzeichnungen, die Freud von seinen ersten Schülern erhielt –, gegenüber denen Freuds eigene Träume viel von ihrer charakteristischen Prägung verlieren.[13] Der Sachverhalt war wesentlich klarer für Wilhelm Fliess, Freuds ersten Leser und auch ersten Kritiker, der über alle notwendigen Informationen verfügte, um den Inhalt der Träume richtig zu erfassen, da Freud sie ihm im Laufe der Arbeit mit der Bitte schickte, die Form der Wiedergabe zu prüfen und notfalls zu korrigieren. Als Freud ihm das zweite Kapitel des Werkes schickt und um kritische Ratschläge bittet, verspricht er ihm, sich näher über jene »Bösartigkeit« zu erklären, die er nun doch ein wenig zu deutlich sichtbar gemacht zu haben fürchtet: »Die freimütigen Bemerkungen im Professurtraum[14] wirst Du hoffentlich nicht beanstanden. Die Philister hier werden froh sein, sagen zu können, daß ich mich dadurch unmöglich gemacht habe. Was Dich etwa an dem Traum frappiert, wird später seine Aufklärung finden (mein Ehrgeiz).«[15] Wir wissen nicht, ob Freud diese Erklärung bei einem der »Kongresse« gegeben hat, zu denen er sich damals gelegentlich mit Fliess zu treffen pflegte; in seinen Briefen hat er sie jedenfalls nicht gegeben, und wir kennen sie nur aus einer Passage der *Traumdeutung* selber, in der er den offenkundigen Zynismus seiner nächtlichen Phantasien nicht auf seinen derzeitigen Arrivismus zurückführt, dessen ihn die Philister nur zu gerne bezichtigen würden, sondern auf den infantilen Größenwahn, den er im realen Leben längst überwunden hat: »Wenn mein Bedürfnis, mit einem anderen Titel angeredet zu werden, so stark sein sollte, so beweist dies einen krankhaften Ehrgeiz, den ich nicht an mir kenne, den ich ferne von mir glaube. Ich weiß nicht, wie andere, die mich zu kennen glauben, in diesem Punkt über mich urteilen würden; vielleicht habe ich auch wirklich Ehrgeiz besessen; aber wenn, so hat er sich längst auf andere Objekte als auf Titel und Rang eines *Professor extraordinarius* geworfen.«[16] Vom psychoanalytischen Standpunkt aus, der stets dazu neigt, im aktuellen Geschehen das infantile Moment zu enthüllen, ist diese Interpretation sicher korrekt, auch wenn Freud das Infantile hier auf eine nicht sehr überzeugende Weise ins Spiel bringt (»mein Ehrgeiz zielt nicht auf den Professorentitel; nur im Traume habe ich diesen Ehrgeiz, weil ich in meiner Kindheit einmal Minister werden wollte«). Aber sie paßt überhaupt nicht in den Gesamtkontext der Briefe an Fliess, in denen ja gerade immer wieder das Verlangen Freuds deutlich wird, sich um jeden Preis über das Mittelmaß zu erheben, und sei es auch mit Hilfe eines Titels und Ranges, den zu begehren er im Grunde für unter seiner Würde hält.

In den Traumbeispielen, die Fliess in den Jahren 1896 bis 1900 erhält, ist das hervorstechendste Motiv also durchaus ein immer wieder gekränkter und immer wieder neu entflammter Ehrgeiz. Diesen Ehrgeiz, von dem er geradezu besessen ist, bekennt Freud zunächst zwar vermutlich widerwillig, aber offenherzig ein, bevor er in der Darstellung für das allgemeine Publikum doch abmildert, was damit an Leidenschaft, an Neid und an Konzessionen an das Erfolgsdenken notwendig verbunden ist. Im Zwiegespräch mit Fliess räumt Freud ein, von jener Art Ehrgeiz besessen zu sein, die er gegenüber dem Publikum als krankhaft bezeichnet, mit dem Zusatz freilich, daß er sich völlig frei von ihr wisse (an anderer Stelle rechtfertigt er sie mit seiner Situation, da man in Wien ohne akademischen Titel nicht existieren könne). Mit »krankhaft« meint er natürlich das Übermaß an Leidenschaft in der Verfolgung eines solchen Zieles und nicht die Zielsetzung selber, die ihrerseits durchaus nichts Abwegiges hat. Selbst wenn er die besonderen Schwierigkeiten in Rechnung stellt, die ihm innerhalb der Wiener Gesellschaft aus seiner jüdischen Herkunft erwachsen, kann Freud sich vernünftigerweise durchaus Hoffnungen machen, jenen hohen Rang zu erreichen, in dem er die Krönung seiner Laufbahn sieht. Sogar als Jude kann er ein so hochgestecktes Ziel verfolgen, wenn er nur bereit ist, die zusätzlichen Hürden zu nehmen, die ihm infolge der Zweideutigkeit seines Status in den Weg gelegt werden. Im Jahre 1896 fühlt er sich dazu noch keineswegs bereit, auch wenn er noch nicht weiß, was ihm zu dieser Bereitschaft fehlt; Klarheit über sich selbst beginnt er in diesem Punkt erst im folgenden Jahr zu gewinnen, nachdem er sich in das Abenteuer der Selbst-Analyse gestürzt hat, aus der er neben anderen heilsamen Wirkungen endlich auch den Willen und die Fähigkeit schöpft, seine Träume ernst zu nehmen.

Denn so liegen die Dinge nun wiederum nicht im damaligen Österreich, daß seine Ambitionen von vornherein aussichtslos gewesen wären, wie manche Autoren glauben machen wollen, die Freud als eine Art Paria darstellen, der allen Verfolgungen wehrlos ausgeliefert gewesen wäre.[17] Rein rechtlich gesehen genießen die Juden, wie wir gesehen haben, volle Gleichberechtigung, und im Prinzip stehen ihnen alle Laufbahnen offen, auch wenn das Gesetz in der Praxis gewissen Einschränkungen unterliegt, namentlich im Bereich der Armee und der höheren Verwaltung; viele Juden können aufsehenerregende Erfolge erringen, und viele erlangen sogar Ehrentitel und hohe öffentliche Ämter, ohne dafür konvertieren zu müssen. Vielleicht ist es nützlich, zu dieser Frage, in der so viel Verwirrung herrscht, weil man dazu neigt, sie im Lichte späterer Ereignisse zu beurteilen, einen Historiker zu zitieren, der vor Anachronismen warnt und die Tatsachen für sich sprechen läßt: »Man hat die Meinung vertreten, daß die Anhänglichkeit der Juden gegenüber der Habsburger Monarchie wenig besage, daß sie weitgehend pro-österreichisch gesinnt gewesen seien, weil eine andere Haltung ihnen nicht erlaubt gewesen sei. Daran ist sicher etwas Richtiges, aber die ganze Wahrheit ist weitaus interessanter: viele Juden liebten Österreich, und zwar aus gutem Grunde. Es hatte kein Auschwitz gegeben, als Franz-Joseph Erzherzog war. Im Gegenteil: in wenigen Ländern hatten die Juden, wenn sie nur wollten, so gute Chancen, der Enge ihrer kleinen Welt zu entrinnen. In weniger als dreißig Jahren wurde der böhmische Seidenhändler Isaac Löw Hoffmann zum Ritter von Hofmannsthal (der Dichter gleichen Namens war sein Enkel), zum Besitzer mehrerer Fabriken und zu einer einflußreichen Persönlichkeit. In seinen besten Augenblicken war Österreich mehr als nur ein toleranter Staat: es war ehrlich kosmopolitisch. Das Wappen, das der frisch geadelte Ritter von Hofmannsthal sich wählte, zeigte weder Hellebarde noch Einhorn, sondern das Maulbeerblatt des Seidenhändlers und die Gesetzestafeln der Bibel. Es lebte sich gut in Wien.«[18] Freud, der Wien und die Wiener verabscheute, hätte sich diesem letzteren Urteil sicher nicht angeschlossen, aber sein Haß auf die Hauptstadt hinderte ihn nicht, die Doppelmonarchie zu lieben und in kritischen Augenblicken seiner Loyalität deutlich Ausdruck zu geben (»Meine ganze Libido gehört Österreich-Ungarn«, schreibt er im August 1914 an Sandor Ferenczi[19]). Und Remaks These, daß in keinem anderen Land die Juden so gute Chancen zur gesellschaftlichen Emanzipation gehabt hätten, wird durch Freuds Träume mindestens ebenso sehr bestätigt wie durch seine bewußten Aussprüche: der Wunsch nach kometenhaftem Aufstieg, von dem sie unaufhörlich sprechen, ist durchaus nicht die Ausgeburt einer ausschweifenden Phantasie, denn nichts Wesentliches, kein triftiger Grund spricht dagegen, daß er eines Tages Wirklichkeit werden könnte.

Man kann das deutlich an der Affäre um Freuds Ernennung zum Professor erkennen, von der er so häufig träumt zu jener Zeit, in der er die *Traumdeutung* vorbereitet, ohne noch recht zu wissen, was er mit dieser Sammlung anfangen wird. Im Prinzip unterliegt die Verleihung des Titels keinerlei Einschränkungen, und Freud steht er ebenso zu wie irgendeinem seiner Kollegen; es genügt, sich in der üblichen Form zu bewerben.[20] Nur haben zu der Zeit, da er sich Sorge zu machen beginnt, ewig Privatdozent zu bleiben – er ist es seit 1885 – seine Fakultätskollegen keine allzu hohe Meinung von seinen Arbeiten, und einige halten sie sogar für »lächerlich«. Und Wilhelm von Härtel, der Unterrichtsminister, ein »alter Fuchs«, von dem man allgemein weiß, daß er, wenn auch nicht offiziell, antisemitische Ansichten vertritt, weiß die Dinge stets so zu arrangieren, daß die jüdischen Kandidaten zwar nie als Juden abgelehnt werden – was gegen das Gesetz wäre –, aber doch wie durch puren Zufall bei den Ernennungen übergangen werden, so daß sie schließlich, des Wartens müde, von sich aus verzichten. Freud weiß das natürlich, er weiß aber auch, daß in diesem ganz von Nepotismus beherrschten System der schlechte Wille des Ministers die Sache keineswegs absolut hoffnungslos macht, sondern durch gewisse Einflüsse neutralisiert und durch geschickte Vermittlung oder ein kluges Wort zur rechten Zeit doch schließlich umgestimmt werden kann. Dennoch unternimmt er in den ganzen Jahren von 1885 bis 1897 nicht den kleinsten Versuch, die Dinge zu seinen Gunsten zu wenden; im Januar 1897 teilt er Fliess mit, daß die Fakultätsversammlung ihn übergangen und einen jüngeren Kollegen seines Fachgebietes zum Professor ernannt habe, was ihm, wie er ein wenig allzu betont hinzufügt, völlig gleichgültig sei. Ein paar Tage später eröffnet ihm Professor Nothnagel unter dem Siegel der Verschwiegenheit, daß er und Krafft-Ebing vorhaben, seine Ernennung zunächst der Fakultätsversammlung und, falls diese sich nicht aufgeschlossen zeigen sollte, direkt dem Minister vorzuschlagen. Nothnagel macht sich jedoch wenig Hoffnung; »Sie kennen die weiteren Schwierigkeiten« (von Härtels Antisemitismus), fügt er hinzu, und in der Tat bemühen die beiden berühmten Mediziner sich vergebens; der Minister hüllt sich in Schweigen. Ohne die Bedeutung, die diese Zurücksetzung in der *Traumdeutung* gewinnt, wüßten wir nicht, wie sehr Freud unter dem Affront gelitten hat, aber wie groß auch die Bitterkeit war, die er empfand, so unternahm er doch weiterhin nichts, um der Voreingenommenheit des Ministers entgegenzuwirken. Und doch wäre das schon damals möglich gewesen, denn viereinhalb Jahre später, noch während der Amtszeit des gleichen Ministers, gelangt er endlich ans Ziel, indem er sich ganz einfach an die Spielregeln hält. Im Jahre 1901 – die *Traumdeutung* ist vor einem Jahr erschienen, er hat seine Selbstanalyse vorläufig abgeschlossen und seine Rom-Scheu als Beispiel und Symbol für manche andere Hemmung abgelegt – bittet er tatsächlich Elise Gomperz, eine ehemalige Patientin, deren Mann als Professor der Philologie einmal Kollege des Ministers gewesen ist, seine Kandidatur höheren Ortes zu unterstützen; danach schreibt er an Nothnagel und Krafft-Ebing und bittet sie, einen neuen Vorschlag einzureichen. Man weiß, welches Ende diese für das damalige Wien so typische Intrige nahm: der Minister bleibt bei seiner gewohnten Taktik und tut, als wisse er von nichts (»Vier Jahre? Und wer ist das?« sagt er), aber einer anderen Patientin Freuds gelingt es, sich bei ihm einzuschmeicheln und ihm die Ernennung Freuds abzutrotzen – freilich gegen ein wertvolles Gemälde, das sie der neu gegründeten Staatlichen Modernen Galerie in Wien zum Geschenk macht (offenbar handelte es sich um einen

Böcklin). Wenig später, im März 1902, kann der frischgebackene Professor übermütig an Fliess schreiben: »In der ganzen Geschichte gibt es eine Person mit sehr langen Ohren, die in Deinem Brief nicht genügend gewürdigt wird, das bin: Ich. Wenn ich die paar Schritte vor drei Jahren unternommen hätte, wäre ich vor drei Jahren ernannt worden und hätte mir mancherlei erspart. Andere sind eben so klug, ohne erst nach Rom kommen zu müssen...«[21] Freud erkennt also an, daß der Antisemitismus des Ministers keineswegs das ernsthafteste Hindernis gewesen ist; er hätte ihn nutzen können, um seinen Ehrgeiz anzuspornen, anstatt so lange passiv zu bleiben, aber ehe er entdecken konnte, wie leicht die scheinbar so unmögliche Sache im Grunde war, mußte er in seinem Innern den langen verborgenen Weg zu dem Rom seiner Träume durchmessen und eine Reise in das reale Rom machen, die er sich solange selber verboten hatte.

Will man diese erstaunliche Ideenverbindung zwischen der Stadt und dem Titel verstehen, die jahrelang gleichermaßen das Ziel unerfüllter Wünsche sind, so muß man sich Rom als das erhabenste Symbol der »anderen Seite« vorstellen, zu der Freud sich seit seiner Jugend durch hartnäckigen Fleiß, lieber noch durch eine glanzvolle intellektuelle Leistung den Zutritt zu erkämpfen hofft.[22] Rom ist der Inbegriff der humanistischen Kultur, in der eine hervorragende Rolle zu spielen der eben erst assimilierte junge Jude sich vorgenommen hat: zunächst, in der Epoche, in der »jeder fleißige Judenknabe das Ministerportefeuille in seiner Schultasche trug«, als Politiker, später, als die politische Reaktion diese Hoffnungen zunichte gemacht hat, als Forscher, Entdecker, Gelehrter, da die Wissenschaft, für die keine Grenzen und keine Diskriminierungen gelten, den Vorteil bietet, jedermann offen zu stehen, und von niemandem verlangt, seine Herkunft zu verleugnen. Nachdem er zunächst die Jurisprudenz – die römische Disziplin par excellence – gewählt hat, um als Staatsmann Karriere zu machen und nach Art eines Cromwell die Welt zu erobern[23], wechselt Freud später zur Medizin über, in der er nicht so sehr den ihm angemessenen Beruf zu finden hofft – denn der medizinischen Praxis gegenüber behält er stets eine gewisse Abneigung – als das vornehmste Forschungsgebiet, in dem die allmächtige Wissenschaft sich der Philosophie verbindet und unterordnet. Nicht so sehr Arzt als vielmehr Forscher und Experimentator wird er also sein, um das Versprechen einzulösen, das er sich schon als Siebzehnjähriger abgenommen hat, als er in seinem Maturitätsaufsatz gelobte, er wolle »zu unserem menschlichen Wissen einen Beitrag leisten«.[24] Tatsächlich weiht er sich der Wissenschaft wie einem religiösen Orden, offenbar ohne sich zu fragen, ob er zu einer so kostspieligen Berufung die Mittel hat.

Seine Leidenschaft für die Wissenschaft ganz allgemein ist im übrigen wesentlich größer als seine Neigung zu irgendeiner bestimmten Disziplin; jedenfalls eilt es ihm nicht mit der fachlichen Spezialisierung, denn alle Fächer findet er faszinierend, und zu keinem einzigen zieht es ihn unwiderstehlich hin; er läßt sich bald von dem einen, bald von dem anderen anlokken, sogar von solchen, für die er keinerlei Begabung mitbringt, wie etwa Chemie und Botanik, wo seine Versuche glatte Fehlschläge bleiben. Das kommt daher, daß die Wissenschaft für ihn ein unteilbares Ganzes ist; jedes ihrer Teilgebiete repräsentiert sie in ihrer ganzen Fülle, und überall kann man ihr dienen, wenn man nur ihrem höchsten Ideal treu bleibt; man darf sogar unbekümmert umherschweifen, wenn man nur stets ihrem strengsten Gebot folgt, die Wahrheit zu erkennen und für sie einzutreten. Von der Überzeugung durchdrungen, daß die Wissenschaft vernünftig ist und sich von Natur aus nicht von den gewohnten Begrenzungen des Denkens einengen läßt, wechselt Freud von einer Disziplin zur anderen, ohne sich von den starren Schranken beirren zu lassen, die die Akademien zwischen ihnen aufgerichtet haben. Nachdem er das Physiologische Institut Ernst Brückes verlassen hat, an dem er sechs Jahre lang als Pathologe gearbeitet hat, wird er Neurologe, dann Psychiater und Psychotherapeut, und man weiß nicht recht, welcher Forschungsbereich ihn noch hätte anziehen können, wenn er nicht selber ein neues Spezialgebiet begründet hätte. Aber dieser in seiner Frühzeit so deutlich ausgeprägte Zug zum Dilettantismus scheint ihn trotz seines sonst so überaus skrupulösen Forschergewissens nicht sonderlich gestört zu haben; er hat ihn, so könnte man sagen, als die unvermeidliche Kehrseite seines unerschütterlichen Glaubens an die positivistische Wissenschaft akzeptiert, die er zur höchsten Instanz erhoben hat.
Als die zeitgemäße Verkörperung des humanistischen Ideals wird die Wissenschaft, die er wegen der Weite ihres Horizontes, der Verpflichtung zu selbstvergessener Arbeit und der ständigen Forderung nach intellektueller Redlichkeit als vorbildlich empfindet, für Freud bald zu der überzeugendsten Rechtfertigung der »anderen Seite«, vielleicht sogar der einzigen, die es ihm möglich macht, sich mit einer an Gefahren reichen und auch durch seine eigene unbedeutende Stellung belastenden Gegenwart auszusöhnen. In und mit Hilfe der Wissenschaft darf er hoffen, die Position zu finden, die ihm in dem weiten Reich des Wissens zukommt, die Position eines freien Mannes, den niemand an den Makel seiner Herkunft oder, schlimmer noch, an seine Verpflichtungen als Fremdling gegenüber einem »toleranten« Wirtsvolk erinnern darf. Die Wissenschaft bietet nicht nur die beste Möglichkeit, der Erkenntnis zu dienen und den schmalen Bestand

an gesichertem Wissen zu vermehren, mit dem sich Irrtümer und Vorurteile bekämpfen lassen, sondern sie ist vor allem das Reich ohne Grenzen, in dem alle Titel und Rangstufen hinfällig werden, mit denen die Menschen sich auf so absurde Weise gegeneinander abgrenzen (auch wenn Benedikt Stilling nur ein einsamer kleiner Forscher gewesen ist, von dem keine der gelehrten Gesellschaften etwas wissen wollte, so ist er nichtsdestoweniger doch den Allergrößten ebenbürtig). Kurz gesagt: für Freud spielt die Wissenschaft heute jene Rolle, die einst der Religion zukam; sie löscht alle Ungleichheit der Menschen aus, reißt die Schranken nieder, hinter denen sie sich verschanzt haben, um einander wechselseitig zu beherrschen, und verspricht dem modernen Menschen damit zwar gewiß nicht das Heil oder ein neues Goldenes Zeitalter, aber doch die einzige Chance, selber für seine Befreiung zu arbeiten.[25]

Wir wissen, wie enttäuscht Freud bei seinem Eintritt in die Universität von dem niedrigen sittlichen und intellektuellen Niveau gewesen ist, zu dem dieser angebliche Tempel des Wissens herabgesunken war, aber seine hohe Meinung von der Wissenschaft hat unter dieser Erfahrung durchaus nicht gelitten, und der Umgang mit einem großen Wissenschaftler, der sein Ideal ganz zu verkörpern schien, konnte seinen Enthusiasmus sogar noch beflügeln. Ernst Brücke, dem Mann, den er wahrscheinlich am meisten bewunderte und dem er zeitlebens dafür dankbar blieb, daß er unter seiner Anleitung hatte arbeiten können, ist Freud in der Tat zur rechten Zeit begegnet, um den niederschmetternden Eindruck seiner ersten Universitätserfahrungen abzufangen. Denn Brücke gibt ihm in der konkreten Realität des Alltags das Beispiel des zugleich demütigen und genialen geistigen Arbeiters, der als Mann der Wissenschaft und vielleicht sogar als Inbegriff des vollendeten Menschen den Gipfel seiner moralischen Wertordnung einnimmt. Unerbittlich in Fragen der Methode, über deren Reinerhaltung er mit Argusaugen wacht[26], unnachsichtig gegenüber bequemer Schlamperei und voreiligen Schlüssen und mit einer furchteinflößenden Sicherheit jeden Fehler erkennend, ist Brücke der leibhaftige Heilige jener Religion, der Freud sich im Alter von 17 Jahren geweiht hat und der er auch dann noch zu dienen glaubt, als er sich veranlaßt sieht, ihre Orthodoxie frontal anzugreifen. Aber in einem prosaischeren Sinn ist er auch die »Brücke«, über die der junge jüdische Student auf legitime Weise auf die »andere Seite« gelangen und sich einen Namen machen kann, ohne unter seiner Herkunft zu leiden oder sich ihrer schämen zu müssen.

Der berühmte deutsche Gelehrte, der damals in Wien wissenschaftliche Sitten von ungewohnter Strenge einführte (»unser Botschafter im Fernen

Osten« wurde er scherzhaft von seinen Landsleuten genannt), war natürlich nicht die einzige Verkörperung von Freuds Ideal des Wissenschaftlers; neben ihm wäre sein Freund Hermann Helmholtz zu nennen, dessen Werk als Physiologe und Physiker von den gleichen materialistischen Grundsätzen durchdrungen ist, sodann seine beiden Assistenten am Physiologischen Institut, Sigmund von Exner und vor allem Ernst von Fleischl-Marxow, bei dem zu all den Vorzügen, die Freuds Bewunderung wecken, noch die schmerzliche Gloriole des Helden und Märtyrers hinzukommt.[27] Über Helmholtz, den bei einem kurzen Aufenthalt in Wien verfehlt zu haben er sehr bedauert, bemerkt Freud in einem Brief an Martha, er sei einer seiner Abgötter, und in Brücke, dem Lehrer mit den furchteinflößenden blauen Augen, verehrte er bis ins hohe Alter die »höchste Autorität«, der zu begegnen er jemals Gelegenheit hatte. In Paris reiht sich ein anderer Fürst der Wissenschaft unter die großen Gestalten seines Olymps: Charcot; Freud huldigt ihm mit der Begeisterung des Jüngeren, indem er zunächst seine *Leçons* ins Deutsche übersetzt und später seinem Andenken einige geistvolle Seiten widmet, die zu den schönsten in seinem ganzen Werk gehören. Denn er liebt die Wissenschaft nicht allein als die abstrakte Quelle eines vom Menschen losgelösten Wissens; er liebt sie vor allem auch in der Gestalt verehrter Lehrer, die am reinsten für ihr menschliches Gewicht zeugen, indem sie sich unter die Strenge ihres Gesetzes beugen. Obwohl die Wissenschaft von Natur aus der menschlichen Alltäglichkeit enthoben ist, besitzt sie für Freud doch unmittelbare Nützlichkeit, da sie zwischen ihm und »den anderen« eine »Brücke« schlägt und ihm damit wo nicht das am raschesten wirkende, so doch das sicherste Mittel bietet, mit Anstand Karriere zu machen. Mindestens ebenso sehr der Hingabe wegen, mit der sie sich ihrer Arbeit widmen, wie wegen ihres Forschergenies bewundert er diese Männer bis zur Abgötterei, und er verehrt an ihnen auch die Schlichtheit ihres Lebenswandels, das Fehlen von jeder Pedanterie und den Gerechtigkeits- und Freiheitssinn als Zeichen echten Adels. Mit der größten Aufmerksamkeit verfolgt Brücke die Arbeiten seines Schülers; oft ist er es, der Freud zur Publikation ermuntert oder ihm, wenn er ein neues Verfahren zur Färbung von Hirnpräparaten entwickelt zu haben glaubt, freundlich zuspricht: »Dieses Verfahren könnte hinreichen, Sie berühmt zu machen«, als ob er die geheimsten Gedanken Freuds lesen könnte. Von Fleischl-Marxow ist Freuds Freund geworden, und überall in der Umgebung Brückes begegnet man ihm mit einem Wohlwollen, das er sich nicht hätte träumen lassen; dank diesen Männern fühlt er sich befreit von seiner Inferiorität, was ihn zugleich mit Freude und mit Staunen erfüllt: »Dieselben Männer, die ich als unnahbar von weitem bewundert, verkehren auf dem Fuß der Gleichheit mit mir und erweisen mir Freundschaft.«[28] Ähnlich verhält es sich mit Charcot, der ihn in der Salpêtière und in seinem Hause mit einer Herzlichkeit aufnimmt, die sehr von dem absticht, was er seit langem von den Wiener Honoratioren gewohnt ist, und so mischt sich in seine überschwengliche Bewunderung für den großen Wissenschaftler eine gute Dosis Dankbarkeit gegenüber dem Mann, dessen Wohlwollen ihm Selbstvertrauen gab zu einem Zeitpunkt, da es ihm an allem fehlte, der Mangel an Weltgewandtheit ihn furchtbar quälte und die Zweifel, ob er sein Ziel je werde erreichen können, größer waren denn je.[29]

Es versteht sich von selbst, daß Freud in allen diesen Dingen nicht die berechnende Taktik eines gewöhnlichen Arrivisten verfolgte; wäre es anders, so hätte er mit 40 Jahren vermutlich eine weniger prekäre Situation erreicht und seinen Fähigkeiten gemäßere Zukunftsaussichten vor sich gehabt. Die beiden Dinge, die er sich von der Wissenschaft erhofft – eine große Entdeckung, die ihn berühmt macht, und Zutritt zu jenen aufgeklärten Kreisen, die nach den geltenden sozialen Spielregeln auch die große Gesellschaft darstellen –, erscheinen in seinen Träumen nur darum mit so nachdrücklichem Akzent, weil sie zu seinen unerfüllten Ambitionen gehören. Denn in diesen Jahren vor der Jahrhundertwende, in denen sein Schicksal sich entscheiden soll, leidet Freud an einem inneren Unbehagen, einem schmerzlichen Zwiespalt. Er fühlt, daß er jetzt wählen muß zwischen den beiden Seiten, denen er auf sehr verschiedene Weise zugehört, und zu seiner Wahl stehen muß; mit anderen Worten: er muß wissen, ob er bleiben will, was er ist, nämlich der ziemlich schäbige »alte Jude«, als den er sich Fliess gegenüber bezeichnet, ob er einer feindseligen Welt den ersten Platz abtrotzen will, den er ersehnt, oder ob er sich auf irgendeine Art von Kompromiß einlassen will. Aber eben in seiner Lage gibt es für ihn weder die Möglichkeit einer echten Wahl noch einen gangbaren Kompromiß. Denn einerseits ist er Jude, und dieser Tatbestand ist eingewoben in ein ganzes Netz von Gefühlen, Wünschen, Lebens- und Denkgewohnheiten, aus dem er sich nicht einfach mit einer bloßen Willensanstrengung zu lösen vermag; andererseits aber ist er zum österreichischen oder deutschen Intellektuellen geworden, und als solcher ist er abhängig von Wünschen und Bedürfnissen, die für das Milieu, in dem er nun Fuß gefaßt hat, zwar natürlich, aber mit der Prägung durch seine Herkunft nur teilweise in Einklang zu bringen sind. Daher die Spannung in seinen Träumen zwischen zweierlei teils parallel verlaufenden, teils divergierenden, teils völlig unvereinbaren Tendenzen; daher vor allem der Gegensatz zwischen zwei Gruppen von Personen, die den Konflikt zwischen den neuen Ambi-

tionen und der alten Loyalität verkörpern und dem Traumgeschehen seine Dramatik verleihen.
Nunmehr fällt es leichter, die beiden Spalten der Tabelle zu lesen, in der der Träumer der *Traumdeutung* während der langen Zeit, in der er mit dem Werk schwanger geht, die Daten seines inneren Lebens einträgt. Auf der jüdischen Seite steht die ehrliche Bindung an die Gemeinschaft seiner Herkunft und die Entschlossenheit, diese Bindung niemals zu verraten; obwohl Freud glaubenslos ist und keinerlei religiöse Skrupel kennt, bewahrt er treu das Andenken seiner fernen Vorfahren, beweist gegenüber seinem Vater eine musterhafte Pietät und gründet seinen eigenen Hausstand auf einen Restbestand wesenhaft jüdischen Lebens, eines Lebensstils, den er bewundert, weil er in seinem unzerstörbaren Kern »Sinn« und »Freude« enthält. Darin steht er in direkter Kommunikation mit seinem Volk, dessen Geschichte und dessen »Geschichten« er mit Vorliebe zitiert, und seine jüdische Bildung ist durchaus nicht gelehrter, sondern volkstümlicher Art; sie lebt ganz aus der Sympathie für die Leiden, die Vitalität und den unnachahmlichen Geist noch des unscheinbarsten Juden. Auf der anderen Seite dagegen wird er von Ehrgeiz verzehrt und ist eben deshalb vielfältigen Versuchungen ausgesetzt. Erfüllt von ungewöhnlichem Glauben an den Ruhm, der ihm, wie er meint, zufallen müßte, aber zugleich auch von quälenden Zweifeln an sich selbst und seinen Erfolgschancen, greift er nach den mächtigsten Waffen, die die Welt für ihn bereithält, nämlich dem humanistischen Denken, das der Wesensgrund der großen europäischen Kultur ist und auf dem auch die Idee der Wissenschaft beruht. Wenn sein Verlangen, nach oben zu kommen, ihn auch nicht zum Bürger macht, so schneidet es ihn doch gänzlich von den unteren Schichten des Volkes ab, die er fürchtet, ohne sie wirklich zu kennen, weil er in ihnen nur eine blinde Masse sieht, deren Leidenschaften jederzeit entfesselt werden können. In seinem brennenden Bedürfnis, sich akzeptiert und anerkannt zu fühlen, läßt er sich für einen Augenblick sogar von den Pariser Salons blenden, freilich nur für einen Augenblick, denn sein moralischer Rigorismus und seine angeborene Wahrheitsliebe hindern ihn daran, sich so zu verhalten, wie er es müßte, um zu diesen Salons Zutritt zu erhalten. Kurz gesagt, in jener schwer definierbaren Zone, um die seine Träume und Träumereien kreisen, will er alles und kann und darf doch nichts wagen.
So wie er uns in der Selbstdarstellung der *Traumdeutung* entgegentritt, hat Freud also stets zwei verschiedene Persönlichkeiten zu verkörpern, manchmal zwei einander ausschließende Rollen gleichzeitig zu spielen. Einerseits ist er der Sohn Jakobs, der treue Schüler Samuel Hammerschlags,

der Freund und Mitarbeiter Josef Breuers, der einsame Arzt, der in der jüdischen Loge B'nai B'rith Vorträge hält, der einfache Mann, der sich zeitlebens den ihm von Kindheit her vertrauten Menschen verbunden fühlt, ihr anspruchsloses Leben, ihre Sorgen und ihre traditionellen Freuden teilt. Auf der anderen Seite ist er der geistige Sohn ganz anderer »Väter« aus einer fremden Welt, die nacheinander die Namen Brücke, Helmholtz, Meynert oder Charcot tragen; durch die Bildung, die er sich erworben hat, ist er der Sohn Goethes[30], Schillers, Vergils, der Sohn eines Sophokles und Shakespeares. Und am Ende – einem Ende, das eher ein denkwürdiger Anfang ist – entdeckt er gar, daß er auf untergründige Weise mit dem fluchbeladenen Sohn des alten Laios verwandt ist, und damit fällt auf ihn nicht nur der Glanz des heißersehnten Ruhmes, sondern der einer Art von Königtum. Zwischen diesen beiden Komplexen von Wünschen und von Rollen, die im bewußten Leben des Träumers immer nur teilweise zur Deckung kommen, stellt die verschlüsselte Bilderwelt der *Traumdeutung* eine bemerkenswert enge und verläßliche Verbindung her. Aber eben damit enthüllt sie Freud den eigentlichen Grund dafür, warum er nicht von der Stelle kommt. Denn indem sie die realen Figuren aus seiner täglichen Umwelt – Vater, Onkel, Söhne, jüdische Freunde – mit den mythischen Heroengestalten seiner verschwiegenen Ambitionen in Beziehung setzt, bringt sie endlich zum Vorschein, was ihm immer wieder im letzten Moment vor dem Handeln und vor dem Erfolg zurückschrecken läßt: den Kampf oder doch Widerstand der Seinen gegen die gleißende Welt der »Anderen«, von der er sich angezogen fühlt.

4. Man bittet, die Augen zuzudrücken

Schon oft wurde darauf hingewiesen, daß die Träume Freuds, wie wir sie aus der Traumdeutung kennen, reichlich enttäuschend sind für jemand, der den großen onirischen Höhenflug liebt, in dem die Phantasie weit emporgetragen wird über die Welt des Alltäglichen, über die kleinlichen Verstrickungen und Plackereien des Lebens. Tatsächlich findet man darin amüsante Einfälle, witzige Neologismen und natürlich jene poetischen Absurditäten, ohne die ein Traum kein Traum zu sein scheint, aber nichts, was uns in eine verwirrend fremde, phantastische Welt trägt, nichts, was zu weitläufigen Spekulationen über ein Jenseits der Erfahrung oder über den Sinn der menschlichen Existenz Anlaß geben könnte. Nüchtern wie sie sind, mit gerade jenem Mindestmaß an Irrwitz, der zu dem Genre nun einmal gehört, oft sehr knapp und reich an Wortspielen und geistreichen Sprachwendungen, werden die Träume Freuds schön vor allem durch die ungewöhnliche Deutungsmethode, die, ausgehend von scheinbar absurden oder bedeutungslosen Details, mit einer einfachen Konstruktion von strahlender Logik und Wahrheit den Sinn des Ganzen erschließt. Im übrigen kann man sie banal finden; sie sind es und müssen es sein, und wir wissen ja nun auch, warum das so ist: die Sorgen, die Freud im Augenblick am meisten quälen, sind darin eingegangen, Sorgen, die sich auf seine wissenschaftliche Isolierung beziehen, auf seine noch stark improvisatorische therapeutische Technik, auf die Rivalität gegenüber seinen besser ausgerüsteten Kollegen, auf den Schuldenberg, der auf ihm lastet, und seine permanenten Geldnöte. Er träumt diese Träume eben nicht aus einem Bedürfnis heraus, dem Alltag zu entfliehen, sondern ganz im Gegenteil, um sich selbst wiederzufinden, um anhand dieser komplizierten Puzzlespiele, deren geheimen Sinn noch niemand zu entschlüsseln vermochte, sich selbst zu verstehen und um all der inneren Zwiespältigkeiten und Unangepaßtheiten Herr zu werden, die er hinter der Fassade des gesetzten Mannes verbirgt. Er träumt, um sich selber so gründlich und genau kennenzulernen, wie das dem beschränkten menschlichen Bewußtsein nur möglich ist, und nicht um sozusagen weiter zu träumen. In diesem Sinne könnte die *Traumdeutung* mit Recht auch den Titel *Phantasien eines Realisten* tragen, den genau in dem gleichen Jahr 1899 ein Wiener Philosoph und Wissenschaftler seinem eigenen Buch über die Bedeutung der Träume gegeben hat.[1] In der ersten dieser »Phantasien«, die Freud zum Gegenstand der Analyse macht[2], treten Personen auf, die der Träumer selbst als nahe Angehörige oder Freunde zu erkennen gibt und die als solche in der Mehrzahl der großen Beispiele der *Traumdeutung* wiederkehren, natürlich unter dem Schutz der Anonymität, aber mit so charakteristischen Zügen, daß an ihrer Identität kaum gezweifelt werden kann. Da ist zunächst Irma, die Heldin des onirischen Dramas, die Freud zugleich als Patientin vorstellt und als jemand, für den er viel Zuneigung empfindet (nach Jones war sie damals seine Lieblingspatientin). Irma ist eine junge Witwe, die Freud als hysterisch betrachtet und deren Behandlung er trotz der Schwierigkeit, die sich aus der Natur ihrer Beziehung ergibt, übernommen hat. Er hat die Behandlung jedoch abbrechen müssen, weil die Patientin partout nicht gesund werden will oder, wie es der Traumtext sagt, »die Lösung nicht akzeptiert«, was Freud um so mehr irritiert, als Irma nicht irgendeine Bekannte ist, sondern eine Person, die ihm sehr nahesteht und sichtlich zu den wenigen zählt, mit denen er wirklich auf vertrautem Fuße steht. Vieles legt in der Tat den Schluß nahe, den mit einleuchtenden Gründen ein scharfsinniger Autor gezogen hat[3], daß die junge Witwe, von der der Traum handelt, niemand anderes ist als Anna Hammerschlag, die Tochter des alten Hebräischlehrers, bei dem Freud in Augenblicken der Erschöpfung Zuflucht und für seine eigenen Kinder eine Art geistiger Patenschaft sucht (seine zweite Tochter nennt er Sophie, zu Ehren von Sophie Schwab, der Nichte Samuels, und seiner letzten Tochter, deren Geburt gerade bevorsteht, wird er den Vornamen Anna geben). Wie um diese Vermutung zu stützen, ist Irma von drei Männern umgeben, die ebenfalls zu den Freunden des Hauses zählen: Otto alias Oscar Rie, Kinderarzt und Arzt der Familie, mit dem Freud eng befreundet ist, sodann Leopold alias Ludwig Rosenstein, ebenfalls Kinderarzt und mit Rie verwandt, und schließlich Dr. M. alias Josef Breuer, mit dem Freud lange zusammengearbeitet hat, zu dem aber seit der Veröffentlichung ihres gemeinsamen Buches eine Entfremdung eingetreten ist, die sich aus einer grundsätzlichen Meinungsverschiedenheit über die Ätiologie der Hysterie ergab. Die Patientin und die drei Ärzte sind die Gäste Martha Freuds, die auf ganz natürliche Weise mit den Protagonisten des Traumes assoziiert wird und ihrerseits von einer seltsamen Krankheit befallen scheint (getreu seinem Prinzip der Verschwiegenheit in allem, was mit der Sexualität zusammenhängt, macht Freud über ihren Zustand keine näheren Angaben, doch erfahren wir aus einem Brief an Fliess, daß sie ganz einfach ihr sechstes Kind erwartet[4]). Im Hintergrund dieser Widerspiegelung der realen Umgebung durch den Traum tauchen andere Gestalten von weniger klaren Konturen aber nicht geringerer Bedeutung für das innere Leben des Träumers und für den Sinn der ganzen Szene auf: Ernst von Fleischl-Marxow, der verstorbene Freund, den er »als kostbares Stück der Schöpfung« liebt und dessen Tod beschleunigt zu haben sein Gewissen belastet[5]; ferner eine ehemalige Patientin mit dem Vornamen Mathilde (wie Freuds älteste Tochter), deren Tod Freud durch Sulfonal-Injektionen verursacht hatte, die er ihr aus Ungeschick oder in Unkenntnis der Kontraindikationen gegeben hatte, und natürlich Wilhelm Fliess, der noch am Leben, aber leider im fernen Berlin festgehalten ist, während Freud sich auf seinen Rat und seinen Zuspruch mehr denn je angewiesen fühlt. So ersteht also in diesem Traum vor uns der enge Kreis, in dem sich Freuds menschliche Beziehungen und seine Aktivitäten bewegen: die Breuers und die Hammerschlags wohnen in demselben Haus; Sophie Schwab war mit Joseph Paneth verlobt, einem der engsten Freunde Freuds, den in der Blüte der Jugend die Tuberkulose hinwegraffte und der zu den ständig wiederkehrenden Revenants der *Traumdeutung* gehört; Martha verkehrt mit Irma-Anna Hammerschlag, die ihrerseits mit einer anderen unbefriedigten jungen Witwe befreundet ist, wahrscheinlich der Witwe jenes Nathan Weiß, der sich nach der Rückkehr von seiner Hochzeitsreise erhängt hat[6]; Fliess ist mit Ida Bondy verheiratet, einer Wienerin, die Breuers Patientin war; Oscar Rie, Ludwig Rosenstein und Freud treffen sich jede Woche zum Kartenspiel bei dem Augenarzt Königstein, der in der *Traumdeutung* häufig im Zusammenhang mit der komplizierten Kokain-Affäre auftaucht (Königstein hatte die Möglichkeit, das Kokain in der Chirurgie anzuwenden, nahezu gleichzeitig mit Koller entdeckt, der seinerseits Freud knapp zuvorgekommen war und auf die Priorität Anspruch erheben konnte[7]). Abgesehen von Fleischl, der der »anderen Seite« und der anderen Welt angehört, kommen alle Figuren der Traumszene aus dem gleichen eng in sich abgeschlossenen Kreis, alle sind in der gleichen Tradition und Gefühlswelt zuhause, und alle sind miteinander verbunden durch Heiraten, Freundschaften, berufliche Ambitionen und gelegentlich sogar durch materielle Verpflichtungen (Königstein und Breuer schuldet Freud Geld, früher hat er Hammerschlag, Fleischl und Paneth angepumpt, und die beiden letzteren starben, ehe er das Geliehene zurückzahlen konnte: das ist der reale Hintergrund des Schulden- und Schuldproblems seiner späteren Träume). Nimmt man zu diesen wenigen Personen noch Amalia und Jakob Freud hinzu, die natürlich bald den Vordergrund der Traumbühne einnehmen werden, sodann Freuds Brüder, Onkels und Kinder, die dort ebenfalls zusammen mit einigen weniger gewichtigen Figuren auftreten werden, so hat man ungefähr einen Abriß des Menschenschlages, der um Freud eine in höchstem Grade eigentümliche geschlossene Gruppe bildet. Sie ist auffallend homogen, aber offensichtlich geeignet, neuen Aufschluß über die menschlichen Beziehungen zu geben. Denn hier und nirgends sonst ist die Psychoanalyse entstanden mit allen ihren Möglichkeiten, zu einer universell gültigen Lehre zu werden.

In dem Traum von Irmas Injektion werden zwei zentrale Themen entwikkelt, die mit mehr oder minder substantiellen Abwandlungen in Freuds »Phantasien« häufig wiederkehren: sein Schuldgefühl und die Verleugnung seiner Fehler oder Irrtümer mit einer Verteidigung in bildhafter Einkleidung. Er fühlt sich schuldig, weil er Irma nicht heilen konnte, obwohl er ihr soviel Hoffnung gemacht hatte, und das gibt Oscar Rie und vor allem Breuer, dem Dr. M. des Traumes, den er zur Konsultation hinzuzieht, ein unwiderlegliches Argument gegen seine Theorien. Aber in Wirklichkeit ist gar nicht er verantwortlich; Irma ist selbst schuld, wenn sie krank bleibt, denn sie hat »die Lösung noch nicht akzeptiert«[8], die allein die Kur zu einem glücklichen Abschluß hätte bringen können. Auch Otto ist an ihrem Leiden schuld, denn er hat ihr leichtfertig eine Injektion gegeben, vielleicht sogar mit einer verunreinigten Spritze. Außerdem hat sie wahrscheinlich organische Störungen, und das entbindet Freud von seiner Verantwortung, denn als Psychotherapeut braucht er sich um körperliche Krankheiten nicht zu kümmern. Und was den Dr. M. angeht, so hält er so törichte Reden, daß er durch den Traum gründlich diskreditiert wird, und das ist wahrscheinlich auch eine der Hauptabsichten des Traumes. So gewinnt Freud also den Prozeß, den er im Traum gegen sich selbst führt: er ist nicht der Scharlatan, für den er nicht nur in seiner engeren Umgebung, sondern sogar in der eigenen Familie gehalten wird (Martha will sich von ihm nicht untersuchen lassen und gleicht darin den widerspenstigen Patienten, die die »Lösung« nicht akzeptieren wollen); er würde die Leute schon heilen, wenn sie Vertrauen zu seiner Methode hätten, aber die anderen hindern ihn, ein guter Arzt zu sein, die anderen, die ihre Patienten mit Giftinjektionen und unreinen Spritzen umbringen, die anderen, die dumm, verbohrt und voller Vorurteile sind. Mit dieser geschickten Umkehrung des Vorwurfs – die man später »Projektion« nennen wird – gelingt es Freud zugleich, sich selber reinzuwaschen und Rache zu nehmen. Demnach kann er zu der Überzeugung gelangen, daß seine so umstrittene Methode dem Anschein zum Trotz richtig ist und daß er recht hat, an ihr festzuhalten, auch wenn er damit völlig alleinsteht; er kann dies um so mehr, als der Traum von Irmas Injektion eine völlige Übereinstimmung zwischen den Motiven seiner Phantasie und den realen Umständen seines Lebens erkennen läßt, womit sich sein analytisches Vor-

gehen als wohlbegründet erweist und die allgemeine Anwendung des Verfahrens gerechtfertigt scheint.
Schon in diesem ersten Beispiel der Traum-Entschlüsselung, das den übrigen um mehr als ein Jahr voraufgeht, läßt Freud, wie wir gesehen haben, seine Entschlossenheit erkennen, seine Deutungen ganz oder teilweise für sich zu behalten, sobald sie allzu direkt an seine Intimsphäre rühren. Zu seinem Verhältnis zu Martha gestattet er sich nur einige allerdings ziemlich schnöde Andeutungen und zu den mit Ärger gemischten zärtlichen Gefühlen, die er gegenüber Irma zu hegen scheint, nicht einmal diese. So wird das Sexuelle im latenten Trauminhalt nahezu völlig seiner erotischen Bedeutung entkleidet: an die Stelle des sexuellen Verlangens tritt der Wunsch, recht zu haben, und aus der Liebesleidenschaft wird das ehrgeizige Ringen um eine Idee. Durch die Zensur von Gefühlsaufruhr und Eifersuchtsqualen gereinigt, löst sich das Sexuelle, das gleichwohl hier das Zentralmotiv ist – denn worauf sonst sollte sich diese Geschichte von der schwangeren Ehefrau und den unbefriedigten jungen Witwen reimen – in eine rein wissenschaftliche Frage auf, bei der es nicht mehr um eine Herzensangelegenheit, sondern nur noch um verletzte Eigenliebe und gekränkte Eitelkeit geht.
Wenn Freud sich unangenehme Gefühle zu ersparen glaubt, indem er den sexuellen Inhalt seiner Träume zensuriert, so muß er bald feststellen, daß er bei weitem nicht die erhoffte Wirkung erzielt, denn was auf diese Weise in den Vordergrund der Analyse rückt, ist letzten Endes nicht minder peinlich als die intimen Dinge, die er zu verbergen wünscht. Daß er eine Patientin kompromittiert und damit zugleich das Vertrauen einer Freundin mißbraucht, daß er seinen alten Freund Oscar Rie als unfähigen Arzt darstellt und Breuer, der in seiner Umgebung große Autorität genießt, bloßstellt, indem er ihn wie den letzten Schwachkopf reden läßt (»Es ist eine Infektion, aber es macht nichts«, sagt Dr. M. über Irmas Krankheit), heißt vor aller Augen eine Niedrigkeit der Gesinnung und eine Niedertracht zu erkennen geben, die ihn in der Meinung von Menschen, die er liebt und achtet, herabsetzen muß, und das um so mehr, als noch niemand von den Menschen seiner Umgebung bisher diese moderne Abart einer Höllenfahrt durchgemacht hat, die jeder Kontakt mit dem wilden Chaos des Unbewußten bedeutet. Zudem sind die durch den Traum kompromittierten Personen eben jene, mit denen Freud weiterhin leben muß, und wenn sie sich in den von der Analyse enthüllten Karikaturen ihrer selbst wiedererkennen und seine »Enthüllungen« übel aufnehmen, kann seine Existenz sehr rasch unmöglich werden. Daher seine Verlegenheit und die Notwendigkeit, den Strom der Assoziationen nicht nur dort zu unterbre-

chen, wo er sich den verbotenen sexuellen Zonen gefährlich nähert, sondern auch dort, wo er ihn zwingt, das scheinbar harmlosere Thema jener kleinen Schändlichkeiten zu behandeln, zu denen ihn sein »Arrivismus« treibt.[9] Vielleicht ist diese unerwartete Verlegenheit der Grund dafür, daß Freud so lange zögert, ehe er den nächsten bedeutungsvollen Traum deutet, anstatt, wie man erwarten würde, die hinreichend erprobte Methode, über die er nunmehr verfügt, bei jeder sich bietenden Gelegenheit auch anzuwenden. Der zweite Traum, den er gedeutet oder zumindest dessen Deutung er veröffentlicht hat – wir werden ihn nach der merkwürdigen Formel benennen, die seinen Inhalt zusammenfaßt: »Man bittet die Augen zuzudrücken« –, folgt dem ersten tatsächlich mit einem Abstand von mehr als einem Jahr. Er stammt vom 23. November 1896; Freud hat ihn in der Nacht nach der Beerdigung seines Vaters geträumt und schickt ihn wenige Tage später mit einer übrigens sehr summarischen Deutung an Wilhelm Fliess (in der *Traumdeutung* wird dieser Traum noch summarischer behandelt; hier dient er nur dazu, eine jener absurden Doppelsinnigkeiten zu veranschaulichen, in denen sich das Unbewußte gefällt, was zweifellos in keinem Verhältnis zu der gewaltigen Bedeutung des Trauminhaltes steht). Er schreibt an Fliess: »Ich war in einem Lokal und las dort eine Tafel: Es wird gebeten
die Augen zuzudrücken.
Das Lokal erkannte ich gleich als den Friseurladen, den ich täglich besuche. Am Tage des Begräbnisses mußte ich dort warten und kam darum etwas später ins Trauerhaus. Meine Familie war damals mit mir unzufrieden, weil ich das Leichenbegängnis still und einfach bestimmt hatte, was sie später als sehr berechtigt anerkannte. Sie nahmen mir auch die Verspätung etwas übel. Der Satz auf der Tafel ist doppelsinnig und heißt nach beiden Richtungen: Man soll seine Pflicht gegen den Toten erfüllen. (Entschuldigung, als ob ich's nicht getan hätte und Nachsicht brauchte – die Pflicht wörtlich genommen.) Der Traum ist also ein Ausfluß jener Neigung zum Selbstvorwurf, die sich regelmäßig bei den Überlebenden einstellt.«[10] Der Herausgeber der Briefe an Fliess hat es für nötig befunden, darauf hinzuweisen, daß Freud den gleichen Traum, offenbar auf Notizen gestützt, in der *Traumdeutung* ausführlicher beschrieben habe. Die Version der *Traumdeutung* ist jedoch keineswegs ausführlicher als die des Briefes an Fliess und scheint auch durchaus keinen verläßlicheren Traumtext zu bieten; eher würde man sie als eine willkürliche Bearbeitung ansprechen. Von einem Warten beim Friseur ist hier jedenfalls ebensowenig mehr die Rede wie von einem Zuspätkommen im Trauerhaus oder irgendeiner Art von Schuldgefühl; die bedruckte Tafel erinnert nicht mehr an den Friseurladen,

sondern an die Rauchverbotschilder in den Wartesälen der Eisenbahn; der Text der Aufschrift ist in eine unpersönlichere Form gebracht[11] und zudem als ein Entweder-Oder formuliert – »Man bittet ein Auge/die Augen zuzudrücken«[12] – was ihm eine zusätzliche Zweideutigkeit verleiht. Gemeinsam ist beiden Versionen nur der Konflikt Freuds mit seiner Familie über das Zeremoniell der Beisetzung, aber in der *Traumdeutung* ist er merkwürdig abgemildert, betrifft nur »andere Familienmitglieder«, die im übrigen im Unrecht sind, weil Freud mit der Wahl eines möglichst einfachen Zeremoniells nur getan hat, was sein Vater selbst gewünscht haben würde. Im übrigen bleibt die Frage der Beisetzung in beiden Versionen im dunkeln. Hat die Familie Freud wirklich wegen des geringen Aufwandes Vorwürfe gemacht? Hat er sie nicht vielleicht eher mit dem Wunsch schockiert, auf die religiöse Zeremonie zu verzichten oder sie wenigstens auf ein Minimum zu reduzieren? Eine solche »Einfachheit« würde in Verbindung mit dem Zuspätkommen des Sohnes im Trauerhaus eher den Konflikt erklären, der in dem Traum seinen Ausdruck findet, denn die Familie hatte wohl andere Vorstellungen von der Religiosität des Verstorbenen als Freud. Man würde auch leichter den Mangel an Pietät begreifen, den Freud sich im Traum vorwirft, um diesen Vorwurf entkräften zu können. Jedenfalls sagt die veröffentlichte Fassung darüber nicht mehr, sondern sehr viel weniger als der für Fliess bestimmte Text[13], obwohl auch dieser bereits nur eine verharmlosende Deutung bietet. Beide Fassungen weichen noch dem Problem des Schuldgefühls aus, die veröffentlichte Version, indem sie den Traum auf die Nacht vor dem Begräbnis datiert, womit die Verspätung bei der Trauerfeier unterschlagen wird, die Brief-Version, indem sie von einer ganz allgemeinen Neigung der Überlebenden spricht, womit der Träumer sich erspart, sich auf das Peinliche an seinem besonderen Fall einlassen zu müssen. Freilich hat seine Höllenfahrt damals noch nicht begonnen (er entschließt sich zu ihr erst im Sommer 1897, also mehrere Monate später), und für den Ödipuskomplex, dem er seit langem bei seinen Patienten auf der Spur ist, hat er noch ebensowenig den Namen wie die Doppelformel gefunden, mit der er dessen schicksalhafte Bedeutung schon bald zusammenfassen wird.

Indem Freud das Schuldgefühl, das er beim Tod seines Vaters so stark empfindet, einer ganz allgemeinen Neigung der Überlebenden zuschreibt – womit er geschickt unangenehmen Entdeckungen ausweicht, auf die er bei tieferdringender Analyse gestoßen wäre –, versagt er seine Aufmerksamkeit vorerst noch einem Bündel widersprüchlicher heftiger Wünsche, die er später wird aufhellen müssen; er gehorcht also gewissermaßen selber der Aufforderung, »die Augen zuzudrücken«, mit der der Traum ihn zugleich anklagt und von der Anklage freispricht (die Anklage ergibt sich genau aus den Traumelementen, die zu seiner Entschuldigung dienen). Aber einige Monate später träumt er einen diesmal reichlich dunklen anderen Traum, der ihn gerade durch seine Absurdität nötigt, seinen eigenen Fall genauer zu untersuchen, das heißt einen weiteren Schritt zu der systematischen Selbstanalyse hin zu tun, die er lange aufgeschoben hat. Es handelt sich um den Traum vom »Onkel mit dem gelben Bart«, dem er in der *Traumdeutung* eine ausführliche Darstellung widmet, nicht ohne übrigens durchblicken zu lassen, daß er ganz bewußt nur eine verkürzte Deutung bietet. Die Tagesereignisse, die in dem Traum verarbeitet und verschlüsselt sind, hängen wieder einmal mit den Bemühungen um eine Ernennung Freuds zum Professor zusammen, die im Januar 1897 plötzlich neue Aktualität gewonnen haben. Soeben hat er von Nothnagel die Nachricht erhalten, daß dieser ihn gemeinsam mit Krafft-Ebing und Frankl-Hochwart der Fakultätsversammlung vorgeschlagen und sich vorbehalten hat, sich direkt an den Minister zu wenden, falls die Versammlung dem Vorschlag nicht folgen sollte. Um ihm nicht übermäßige Hoffnungen zu machen, hat Nothnagel es für richtig gehalten, ihn an die Hindernisse zu erinnern, die seiner Ernennung entgegenstehen, und Freud schreibt an Fliess, daß er sich kaum Illusionen mache. Darauf trifft er einen jüdischen Freud, N., der ihn beglückwünscht, endlich dem Ziel seiner Wünsche nahegekommen zu sein, was ihm selber endgültig versagt bleibt – nicht eigentlich, weil er Jude ist, sondern weil er mit dem Gericht zu tun hatte und dieser Umstand gegen ihn ausgespielt wird, obwohl die Anklage, die gegen ihn erhoben worden war, sich als haltlos herausgestellt hat. Da es in Freuds Vergangenheit glücklicherweise keine derartigen Vorkommnisse gibt, kann er sich Hoffnungen machen, ernannt zu werden. Aber ein anderer Freund, R., den man anhand gewisser Andeutungen mit Sicherheit als Dr. Königstein identifizieren kann, läßt ihn die Situation in weniger günstigem Licht sehen. R., seit langem Kandidat und des ewigen Übergangenwerdens müde, hatte den Entschluß gefaßt, Klarheit zu schaffen und sich im Ministerium selber zu erkundigen. Er hat den »hohen Herrn« geradeheraus gefragt, ob es zutreffe, daß seine jüdische Herkunft der entscheidende Grund für den Aufschub seiner Ernennung sei, und die Antwort hat in einem andeutend verklausulierten Ja bestanden. Noch am gleichen Abend erzählt er Freud von dem Ergebnis seines Vorstoßes. In der folgenden Nacht träumt Freud einen Traum, der »aus zwei Gedanken und zwei Bildern« besteht: »I. ... Freund R. ist mein Onkel. – Ich empfinde große Zärtlichkeit für ihn. II. Ich sehe sein Gesicht etwas verändert vor mir. Es ist wie in die Länge gezogen, ein gelber Bart, der es umrahmt, ist besonders deutlich hervorgehoben.« Die offensichtliche Absurdität des Traumes scheint dem Träumer kaum nahezulegen, ihn ernst zu nehmen; unsinnig wie er ist, wäre es Zeitverschwendung, nach seinem Sinn zu suchen. Doch Freud wird sich rasch bewußt, daß er damit genauso reagiert wie seine Patienten, wenn die Analyse an ein wichtiges Thema zu rühren droht – »das ist Unsinn, das hat nichts zu bedeuten« –, und so, in dem Bewußtsein, gegenüber diesem lächerlichen Traum ein Übermaß an Widerwillen zu empfinden, entschließt er sich, sich zu überwinden und redlich seine Methode anzuwenden, um die Ursache seines merkwürdigen »Widerstandes« zu ergründen. Natürlich ist es zunächst das Onkel-Thema, das seine Aufmerksamkeit auf sich zieht: »Ich habe doch nur einen Onkel gehabt, den Onkel Josef. Mit dem war's allerdings eine traurige Geschichte. Er hatte sich einmal, es sind mehr als dreißig Jahre her, in gewinnsüchtiger Absicht zu einer Handlung verleiten lassen, welche das Gesetz schwer bestraft, und wurde dann auch von der Strafe getroffen. Mein Vater, der damals aus Kummer in wenigen Tagen grau wurde, pflegte immer zu sagen, Onkel Josef sei nie ein schlechter Mensch gewesen, wohl aber ein Schwachkopf; so drückte er sich aus.«[14]

Der Onkel Josef hat also gestohlen und im Gefängnis gesessen. Aber wie kommt Freud darauf, ihn als den einzigen Onkel auszugeben, von dem er wisse? In der Tat erklärt er sogleich in einer Fußnote: »Ich habe fünf von meinen Onkeln gekannt, einen von ihnen geliebt und geehrt. In dem Augenblicke aber, da ich den Widerstand gegen die Traumdeutung überwunden habe, sage ich mir: ich habe doch nur einen Onkel gehabt, den, der eben im Traum gemeint ist.«[15] Wer ist dieser Lieblingsonkel, von dem Freud sagt, er habe ihn geehrt, aber dessen Namen er hier nicht nennt? Wahrscheinlich Josef; dies darf man wenigstens vermuten, da er der einzige ist, dessen Namen Freud einfällt, und in seinem Werk kein anderer erwähnt wird.[16] Wie dem auch sei, Freud läßt das, zweifellos in voller Absicht, offen, und zwar nicht nur weil der Onkel Josef als Person nicht eben eine Empfehlung ist – im Urteil der Gesellschaft ist er ein gewöhnlicher Verbrecher und für seinen eigenen Bruder ein Schwachkopf –, sondern auch, weil Freuds Familie in der väterlichen Linie in psychischer Hinsicht nicht frei von gewissen pathologischen Auffälligkeiten ist. Wir wissen das aus einem Brief, in dem Freud zehn Jahre zuvor das heikle Thema berührt hat, als wolle er Martha auffordern, sich genau zu überlegen, ob sie ihn heiraten könne: »Von dem Onkel in Breslau habe ich Dir nie erzählt, weil ich nie an ihn denke. Ich habe ihn dreimal im Leben auf je eine Viertelstunde gesehen. Er ist ein etwas jüngerer Bruder des Vaters, ziemlich gewöhnlicher Mensch, Kaufmann, und seine Familie ist sehr traurig. Von vier Kindern ist nur eine Tochter gesund und in Polen verheiratet. Ein Sohn ist ein sogenannter Wasserkopf und schwachsinnig, ein anderer, der als junger Mensch etwas versprach, ist mit neunzehn Jahren wahnsinnig geworden, und eine Tochter mit zwanzig und einigen Jahren. Ich hatte an diese Persönlichkeit so vollständig vergessen, daß ich mir die eigene Familie immer als eine nervös unschuldige vorgestellt habe. Aber seitdem ich an Breslau[17] denke, ist es mir eingefallen, und ich kann auch die Tatsache, daß von den Söhnen des anderen – sehr unglücklichen – Onkels in Wien einer als Epileptiker gestorben ist, nicht mehr auf dessen Mutterseite schieben, sondern muß mir eine sehr anständige ›neuropathologische Belastung‹, wie man es heißt, zuerkennen.«[18] Bei der gewaltigen Bedeutung, die er damals Erbfaktoren für die Ätiologie der Geisteskrankheiten und der »Nervosität« beimaß, kann Freud nicht umhin, dieser erblichen Belastung die »schönste Neigung zur Neurasthenie« zuzuschreiben, an der er seit langem leidet und die auch bei seinem Bruder Emanuel und bei seiner Schwester Rosa vorhanden ist: »Da ich selber Psychiater bin, fürchte ich mich vor den Geschichten ungefähr so viel, wie der Matrose vor dem Meer.« Überdies sind diese Geschichten, wie er hinzufügt, »so häufig in jüdischen Familien«[19], und damit wird die Bedeutung dieser Enthüllung über Freuds familiäre Belastung gewiß abgeschwächt, zugleich aber daran erinnert, daß jeder Jude als Abkömmling eines lange nicht aufgefrischten Blutes damit rechnen muß, ein pathologisches Erbe in sich zu tragen und der nächsten Generation aufzubürden. Es ist also keineswegs verwunderlich, daß Freud bei der Deutung seines Traumes die Existenz dieser Onkels vergißt, die entweder auf die schiefe Bahn geraten sind oder geisteskranke, epileptische und schwachsinnige Nachkommen gezeugt haben: sie erinnern ihn allzusehr an die erbliche Belastung, von der sein eigenes Teil abbekommen zu haben er mit Grund fürchten muß, und sei es auch nur in der milden Form einer »schönsten Neigung zur Neurasthenie«.

Durch seinen Traum mit der Vorstellung »Onkel« konfrontiert, übergeht Freud diesen ganzen Zweig seiner väterlichen Familie, der fast nur aus Degenerierten besteht, mit Schweigen; den Onkel Josef aber, der in Wien lebte und sicher sogar in Freuds unmittelbarer Umgebung, da sein Vater für diesen seinen unglücklichen Bruder eine starke Zuneigung empfand, mußte er erwähnen. Nun hatte Josef einen epileptischen Sohn, und obwohl er als Delinquent eher pervers als verrückt gewesen zu sein scheint, hatte man ihn nach Jakob Freuds Meinung in erster Linie als einen Schwachkopf zu betrachten, so daß sein bloßer Name genügte, um Freud wieder mit jenem jüdischen Verhängnis zu konfrontieren, das er mit der Verleugnung seiner gestörten Onkels und Vettern vergessen zu können geglaubt hatte. Und das ist in der Tat die Rolle Josefs in dem Traum vom Onkel mit dem gelben Bart: er zeigt dem Träumer, wie sehr er bis in die letzten Winkel seiner seelischen Tiefe an seiner jüdischen Herkunft leidet, und daß sein Unbewußtes kein Mittel scheut, nicht einmal den Verrat an seinen Brüdern und Freunden, um diese lästige Bürde abzuschütteln.

Und eben um sich das nicht bewußt machen zu müssen, um es buchstäblich nicht wissen zu müssen, erklärt Freud seinen Traum zunächst für unsinnig, für zu sinnlos, um einer Analyse wert zu sein. Denn kaum hat er den Onkel Josef in das Feld seiner Assoziationen eingelassen, so fügt alles wie von selbst sich so folgerichtig aneinander, daß er diesmal nicht mehr »die Augen zudrücken« kann, so beschämend die Entdeckung seiner schäbigen Hintergedanken auch sein mag. Der Freund R., der sein Onkel, genauer noch sein Onkel Josef ist, da er sich im Augenblick der Deutung einbildet, nur diesen einen gehabt zu haben, hat mit der Affäre um seine Ernennung zum Professor zu tun, über die er am Vorabend mit Dr. Königstein gesprochen hat und mit der es, wie dieser meint, nicht eben zum Besten zu stehen scheint. Der Onkel Josef ist, wie wir wissen, sowohl ein Verbrecher als auch ein Schwachkopf; in ihm sind zwei Figuren verschmolzen: N., der nicht ernannt werden wird, weil er infolge einer verleumderischen Denunziation mit dem Gericht zu tun hatte, und der Freund R., der, da er kein Delikt begangen hat, nur die andere Seite der rassischen und familiären Belastung, nämlich die Geistesschwäche, darstellen kann. Damit aber wird vom Interesse des Träumers her nun alles klar: die Ernennung seiner beiden Kollegen scheitert durchaus nicht daran, daß sie Juden sind, sondern eher daran, daß sie der Ernennung nicht würdig sind, der eine wegen einer zweifelhaften Gerichtsaffäre, der andere ganz einfach wegen seiner Dummheit. Da Freud weder ein Schwachkopf noch irgendeines Deliktes verdächtig ist, kann er der Entscheidung des Ministers mit aller Ruhe entgegensehen.

Tief beschämt, unbewußt so empörende Gefühle gegenüber Personen zu hegen, für die er bewußt nur Liebe und Achtung empfindet, erstaunt und bekümmert, zu erfahren, daß er unbewußt die Solidarität mit den Seinen aufzukündigen wünscht, um ihrem demütigenden Schicksal zu entgehen, sucht Freud, der den gegenwartsbezogenen Charakter seiner Ambitionen noch nicht zugibt und niemals leicht zugeben wird, in seiner Erinnerung nach einer Erklärung für den Zynismus seiner nächtlichen Visionen, die so wenig mit dem zu tun haben, was er zu sein und zu denken glaubt.

Er sucht und stößt dabei sogleich auf die beiden Weissagungen, die ihm in seiner Kindheit in unterschiedlichem Alter eine glänzende Zukunft prophezeit hatten, das eine Mal in der allgemeinen Form, daß er ein großer Mann werden würde, das andere Mal mit der genaueren Angabe, er sei dazu berufen, Minister zu werden. Vor allem die zweite dieser Weissagungen hat, wie wir schon hervorgehoben haben, tiefe und offenbar unauslöschliche Spuren hinterlassen (mehr als dreißig Jahre vergingen zwischen der Prophezeiung und ihrer Erfüllung im Traum). Er stammt aus der Epoche des Bürgerministeriums und der Redensart, jeder fleißige Judenknabe trage das Ministerportefeuille in seiner Schultasche. Damit also ist das Rätsel des Traumes zu einem großen Teil gelüftet: Freud träumte ihn erstens, um sich in eine glückliche Vergangenheit zurückzuversetzen, und zweitens, um sich zu trösten, um Rache zu nehmen an der »anderen Seite« und zugleich mit einer neuen Identität zu ihr überzuwechseln: »Ich merke es erst jetzt, daß er (der Traum) mich aus einer trüben Gegenwart in die hoffnungsvolle Zeit des Bürgerministeriums zurückversetzt und meinen Wunsch von *damals* nach seinen Kräften erfüllt. Indem ich die beiden gelehrten und achtenswerten Kollegen, weil sie Juden sind, so schlecht behandle, den einen, als ob er ein Schwachkopf, den anderen, als ob er ein Verbrecher wäre, indem ich so verfahre, benehme ich mich, als ob ich der Minister wäre, habe ich mich an die Stelle des Ministers gesetzt. Welch gründliche Rache an seiner Exzellenz! Er verweigert es, mich zum *Professor extraordinarius* zu ernennen, und ich setze mich dafür im Traum an seine Stelle.«[20] Wenn Freud also seine beiden jüdischen Freunde schlecht behandelt, so will er sich damit nicht nur des Erfolgs seiner Karriere vergewissern, sondern ein für alle Mal dem jüdischen Schicksal entrinnen, das mit so vielen inneren Gefahren – die Erbkrankheiten – und so vielen äußeren Unannehmlichkeiten für seine Aufstiegsambitionen verbunden ist. Deshalb tauscht er seine Identität gegen die des Grafen von Härtel und damit – was nicht übersehen werden darf – auch die Rolle des Verfolgten gegen die des Verfolgers ein, um sich sodann mit der doppelten Würde des Ministers und großen Herrn, in die der Traum ihn kleidet, mit einem Schlage weit über sein enges Milieu hinaus zum Gipfel der gesellschaftlichen Hierarchie emporzuschwingen.

Nur schwer kann man sich heute das Leiden Freuds bei diesem inneren Kampf ausmalen, zu dem ihn der Abstieg in die eigene Seelentiefe zwingt und zu dem er letztlich nicht besser gerüstet ist als andere Menschen seiner Generation (vergessen wir nicht, daß er alleine steht und der entscheidenden Hilfe entbehrt, die der Patient gerade in der Person des Analytikers findet). Er, der sich in seinem bewußten Leben für einen hochmoralischen und großmütigen Menschen halten darf, der zu schmutziger Berechnung unfähig ist und mit größter Unerschrockenheit für seine Ideen eintritt; er, der vor allem trotz seiner Entfremdung vom traditionellen Glauben ein vollkommen loyaler Jude ist und bleibt, muß also an sich selber eine Niedrigkeit der Gesinnung, eine Schäbigkeit und Bosheit entdecken, die er nur bei einem echten »Verbrecher« für möglich gehalten hätte, und dieser Zusammenbruch seiner sittlichen Werte ist um so schmerzlicher, als er sich bei der Natur seiner Methode ironischerweise nur dadurch von ihm erholen kann, daß er die Schürfarbeit in der Tiefe fortsetzt, obwohl sie ihn immer mehr desillusionieren muß. Nun versteht man, warum er sich anfangs so heftig sträubte und warum er jetzt, wo er mehr weiß, ein gut Teil dessen, was er in den Niederungen seines Geistes an Regungen entdeckt, für sich behält. Nicht daß er das Peinlichste (seinen unbewußten Wunsch, den jüdischen Vater zu verleugnen, der für seinen Makel, seine Armut und seine gesellschaftliche Deklassierung verantwortlich ist) und damit übrigens auch das Wichtigste im eigentlichen Sinne verheimlichte; aber er enthüllt es nur auf indirekte Weise mit Hilfe von Anspielungen und fragmentarischen Bildern, deren Umriß er bald fast klar zeichnet, bald bewußt und kunstvoll verwischt, als wolle er dem aufmerksamen Leser den Schlüssel zu seinem »Familienroman« überlassen und bliebe dabei doch ständig bemüht, ihm diesen Schlüssel wieder zu entwinden.[21]

Daß die autobiographischen Partien der *Traumdeutung* auf ihre Weise Freuds »Familienroman« enthalten – einen in Fragmente aufgesplitterten, aber in sich zusammenhängenden Roman, in dem die Themen der Verleugnung des Vaters und einer imaginären Abkunft die dem wirklichen Alter des Träumers entsprechende diskretere Gestalt annehmen –, wird offenkundig, wenn man die Bruchstücke der Selbsterkenntnis zusammenfügt, die Freud nach den Erfordernissen seiner Beweisführung über das ganze Werk verstreut hat, ohne zu versuchen, sie miteinander zu verknüpfen, ja solche Verknüpfung sogar geflissentlich vermeidend.[22] Nicht immer reicht ein einzelner Traum aus, den Zusammenhang herzustellen; meistens muß man alle Texte vergleichen, die die gleichen Strebungen und Konflikte zum Gegenstand haben, muß sie datieren und nach Möglichkeit ihre zeitliche Abfolge rekonstruieren, und schließlich muß man in vielen Fällen auch noch weitere Quellen heranziehen, zum Beispiel Briefe, die mit ihrer direkten Aussage helfen können, gewisse gewollte Ungenauigkeiten zu klären oder auch Lücken zu schließen, die auf echte Verdrängung zurückzuführen sind. So haben wir etwa im Falle des Traumes vom Onkel mit dem gelben Bart keinerlei Anhaltspunkte, die uns erlauben würden, die Frage zu entscheiden, aus welchen Gründen Freud bei der Deutung alle die Traumelemente übergangen hat, die mit dem Problem der erblichen Belastung zusammenhängen. Tat er es ganz bewußt, oder hatte er alles, was mit diesem quälenden Thema in Beziehung stand, ins Unbewußte abgedrängt? Mit Hilfe bloßer Schlußfolgerungen läßt sich hier kein Urteil bilden; dagegen berechtigt der Brief an Martha uns zu der Feststellung, daß die Assoziationsreihe Onkel-Verbrecher-Schwachkopf mindestens einmal in Freuds Bewußtsein aufgetaucht ist und ihn zu pessimistischen Gedanken über seine eigene seelische Gesundheit und ganz allgemein über die Risikofaktoren im jüdischen Erbgut veranlaßte. Diese Gedanken aber passen genau zu den Verleugnungstendenzen, die in Freuds Träumen und Träumereien zum Ausdruck kommen, und liefern ihnen die Rechtfertigung: wenn den jüdischen Vätern der Vorwurf gemacht werden kann, daß sie geistig gestörte oder sittlich gefährdete Kinder in die Welt setzen, dann ist es durchaus entschuldbar, wenn jüdische Söhne in ihren Phantasien sich eine bessere Abkunft erdichten und ihre wirklichen Väter und Ahnen auslöschen.

Man wird natürlich nicht erwarten, daß dieser in Episoden aufgelöste Roman mit der elementaren Naivität der kindlichen Phantasie in Erscheinung tritt, deren ferner Abkömmling er ist. Selbstverständlich hält Freud sich nicht für einen Königssohn oder einen illegitimen Adelssproß; er scheint nicht einmal eine Erinnerung an diesbezügliche Jugendträumereien bewahrt zu haben, denn sonst hätte er diese bestimmt mit den beiden Weissagungen aus der frühen Kindheit in Beziehung gebracht, die ihn so tief beeindruckt hatten. Jener Wunsch, den er in der Analyse als die treibende Kraft seiner Phantasien erkennen und akzeptieren muß, der Wunsch, ein anderer zu sein und – an einem anderen Ort, zu anderer Zeit – von einem anderen Vater gezeugt worden zu sein, findet allein im Traum seinen Ausdruck und seine Erfüllung. Und überall kommt dieser Wunsch nach totaler Metamorphose zur Geltung, selbst dort, wo der Familienmythos durch die sekundären Überlagerungen der Traumszene kaum mehr durchschimmert. Erwartungsgemäß entwickelt dieser Mythos sich jedoch mit der inneren Krise, über die Freud in der *Traumdeutung* Rechenschaft gibt, um sie verstehen und nach Möglichkeit lösen zu können: zunächst noch verschleiert oder nur in abgeschwächter Form ausgedrückt, tritt er um so mächtiger und freier hervor, je mehr der Träumer sich seiner Wahrheit nähert.

So bleibt er im ersten Traum des Buches – dem Traum von Irmas Injektion – noch fast völlig im Schatten des Wunsches, recht zu haben, der seine entscheidende Rechtfertigung liefert. Hier wendet Freud den Vorwurf der Ignoranz und beruflichen Inkompetenz, den offenbar seine Umgebung stillschweigend gegen ihn erhob, gegen seine jüdischen Freunde (Oscar Rie, Rosenstein und Breuer). Doch zeichnet sich bereits der eigentliche Zweck des hier aufgebauten Abwehrsystems ab: es geht vor allem darum, Breuer abzuwerten, der, da er wesentlich älter als der Träumer ist und in seinem Lebenskreis als Lehrer verehrt wird, offenbar die väterliche Autorität verkörpert – eine Autorität freilich, die hier bereits geschwächt erscheint und lächerlich gemacht wird, da ihr Unfähigkeit und intellektuelle Dürftigkeit zugrunde liegt. Breuer redet bei der Untersuchung Irmas dummes Zeug, er ist also ein Schwachkopf wie in dem späteren Traum der Onkel Joseph, und damit ist natürlich auch Jakob Freud ein Schwachkopf, der bei der ganzen Geschichte eigentlich gemeint ist. Breuer wird damit zum ersten Glied in der Beweiskette, die Freud nun unbewußt gegen seinen Vater schmieden wird, um ihn mit gutem Grund verleugnen zu können. Der Traum »Man bittet die Augen zuzudrücken« scheint in eine viel harmlosere Kategorie zu gehören, obwohl hier die Gestalt des Vaters unmittelbar beschworen wird; statt des Plädoyers pro domo finden wir hier eine bloße Bitte um Nachsicht, so als ob das Unrecht, das Sigmund gegenüber Jakob begangen hat, nicht weiter schlimm und eigentlich nur den Umständen (Begräbnis) zuzuschreiben sei. Aber auch noch in dem Traum vom Onkel mit dem gelben Bart schimmert in der zusammengesetzten Figur des Freundes R. (der Onkel und der Freund trugen tatsächlich beide einen gelbblonden Bart, konnten also miteinander vermengt werden) das Schuldgefühl als Thema durch. Das Unrecht ist hier freilich genau umgekehrt verteilt und allein auf das Haupt Jakobs gehäuft, der Sigmund als Juden in die Welt gesetzt und damit für sein ganzes Leben mit dem Status des Minderwertigen belastet hat.[23] Um ihn dafür zu strafen, daß er sein Vater ist, sagt sich der Sohn von ihm los, indem er sich Namen und Stellung des Grafen von Härtel zulegt, und damit erfüllt er sich zugleich alle seine Wünsche, denn mit einem Schlag kann er sich so von dem Makel seiner Herkunft befreien und sich auf der »anderen Seite« zum Herrn aufwerfen. Daß dies das Ziel ist, nach dem Freud ständig strebt, wird durch einen anderen, vermutlich aus der gleichen Zeit stammenden Traum bewiesen, den er nicht in die *Traumdeutung* aufgenommen hat, sondern in einen wenig später veröffentlichten Abriß der Traum-Interpretation[24], der als Einführung für den Leser in das Labyrinth der Theorie gedacht ist. Bemerkenswert durch den Kontrast zwischen seiner knappen Form und der Komplexität des latenten Trauminhaltes, ist dieser Traum durch die Ökonomie der verwendeten Mittel ein klassisches Beispiel für das, was Freud »Verdichtung« nennt. Freud sitzt in diesem Traum bloß in einem Eisenbahnabteil und hält seinen Zylinder auf den Knien – einen etwas eigenartigen Zylinder allerdings, denn er ist nicht aus Stoff, sondern aus Glas. Zu diesem merkwürdigen Gegenstand fällt ihm zunächst das Sprichwort ein »Mit dem Hute in der Hand kommt man durch das ganze Land«, dann über den Glaszylinder der Auersche Glühlichtstrumpf und dessen Erfinder Carl Auer Freiherr von Welsbach, der berühmte Chemiker und Aristokrat, dessen Titel und Bekanntheit Freud zu diesem Zeitpunkt sich wünscht.[25] Die Verleugnung des Vaters geschieht hier, ohne daß ihm der Prozeß gemacht werden müßte; durch die bloße Kraft des Wunsches erhebt Freud sich ganz konfliktlos und anscheinend ohne Schuldgefühl in den Adelsstand.

Ganz anders steht es mit einem späteren Beispiel aus der *Traumdeutung* (Juni 1898), das Freud in einer fortgeschritteneren Phase der Selbstanalyse zeigt. Gewiß quält ihn noch immer das Problem seiner Stellung in der Welt, aber ein neuer Ausweg scheint sich undeutlich abzuzeichnen. An die Stelle des Verlangens nach einem Adelstitel, dem Symbol einer privilegierten Geburt, das alle Wünsche des »Familienromans« polarisiert, tritt die radikal entgegengesetzte Haltung, nämlich die offene Empörung gegen den Adel und die großen Herren an der Macht, deren Arroganz und Nichtswürdigkeit unerträglich sind. Doch nur die Richtung hat sich geändert, das Thema bleibt das gleiche. Auf einmal steht Freud nicht mehr auf gleicher Ebene mit dem Grafen Härtling und dem Baron Auer von Welsbach, sondern ist der erbitterte Gegner des Grafen Thun, des damaligen österreichischen Regierungschefs (oder seines Vorgängers, des Grafen Taafe, das bleibt in dem Traum etwas unklar). Merkwürdigerweise hat Freud sich, ehe er diesen von ihm selbst als »revolutionär« bezeichneten Traum träumte, längere Zeit einer Tagträumerei von gleicher Tendenz hingegeben. Tags zuvor ist er dem Grafen tatsächlich am Westbahnhof begegnet, wo er auf den Zug nach Aussee wartete, um zu seiner Familie in den Sommerurlaub zu fahren. Der Graf wiederum war auf dem Weg zum Kaiser nach Ischl, um ihm, wie jedermann wußte, die heikle Angelegenheit des Wirtschaftsvertrages zwischen Österreich und Ungarn vorzutragen, der damals kurz vor dem Abschluß stand.[26] Mit heftigem Widerwillen sah Freud den Grafen in sein reserviertes Abteil steigen, ohne ein Billett vorzuweisen. Voller Zorn auf die Arroganz der Großen, auf die Privilegierten, denen alle Türen sich öffnen, beginnt er die Arie »Will der Herr Graf ein Tänzlein wagen...« aus *Figaros Hochzeit* zu trällern, und das bestärkt ihn in seiner streitlustigen Stimmung: »Nun gehen mir allerlei freche und revolutionäre Gedanken durch den Kopf, wie sie zu den Worten Figaros passen und zur Erinnerung an die Komödie von Beaumarchais, die ich in der Comédie Française aufführen gesehen. Das Wort von den großen

Herren, die sich die Mühe gegeben haben, geboren zu werden; (...) die Scherze, die unsere bösen oppositionellen Tagschreiber mit dem Namen des Grafen *Thun* anstellen, indem sie ihn Graf *Nichtsthun* nennen. Ich beneide ihn wirklich nicht; er hat jetzt einen schweren Gang zum Kaiser, und ich bin der eigentliche Graf *Nichtsthun;* ich gehe auf Ferien.«[27] In seiner Tagträumerei erhebt Freud sich also immer noch in den Adelsstand, indem er sich ironisch einen lächerlichen und in gewisser Weise negativen Titel beilegt; aber ein anderer hochgestellter Herr, der ebenfalls besondere Vergünstigungen genießt, schnappt ihm das letzte noch freie Coupé erster Klasse weg, so daß er sich empört damit abfinden muß, die Nacht in einem Wagen ohne durchgehenden Gang zu verbringen, in dem ihm »kein Abort zur Verfügung steht« (da seine Proteste erfolglos bleiben, rächt er sich mit dem Vorschlag, »in diesem Coupé wenigstens ein Loch im Boden anbringen zu lassen, für etwaige Bedürfnisse der Reisenden«). Wieder einmal ist die Eisenbahn für Freud ein Ort der Unannehmlichkeiten und Schikanen; wieder einmal läßt man ihn seine Inferiorität fühlen (unter diesem Aspekt erscheint seine Zugphobie in einem anderen Licht, denn sie beruht durchaus auf realen Erfahrungen), doch diesmal begnügt er sich nicht mehr wie noch vor zehn Jahren damit, ein paar aufgeregten Kleinbürgern, die ihn beleidigt haben, Paroli zu bieten, sondern wird von einem derartigen Haß auf die ganze Gesellschaft erfaßt, daß er sich als Aufrührer fühlt. Nur im Traum wohl und nach der humorvollen Logik des Unbewußten aus Gründen, die auch sehr viel mit einem dringenden Bedürfnis zu tun haben – eben jenem, dessen Befriedigung die Gesellschaft im Zug nicht zuläßt –, geht dieser Haß bis zu einem Aufwallen revolutionärer Leidenschaft.

Freud träumt also, daß er dem Grafen Thun in einer Studentenversammlung die Stirn bietet, und wundert sich dabei selbst über seine Gesinnung. Die mit Glanz und sogar Humor geführte Deutung bringt eine Verkettung unterschiedlicher Motive zutage, die vom Figaro Mozarts und Beaumarchais' zu dem Studenten Adolf Fischhof und den Erinnerungen an die Revolution von 1848 reichen. Auch hier ist natürlich der Größenwahn das beherrschende Thema – in der Tagträumerei steht der Graf Thun mit dem Grafen Nichtsthun auf einer Ebene –, aber diesmal entwickelt Freud es zum Vorteil des anderen Lagers: er greift den Regierungschef an und wird damit den großen jüdischen Revolutionären ebenbürtig, die für die Freiheit kämpften und noch immer kämpfen (er assoziiert den revolutionären Helden der Vergangenheit, Adolf Fischhof, mit dem derzeitigen sozialistischen Führer Victor Adler, den er gut kennt, da er auf dem Gymnasium sein Mitschüler war). Die Alternative, mit der er sich vergeblich herumschlägt – entweder ein treuer Jude sein und sich bescheiden oder triumphierend zur »anderen Seite« übergehen –, ist also keineswegs schicksalhaft, sondern scheint nur es zu sein, solange er nicht den Mut hat, sie zu durchbrechen; tatsächlich gibt es eine dritte Möglichkeit; diese, wie schon Heine und Börne erkannten, besteht darin, der gesamten Gesellschaft den Krieg zu erklären. Allerdings endet der Traum nicht mit dieser kühnen Perspektive; die letzte Szene führt Freud wieder in den Rahmen seiner alltäglichen Lebensbedingungen zurück. Dabei begleitet ihn ein kranker älterer Herr, dem er, offenbar als Krankenpfleger, ein Uringlas reicht (ein Bild zugleich für den prosaischsten Aspekt seines Berufes, für das Bedürfnis, das ihn gleich wecken wird, und für die Größenphantasien, aus denen der Traum entsprang).[28] Der Auftritt dieses siechen alten Vaters, den er mit Hingabe pflegt – einer wegen der besonderen Natur dieser Pflege freilich demütigenden Hingabe –, zwingt Freud aus der heroischen Sphäre brutal auf die Erde zurück: er ist nicht der rebellische Sohn, sondern der liebende Sohn Jakob Freuds, und er ist auch nicht der Revolutionär, dem die heroische Rolle des Retters zufällt, sondern der bescheidene Arzt, der den Menschen bestenfalls ein wenig Erleichterung in ihren Leiden verschaffen kann. So sehr die Auseinandersetzung Freuds mit dem Grafen Thun seinen heimlichen Wunsch, abtrünnig zu werden, verschleiert – dem Grafen Nichtsthun fehlt es an Ernst, und wenn er sich gegen die Großen dieser Welt, die mächtigen Herren, die Väter ganz allgemein auflehnt, so gerade, um seinem eigenen Vater treu zu bleiben, da er sich ja den jüdischen Heroen nähert, wenn er die Sache der Revolutionäre zu der seinen macht –, so sehr läßt sein wirkliches und sein geträumtes Verhältnis zu der Stadt Rom die vielfältigen Motive hervortreten, die ihn dazu treiben, seine Lebensgeschichte im edlen und erhabenen Stil umzuschreiben und so die Grenzen seiner Identität zu durchbrechen. Wie wir wissen, repräsentiert Rom für ihn das Beste und Kostbarste, was die »andere Seite« zu bieten hat. In diesem Sinne ist die Stadt ein begehrenswertes Liebesobjekt, etwas, nach dem er verlangt, das ihn unwiderstehlich anzieht, ohne daß er einen legitimen Besitzanspruch geltend machen könnte. Die Distanz, die ihn von dieser Stadt trennt, ist an sich schon so groß, daß er schließlich zu der Überzeugung gelangt, alles müsse ihm gelingen, wenn er es nur fertig brächte, diese Distanz zu überwinden, so daß die Stadt in seiner Mythologie mit einer Art abergläubischer Verheißung verknüpft wird. Doch die Sache wird komplizierter dadurch, daß in Rom die Bilder zweier verschiedener Welten einander überlagern, die in Freuds Psyche ebenso gegensätzlich sind wie in der geschichtlichen Realität: auf der einen Seite die Antike, der schon immer seine Bewunderung galt, auf der anderen Seite die Kirche, in der er natürlich ebenfalls schon immer den Gegner erblickte. Zudem ist auch die Antike selber nicht frei von Ambivalenz, genau genommen spaltet sie sich in zwei Hälften, denn wenn sie einerseits die hohe Idee des Menschen verkörpert, ohne die Freud nicht zu leben vermag, so kann er doch andererseits kaum vergessen, daß Rom für sein Volk synonym mit einer verhaßten politischen Macht ist, gegen die es sich einst erhob. Die Stadt vereinigt in sich also mehr Anlässe zum Unbehagen als verlokkende Reize: er sehnt sich heiß danach, dorthin zu reisen, weil er sie zum auserwählten Ort gemacht hat, den nur betreten zu haben schon das Zeichen und Unterpfand seines persönlichen Erfolges sein würde (dieses magische Band wird er erst nach seiner ersten Romreise zugeben und auflösen, der er die Freiheit zu verdanken glaubt, die er alsbald bei der Wahrnehmung seiner Angelegenheiten an den Tag legt); aber jedesmal schreckt er im letzten Augenblick zurück, weil sein Reisewunsch mit seinen jüdischen Gefühlen im Streit liegt und ihm als Verrat oder doch wenigstens als feiges Abrücken von seiner jüdischen Herkunft erscheint. So gäbe es für ihn im Grunde nur eine Art, nach Rom zu gehen, ohne seinen Vater und seine Vorfahren zu verleugnen: die des bewaffneten Eroberers, aber diese Lösung liegt selbstverständlich noch weit mehr außerhalb seiner Möglichkeiten als jede andere. Deshalb muß er sich jahrelang damit begnügen, Rom nur im Traum zu sehen, bis er eines Tages dem Unbewußten sein Geheimnis entrissen hat und den Zauber zu brechen vermag, so daß er nun endlich als gewöhnlicher Tourist und Antikenliebhaber durch die Straßen einer wieder irdisch gewordenen Stadt spazieren kann.

Von diesem ungewöhnlichen Roman, dessen einzige Protagonisten ein Mann und eine Stadt sind – ein jüdischer Mann und die Mutterstadt der Christenheit, ein Zeitgenosse und die Legende der Vergangenheit –, wissen wir durch vier Träume von sehr ungleicher Ausformung, die Freud in der *Traumdeutung* wiedergibt, um den unüberwindlichen Infantilismus der Psyche zu belegen. Der erste dieser »römischen« Träume besteht im Grunde nur aus einem einzigen Bild: vom Fenster eines Eisenbahnwagens aus erblickt Freud den Tiber und die Engelsbrücke, doch der Zug fährt ab, ohne daß er daran gedacht hätte, auszusteigen. Auch der zweite Traum besteht lediglich in einem aus großer Entfernung gesehenen Panorama der Stadt – jedenfalls, soweit Freud über ihn zu sprechen gewillt ist, denn er räumt selber ein, in diesem Falle nicht nur Teile der Deutung, sondern sogar den manifesten Trauminhalt zensuriert zu haben: »Ein andermal führt mich jemand auf einen Hügel und zeigt mir Rom vom Nebel halb verschleiert und noch so ferne, daß ich mich über die Deutlichkeit der Aussicht wundere. Der Inhalt des Traumes ist reicher, als ich hier ausführen möchte. Das Motiv ›das gelobte Land von ferne sehen‹ ist darin leicht zu erkennen.«[29] Eine andere Redensart, »Rom ist nicht mehr Rom«, könnte zur Kennzeichnung des dritten Traumbeispiels dienen, denn diesmal ist der Träumer zwar in dieser Stadt, aber die Stadt ist nicht zu sehen, so daß Freud sich nicht zurechtfindet und einen gewissen Herrn Zucker, der ihm oberflächlich bekannt ist, nach dem Weg fragt. Im vierten Traum wird die Hemmung durch eine Verwandlung Roms ausgedrückt, das als eine Kontamination von Rom und Prag erscheint; der Träumer wundert sich, daß in den Straßen so viele deutsche Plakate angeschlagen sind. Immer wieder findet die Stadt also einen Kunstgriff, sich den Blicken des Träumers zu entziehen; richtiger gesagt: der Träumer weiß die Dinge immer wieder so zu arrangieren, daß die Stadt seinem Blick entzogen bleibt, so daß er seine Sehnsucht kultivieren kann, ohne Gefahr zu laufen, der Versuchung zu erliegen.

Da Freuds Zensur wie immer darin besteht, die anstößigen Themen der Sexualität und des Mutter-Inzestes im dunkeln zu lassen, finden die »römischen« Träume nur eine verknappte und verhältnismäßig oberflächliche Deutung, in der das Verlangen nach Allmacht das Verlangen schlechthin, genauer: das sogenannte »ödipale« Verlangen weit in den Hintergrund zu drängen scheint.[30] Der erste Traum bleibt gänzlich ungedeutet; Freud überläßt es dem Leser, selber die verwickelten Fäden zu entwirren, die zur Engelsbrücke und zur gleichnamigen Burg führen. Das ist in der Tat auch ziemlich leicht, wenn man daran denkt, daß dieses in hohem Maße symbolische Bauwerk als päpstliche Residenz und ehemaliges römisches Kaisermausoleum zugleich die untergegangene Welt des Heidentums und die ihr nachgefolgte, noch sehr lebenskräftige Herrschaft des Christentums verkörpert, und daß Freud als Jude nur allzu gute Gründe hat, gegenüber beiden ein Ressentiment zu hegen. Die in sich heterogene und eben darum doppeldeutige Burg, die er vom Zugfenster aus erblickt, gemahnt ihn zur rechten Zeit an seine tiefverwurzelte Ambivalenz der Stadt gegenüber, die ihn verzaubert hat: er wird nicht aussteigen und diese faszinierende Stadt nicht betreten, die mit dem Janusgesicht ihrer Bauwerke für jeden Juden nicht nur die Erinnerung an eine schreckliche Vergangenheit heraufbeschwört, sondern auch eine an neuen Demütigungen reiche Gegenwart signalisiert. Aber noch die Weigerung, die Sache der Seinen zu verraten, bezeugt die Größe der Versuchung: Freud ist so wenig sicher, ihr nicht zu erliegen, daß er sich schützen muß, indem er sich selber der Bewegungsfreiheit beraubt und sich buchstäblich lähmt.

Auch der zweite Traum wird nicht sehr gründlich analysiert und zudem nur verkürzt wiedergegeben, aber der »manifeste Trauminhalt« ist bereits so vielsagend, daß eine Deutung sich erübrigt; noch die Lücken, die Freud absichtlich gelassen hat, sprechen für sich. Das Thema besteht nur aus einem großartigen Panorama und aus dem Satz »das gelobte Land von ferne sehen«, den Freud hier eher im Sinne einer bloßen Redensart zu verwenden scheint, als wolle er seine Bedeutung bagatellisieren oder gar verwischen. Das Panorama wie die Wendung vom Gelobten Land verweisen ganz offensichtlich auf die Bibel: Freud sieht sich hier in der Rolle von Moses, dem Jahwe befiehlt, den Berg Nebo zu besteigen, um ihm dort aus der Ferne das Land Kanaan zu zeigen, das er selber als Strafe für seine Sünde nie wird betreten dürfen, das aber, wie er weiß, das jüdische Volk nach göttlichem Ratschluß erobern und bewohnen soll. Im biblischen Kontext freilich wird der Prophet mit dieser Offenbarung zugleich belohnt und bestraft: Moses darf endlich das Land der Verheißung mit Augen schauen, doch sogleich danach muß er sterben. Von diesem Detail abgesehen – und sogar noch hier, denn in einer tieferen Schicht des Unbewußten, aus dem sie stammen, sind die beiden »römischen« Träume aus der *Traumdeutung* in gewisser Weise auch Todesträume –, ist die Übereinstimmung vollkommen: »Jemand« führt Freud auf einen Hügel, und das heißt, daß er nicht aus freiem Willen handelt, sondern, wie Moses, irgendeiner transzendenten Notwendigkeit gehorcht; oben angelangt, hat er trotz Nebel und trotz der großen Entfernung den Gegenstand seiner Sehnsucht wie durch Magie mit unglaublicher Klarheit vor Augen. Aber so wenig wie Moses wird es ihm beschieden sein, das Ziel seiner Wünsche zu erreichen; Rom wird ihm unzugänglich bleiben als Strafe für eine Sünde, von der man nicht weiß, worin sie bestand (und eben darin, die Art dieser schweren Verfehlung zu verhüllen, liegt eine der Funktionen des Traumes). Das damit beschworene Bild legt eine Ideenverbindung nahe, die auf den ersten Blick leicht zu entschlüsseln scheint: eingeschlossen in den magischen Kreis der Gefühle und Vorstellungen, die die verbotene Stadt in ihm auslöst, identifiziert Freud sich kühn mit der erhabensten Gestalt der Bibel und verschafft sich damit zwei entscheidende Vorteile, von denen der eine in einer unerhörten narzißtischen Inflation besteht (in der Rangordnung der jüdischen Werte steht niemand über Moses), der andere aber in hohem Maße dem Abwehrsystem zugute kommt, das Freuds Position notwendig macht (er hat sich ständig vor einem imaginären höchsten Richter zu rechtfertigen, der sein Vater ist oder er selber oder genauer gesagt der Vater, dessen Vorschriften er verinnerlicht hat). Wenn Freud mit Moses identisch ist, dann hat er nichts mehr gemein mit jenem abtrünnigen Juden und treulosen Sohn, der zu sein er fürchtet, wenn er sich seinen ehrgeizigen Wünschen überläßt; er ist vielmehr der von höherer Inspiration geleitete politische und geistige Führer, der einzige Gesetzgeber des jüdischen Volkes und als solcher selbstverständlich über jeden Verdacht erhaben. Und ebenso kann Rom, wenn es mit Kanaan identisch ist, nicht mehr als jene gleißnerische »andere Seite« aufgefaßt werden, in der Freud so gerne heimisch werden möchte; es ist ein Ort, an dem dubiose Völkerschaften von barbarischen, abergläubischen Götzenanbetern hausen, die eben deshalb dem Untergang geweiht sind. Für Freud-Moses liegt das Verlockende von Rom-Kanaan in dem, was es einmal sein wird, wenn das von ihm verkündete Gesetz die Abgötterei ausgetrieben haben wird, und selbstverständlich nicht in seiner verabscheuenswürdigen Gegenwart mit ihren falschen Göttern.[31] Eindrucksvoller als mit diesem Traum könnte das Schuldgefühl kaum beschwichtigt werden: indem er sich in die Autorität des Moses kleidet, wird Freud automatisch unangreifbar; niemand wird es danach noch wagen dürfen, ihn zu verdächtigen, er wolle auch nur in Gedanken oder unter dem Schleier schweifender Träumereien seine jüdische Identität verleugnen.

Das Argument scheint unwiderleglich; genau besehen aber wendet es sich gegen seinen eigenen Urheber. Denn die religiösen, politischen und kriegerischen Ziele, die das biblische Gleichnis impliziert, kann Freud gegenüber Rom nicht für sich in Anspruch nehmen; er liebt diese Stadt und ist weit davon entfernt, die Kultur, die sie in seinen Augen so erregend symbolisiert, zerstören zu wollen; vielmehr wünscht er sie zu sehen, um die schönsten Zeugnisse dieser Kultur mit Muße bewundern und, als Antikensammler, wenn möglich auch sich aneignen zu können. Im Gegensatz zu Moses, dessen Mission darin besteht, die spezifische Physiognomie der »anderen Seite« auszulöschen und ihr das Gesetz der Wüste aufzuzwingen, will er gerade seine jüdischen Züge auslöschen, um den Philistern der fremden Stadt zu gleichen, was dem Vergleich die Grundlage entzieht. Wenn er aber Rom-Kanaan nicht mit den Augen des Propheten und kämpferischen Missionars anschaut, dann muß er wohl die Augen eines Überläufers haben, hinter dessen Eroberungsgedanken nicht die Verachtung des geistigen Reformators steht, sondern die vollständige Identifizierung mit der fremden Kultur und die Begierde, sie sich zu eigen zu machen. Demnach ist die Identifizierung mit Moses nur eine Projektion, hinter der der heimliche Renegat die Wünsche verbirgt, die er sich nicht eingestehen darf, und die unüberwindlichen Skrupel, die ihn an der Erfüllung dieser Wünsche hindern.[32]

Unmittelbar auf diese Beschwörung des Gelobten Landes folgt der Traum vom unsichtbaren Rom, in dem Freud, wieder einmal in seiner Erwartung getäuscht, einen Herrn Zucker, den er in Wirklichkeit nur oberflächlich kennt, nach dem Weg fragt (»alle Wege führen nach Rom«). Aus der Analyse dieses Traumes, der vollständigsten und darum inhaltsreichsten der ganzen Serie, lassen sich die beiden gegensätzlichen Richtungen erkennen, die der Träumer in offensichtlichem Widerspruch zum gesunden Menschenverstand gleichzeitig einschlagen wollte. Die erste Assoziationsreihe verknüpft den Herrn Zucker mit der Zuckerkrankheit, mit Fliess, der an Forschungen über den Diabetes als »Konstitutionskrankheit« arbeitet, mit Karlsbad, wohin Freud und Fliess gewöhnlich die Diabetiker unter ihren Patienten schicken und wo sie sich zu Ostern zu ihrem nächsten »Kongreß« treffen sollen, mit Rom, das Freud als Ort für eben diesen »Kongreß« vorgeschlagen, das aber Fliess nicht akzeptiert hat, und schließlich mit dem jüdischen Witz von dem Juden ohne Fahrkarte, der seinen Leidensweg bis Karlsbad fortzusetzen hofft, »wenn's meine Konstitution aushält«. Die zweite Reihe von Bildern und Erinnerungen führt aber in eine diametral entgegengesetzte Sphäre, denn hier wird Karlsbad durch das antike Rom ersetzt und der kleine leidende Jude durch den semitischen Kriegshelden Hannibal, den Freud in seiner Kindheit als den Rächer seines Volkes bewunderte und der auch am Trasimenischen See Halt machen mußte und sich der verhaßten Stadt nicht bemächtigen konnte. Daraus folgt, daß Freud im ersten Fall, wo er gedemütigt und geschlagen wird wie der kleine Jude ohne Fahrkarte, wegen einer »konstitutionellen Krankheit« nicht nach Rom gelangen kann, mit anderen Worten: wegen seines Judentums, da dieses, wie es der Traum vom Onkel mit dem gelben Bart darstellt, zugleich ein Makel und ein Hemmnis für den Erfolg ist. Im zweiten Fall dagegen, in dem Hannibal und Rom den »Gegensatz zwischen der Zähigkeit des Judentums und der Organisation der katholischen Kirche« symbolisieren, ist der Semitismus gerade Mittel und Unterpfand der Größe. In Wirklichkeit aber enthält dieser Gegensatz keine Alternative. Weil er Jude ist, kann Freud nicht nach Rom gehen; seine Hemmung entspringt nicht einem persönlichen Unvermögen, sondern eher einer Art Erbkrankheit, der unheilbaren Krankheit nämlich, als Jude geboren zu sein. Aber auch wenn seine »Konstitution« es trotz allem aushielte, könnte er doch nur auf Schleichwegen, als Schmarotzer, nach Rom gelangen, denn er kann und will das Eintrittsbillett zur westlichen Kultur nicht bezahlen, das wie zu Zeiten Heines noch immer der Taufschein ist. Aber glücklicherweise ist das Judentum nicht notwendigerweise und nicht ausschließlich ein Übel; den Beweis dafür erbringt Hannibal, der aus dem Stolz auf seine Rasse und seine Geburt den Mut schöpft, sich nicht zu beugen (im Unterschied zu dem Juden auf der Reise nach Karlsbad, der sich beugt, ohne aufzugeben). Der unbeugsame Krieger bietet dazu noch den Vorteil, ein Muster an Sohnesgehorsam zu sein: er hat seinem Vater Hamilkar schwören müssen, Rache an den Römern zu nehmen, und hat bei allen seinen Feldzügen kein anderes Ziel, als seinen Eid einzulösen. Gewiß ist er bei seinem Marsch auf Rom so wenig erfolgreich wie Freud selber gewesen, aber auf sein Scheitern kommt es kaum an; die bloße Tatsache, daß er diesen Marsch gewagt und damit bewiesen hat, daß man der »anderen Seite« gegenüber Größe zeigen kann, ohne der Verführung durch den Feind zu erliegen, ist für den Träumer eine Ermutigung.

So ist Freud also zugleich der geschundene mittellose Jude, dem die Reise nach Karlsbad zum Leidensweg wird, und der Feldherr aus Karthago, in dem die semitische Rasse ihren Stolz wiederfindet. Mit einem Teil seines Wesens erbärmlich, armselig, dem Gespött und den Schlägen der Nichtjuden preisgegeben, ist er mit dem anderen Teil der Inbegriff der jüdischen »Zähigkeit« und Unerschrockenheit, die sich von der Gegenseite niemals in die Knie zwingen ließ. Ein Leidender in Karlsbad, gezeichnet von jener eigenartigen Krankheit, die ihn hindert, die großen Taten zu vollbringen, zu denen er berufen ist, fühlt er sich stark, selbstsicher und voller Mut und Stolz an den Ufern des Trasimenischen Sees. Aber in beiden Fällen darf er sich absoluter Loyalität rühmen: der Jude, der in der Eisenbahn sein schmerzliches Schicksal erduldet, hat nur darum so sehr zu leiden, weil er für die anderen ein Jude ist und sich weigert, »sein Billett zu zahlen«; Hannibal aber steht allezeit unerschütterlich zu seiner Herkunft und seinen Überzeugungen und stirbt lieber von eigener Hand, als daß er sich seinen triumphierenden Gegnern ergäbe. Diesmal scheint das Abwehrsystem des Träumers tatsächlich tadellos zu funktionieren: der kleine Jude, der sich überall anzupassen versteht, und der unbeugsame Semite dienen beide dazu, ihm die Reinheit seiner Absichten zu bezeugen – selbst noch in der zweifelhaften Zone seiner »römischen« Wünsche, wo sie am allermeisten verdächtig erscheinen könnten.

Doch mit dieser tröstenden Vision ist in dieser Sache nicht das letzte Wort gesprochen. Ein einziger Satz bringt einen Riß in das Abwehrsystem, macht es angreifbar und sorgt für neue Zweideutigkeit. Dieser Satz, ein Zitat wahrscheinlich aus Jean Paul, fiel Freud im Wachzustand ein, als er den Plan erwog »ein nächstes Jahr an Rom vorbei nach Neapel zu reisen«. Er lautet: »Es ist fraglich, wer eifriger in seiner Stube auf und ab lief, nachdem er den Plan gefaßt, nach Rom zu gehen, der Konrektor Winckelmann oder der Feldherr Hannibal.« Diese neue Antithese stellt alles wieder in Frage. Denn Hannibal kennen wir, wir wissen, daß er sich mit Leib und Seele seinem Racheauftrag weihte und daß keine intellektuelle Leidenschaft, keine ästhetische Faszination ihn in seinem Entschluß wanken machen konnte. Aber der Konrektor Winckelmann? Das war ein berühmter

Gelehrter des 18. Jahrhunderts, ein Archäologe und Kunsthistoriker, der genau wie Freud in Rom die eigentliche Wiege der europäischen Kultur verehrte.[33] Nach dem Urteil der Zeitgenossen ein überlegener Kopf, der über die Vorurteile seiner Zeit erhaben war, erhält er, obwohl Protestant, vom Vatikan das Angebot, Bibliothekar des Papstes zu werden; natürlich hatte auch er dafür sein »Billett zu zahlen«, nämlich in die Konversion einzuwilligen. Von unbezähmbarer Leidenschaft für Rom und seine Altertümer erfüllt und wahrscheinlich gleichgültig gegenüber dem Urteil der Welt, nahm er offenbar ohne nennenswerte Skrupel die katholische Religion an (die Liebe zur Wissenschaft allein habe ihn dazu bewogen, einem solchen Vorschlag näherzutreten, schrieb er darüber). Damit wird der Sinn dieser neuen Antithese deutlich, die Freud bei Jean Paul gefunden hat: Winckelmann gleicht Freud darin, daß beide ihre besten Kräfte der Wissenschaft geweiht haben, aber das ist nicht das einzige, was die beiden Männer verbindet; gemeinsam haben sie auch die Armut, die Ungeduld des Strebens nach aufsehenerregendem Erfolg, eine unbequeme geistige Position, die sie von ihren Zeitgenossen isoliert, und schließlich eine sowohl prinzipielle wie temperamentbedingte Animosität gegen die etablierten Kirchen.[34] Das ist mehr als genug, um ein auf den ersten Blick absurdes Zitat mit Sinn zu erfüllen, das Freud denn auch nötigt, die mit seiner Vision gefundene Formel widerwillig abzuwandeln.

Genau genommen gibt diese Variante dem Traum jedoch nicht nur eine zusätzliche Zweideutigkeit, sondern läßt ihn gerade nach jener Seite hin umkippen, die vorgeblich nicht gemeint ist. Denn wenn auch in der neuen Rollenverteilung Hannibal noch immer der unbeugsame Semite ist, der gerade wegen seiner unerschütterlichen Treue gegenüber seinem Volk und seiner Kultur zum Scheitern verurteilt ist, so stellt Winckelmann ihm gegenüber den emanzipierten Wissenschaftler dar, den Freigeist, dem Stammesinteressen nicht mehr bedeuten, der einer intellektuellen Leidenschaft zuliebe ohne Skrupel zum Renegaten wird und eben mit dieser Treulosigkeit den Erfolg erringt. Damit handelt es sich nicht mehr um die Entscheidung zwischen zwei Formen der Treue, die beide zum Scheitern führen, sondern zwischen einer Treue, die scheitert, und einem Verrat, der mit Erfolg belohnt wird. Welche Wahl trifft nun Freud angesichts dieser eindeutigen Alternative? Jeder Logik zuwider – aber die Logik des Unbewußten ist eben nicht die Logik der vernünftigen Überlegung – entscheidet er sich für Hannibal, mit dem er nicht mehr gemein hat als den zufälligen Umstand einer verhinderten Romreise, und gegen den Konrektor Winckelmann, der als Freigeist, kühner Wissenschaftler und Bewunderer der Antike seiner eigenen geistigen Sphäre doch unendlich näher steht. Wenn er also dem Kriegsmann, der er nicht ist und niemals sein wird, gegenüber dem Mann der Wissenschaft, der er wirklich ist, den Vorzug gibt, dann wird klar, daß es ihm vor allem darauf ankommt, seine Liebe zu Rom als gnadenlosen Haß erscheinen zu lassen, um so den gelehrten, aber treulosen Winckelmann zu verleugnen, den er in sich trägt oder zu tragen fürchtet. Indem er sich hinter dem semitischen Feldherrn verbirgt wie zuvor hinter dem jüdischen Propheten, hofft Freud die widersprüchlichen Hintergedanken ableugnen zu können, die immer wieder dem verbotenen Rom entgegendrängen. Aber dazu taugt Hannibal so wenig wie Moses; er macht dieses Bemühen vielmehr erst recht zuschanden, denn je mehr Freud den seinen wirklichen Eigenschaften entgegengesetzten Pol bemüht, in desto hellerem Licht erscheint das Problem der Assimilation und des Abtrünnigwerdens, das mit diesem Verfahren im dunkeln gelassen oder verdunkelt werden sollte.[35]

Im übrigen bleibt Freud nicht lange in der Höhenregion, zu der ihn Hannibal und Winckelmann emporgetragen haben; eine Erinnerung, die ihn näher angeht, zwingt ihn rasch, wieder herabzusteigen, und das ist die berühmte Geschichte von der aus dem Straßenkot aufgehobenen Mütze, die Jakob Freud ihm einst erzählt hat, um ihm zu zeigen, um wieviel besser die Lage der Juden geworden sei. Diese Anekdote, mit der sein Vater ihm Vertrauen in die Zukunft einflößen wollte, hat die beabsichtigte Wirkung völlig verfehlt, denn das Kind empfand dabei nur die Demütigung, einen so charakterlosen und feigen Vater zu haben, und das war wahrscheinlich seine erste schwere Enttäuschung. »Das schien mir nicht heldenhaft von dem großen starken Mann, der mich Kleinen an der Hand führte. Ich stellte dieser Situation, die mich nicht befriedigte, eine andere gegenüber, die meinem Empfinden besser entsprach, die Szene, in welcher Hannibals Vater, Hamilkar Barkas, seinen Knaben vor dem Hausaltar schwören läßt, an den Römern Rache zu nehmen. Seitdem hatte Hannibal einen Platz in meinen Phantasien.«[36] Wenn er schon einen jüdischen Vater haben muß, wünschte der kleine Sigmund wenigstens, daß er ein furchtloser Kämpfer wäre, der stolz ist auf seine Rasse, ein heroischer Hamilkar, dessen Fußstapfen er mit Freude folgen könnte, auch wenn er nicht siegreich war. Auch er würde gerne einen feierlichen Racheschwur leisten, der seinem Leben ein Ziel gäbe und ihn zugleich vor den inneren Gefahren schützte, die ihm aus seiner unsicheren Position zwischen zwei verfeindeten Welten erwachsen. Statt dessen hat er einen schwachen Mann als Vater, der nicht nur den Schimpf schweigend hinunterschluckt und seine Mütze aus dem Dreck aufhebt, sondern, um das Maß vollzumachen, auch noch seinen Sohn ermahnt, sich der besseren Zeiten zu freuen, die er dem neuerdings zur Schau getragenen Liberalismus der »anderen Seite« verdankt. Das kann ihm das Kind nicht verzeihen; es bewahrt einen so hartnäckigen Groll, daß er noch bei dem vierzigjährigen Erwachsenen zu spüren ist, nicht nur in seinen Träumen und Phantasien, sondern auch noch in den Fehlleistungen, die ihm im Wachzustand unterlaufen. In der ersten Auflage der *Traumdeutung* hat Freud den Vater Hannibals tatsächlich Hasdrubal genannt, also mit einem anderen seiner Söhne verwechselt; das ist bei einem solchen Kenner der alten Geschichte ein unverständlicher, aber keineswegs ein unerklärlicher Irrtum, da diese leichten Störungen unserer Geistestätigkeit nach Freuds Theorie der unbewußten Determinierung aller Handlungen und Worte ihren Ursprung nicht anders als die Träume in verdrängten Wünschen haben. Was also bedeutet diese seltsame Verwechslung? »Der Irrtum Hasdrubal statt Hamilkar, der Name des Bruders an Stelle des Namens des Vaters, ereignete sich gerade in einem Zusammenhange, der von den Hannibalphantasien meiner Gymnasiastenjahre und von meiner Unzufriedenheit mit dem Benehmen des Vaters gegen die ›Feinde unseres Volkes‹ handelt. Ich hätte fortsetzen und erzählen können, wie mein Verhältnis zum Vater durch einen Besuch in England verändert wurde, der mich die Bekanntschaft meines dort lebenden Halbbruders aus früherer Ehe des Vaters machen ließ. Mein Bruder hat einen ältesten Sohn, der mir gleichaltrig ist; die Phantasien, wie anders es geworden wäre, wenn ich nicht als Sohn des Vaters, sondern des Bruders zur Welt gekommen wäre, fanden also kein Hindernis an den Altersrelationen. Diese unterdrückten Phantasien fälschten nun an der Stelle, wo ich in der Analyse abbrach, den Text meines Buches, indem sie mich nötigten, den Namen des Bruders für den Namen des Vaters zu setzen.«[37]

Man sieht hier, daß das Ressentiment Freuds tiefer reichte und länger nachwirkte, als er in der *Traumdeutung* zu erkennen gibt, denn anders wäre nicht zu erklären, daß der Vorfall ihn noch so verwirren kann. Aber die Feigheit oder der Opportunismus Jakob Freuds im Umgang mit den »Feinden unseres Volkes« ist dafür nicht die einzige Ursache; es gibt noch andere Gründe, die in einigen auf mehrere Jahre verteilten Träumen mehr oder weniger deutlich anklingen und von denen manche dem Autor so schwerwiegend erschienen, daß er sie nicht einmal hat nennen wollen. Das gilt zum Beispiel für den sogenannten Traum von der botanischen Monographie[38], in dem Freud sich wieder mit seiner Rivalität mit Königstein und Koller in der Kokain-Affäre beschäftigt (er hat eine Abhandlung »Über Coca« verfaßt, die als Monographie gelten kann) und zu dem er nach und nach seine maßlose Leidenschaft für Bücher assoziiert, die Liebhabereien, für die er ohne zu rechnen und ohne Rücksicht auf andere sein Geld ausgibt, und schließlich jene Kindheitsszene, wo sein Vater sich den »Scherz« erlaubt, ihm ein Buch mit farbigen Tafeln »zur Vernichtung zu überlassen«. Aus dieser Szene, die ihm in lebhafter, plastischer Erinnerung geblieben ist, läßt sich ableiten, daß es Jakob Freud an feinerer Bildung fehlte und daß sein Erziehungssystem zumindest nach den Normen seiner Zeit zu wünschen übrig ließ, kurz daß er, um es drastisch zu sagen, einer jener grobschlächtigen oder gedankenlosen oder skeptischen Geister war (was hier eher zutrifft, läßt sich anhand des mageren Kontextes nicht entscheiden), für die Bücher kaum mehr als Papierfetzen sind – ausgenommen natürlich die Bibel, aus der ihm, wie wir gesehen haben, der Geist Gottes sprach. Alles das kann gewiß dazu angetan gewesen sein, das Idealbild, das sich das kleine Kind von der väterlichen Autorität gemacht hatte, empfindlich zu beeinträchtigen (manchmal genügt schon weniger, um dieses Bild ganz zu zerstören). Aber war es wirklich so schwerwiegend, so schicksalhaft, daß ein mehr als 40jähriger Mann noch immer betroffen genug sein kann, um für die Wiedererinnerung der Szene seine Zuflucht zum Traum nehmen zu müssen? Freud sagt, daß es sich so verhält, aber da hier wieder einmal die Analyse verkürzt ist und gerade das ausläßt, was sie vielleicht überzeugender machen könnte, müssen wir es ungeprüft hinnehmen, wenn er sagt, er könne »versichern, daß der letzte Sinn des Traumes, den ich hier nicht ausgeführt habe, zum Inhalt der Kinderszene in intimster Beziehung steht«.[39] Hinter der alles in allem harmlosen Szene, in der ein Vater sich einen Scherz daraus macht, seine Kinder ein Buch zerreißen zu lassen, verbirgt sich also ein ernsthaftes seelisches Trauma; worin es bestand, wissen wir nicht, und nichts berechtigt uns, Mutmaßungen darüber anzustellen. Aber wenn wir auch nicht sagen können, was Freud Jakob vorzuwerfen hat, so dürfen wir doch annehmen, daß er im Augenblick der Niederschrift das Ressentiment noch zu lebhaft empfand, um wagen zu können, es zu formulieren.

Ein anderer Traum wäre wahrscheinlich deutlicher gewesen, wenn Freud ihn nicht gekürzt oder vielmehr, mit seinen eigenen Worten, die Wiedergabe absichtlich verfälscht hätte. Diese bewußte Täuschung spielt ihm übrigens einen üblen Streich wie jedesmal, wenn er den Lauf seiner Assoziationen abbricht, weil er sonst in Gefahr wäre, seinen Vater in schlechtem Licht erscheinen zu lassen oder gar anklagen zu müssen. Aber die Kritik, die er so mühsam zurückhält – einerseits sicher, weil sie ihm ungerecht und übertrieben erscheint, andererseits, weil es ihm schwerfällt zu lügen –, kommt auf dem Umweg über einen bedeutungsvollen Irrtum dennoch zum Vorschein. Wieder handelt es sich um eines jener Versehen, die sich in die *Traumdeutung* einschleichen und ihn nachträglich so sehr verwirren.[40] Der Traum, um den es hier geht, vermengt – wieder einmal – eine Büchergeschichte mit einem neuerlichen unangenehmen Eisenbahnerlebnis. Bei einer nächtlichen Bahnfahrt hat er als Reisegefährten einen Herrn und eine Dame, »die sehr vornehm schienen und nicht die Lebensart besaßen oder es nicht der Mühe wert hielten, ihr Mißvergnügen über den Eindringling irgendwie zu verbergen«. Er sagt sich, daß so hochmütige und rücksichtslose Leute vermutlich »ihre Karte nicht oder nur halb bezahlt haben«; tatsächlich fahren sie zum halben Tarif, und wie gewöhnlich versetzt diese Bevorzugung ihn in Empörung. Die Frau ist eine stattliche Erscheinung, »im Alter nicht weit von der Zeit des Verfalls weiblicher Schönheit«; der Mann kommt nicht zu Wort und spielt ganz offensichtlich in dieser Ehe nicht den dominierenden Part. Alles das hinterläßt bei Freud einen sehr unangenehmen Eindruck, und so rächt er sich im Traum, indem er alle möglichen Beschimpfungen und Demütigungen über seine unliebenswürdigen Reisegefährten ergehen läßt. Der Traum selber ist einigermaßen verworren (allerdings kennen wir ihn nur in seinen Grundzügen); in schönstem Durcheinander kommen darin vor die Station Hollthurn, an der der Zug zehn Minuten hält, Holothurien, kauernde Frauen auf dem Bahnsteig, die Körbe mit Obst feilbieten, ein anderes Zugabteil, in dem der Träumer plötzlich sitzt, ohne zu wissen, wie er hereingekommen ist, ein englisches Geschwisterpaar, eine Reihe Bücher auf einem Gestell an der Wand, deren englische Titel Freud lesen kann; wem sie gehören, weiß er nicht, aber der Engländer fragt seine Schwester, ob sie nicht ein Buch von Schiller vergessen habe. Der Träumer erwacht und stellt fest, daß der Zug in Marburg hält. Das also ist der zensierte Text, an dem natürlich nirgends zu erkennen ist, daß er verfälscht ist. Wo ist die Verfälschung zu suchen? Logisch wäre die Annahme, daß sie mit der »Urszene« zusammenhängt, die in der Haltung des mitreisenden Paares so offenkundig angedeutet ist (der Mann und die Frau stellen die über die Störung beim Liebesakt erzürnten Eltern dar, der Eindringling ist natürlich das kleine Kind). Aber weit gefehlt, denn diesen Aspekt des »ödipalen« Problems unterschlägt Freud durchaus nicht, auch wenn er seine Bedeutung herunterspielt, indem er sich auf einen seiner zwangsneurotischen Patienten bezieht, der ihm hier angeblich nur als Beispiel dient. Die Geheimniskrämerei bezieht sich also auf etwas anderes, und jedenfalls belastet sie sein Gewissen, denn sie verleitet ihn zu einem besonders ärgerlichen Irrtum, der ihn bald darauf zwingt, zwar nicht den Schleier ganz zu lüften, aber doch zuzugeben, daß er die Fakten wissentlich entstellt hat. Nachdem Freud das imaginäre Hollthurn mit dem realen Marburg identifiziert hat, wo der Zug tatsächlich hält, versteht er auch die Anspielung des Traumes auf Schiller, denn in Marburg, so sagt er sich, ist Schiller ja geboren. Nun weiß Freud natürlich ganz genau, daß Schiller in Marbach und nicht in Marburg geboren ist; dennoch unterläuft ihm der Fehler, und er läßt ihn drucken, korrigiert ihn sogar erst in der dritten Auflage des Werkes mit einer sehr knappen Fußnote: »Es ist dies wieder einer jener Irrtümer, die sich als Ersatz für eine absichtliche Verfälschung an anderer Stelle einschleichen.«[41] Dies ist nachgerade eine Art Gesetz: jedesmal, wenn Freud sich nicht scheut, ein Faktum zu unterschlagen, zu entstellen oder zu verfälschen, mit anderen Worten: jedesmal wenn er den Leser täuscht, täuscht er sich selbst an anderer Stelle, als müsse er sich für die Unredlichkeit bestrafen. Bemerkenswerterweise aber gehen alle diese Fehler, die ihm in verschiedenen Phasen seiner Arbeit unbemerkt unterlaufen, in die gleiche Richtung; alle sind sie das Produkt von verdrängten Vorstellungen, die sich auf seinen verstorbenen Vater beziehen.[42] Im vorliegenden Fall unterläuft der Fehler genau bei dem verfälschten Detail: »Wer den auf Seite 266[43] analysierten Traum durchliest, wird teils unverhüllt erfahren, teils aus Andeutungen erraten können, daß ich bei Gedanken abgebrochen habe, die eine unfreundliche Kritik am Vater enthalten hätten. In der Fortsetzung dieses Zuges von Gedanken und Erinnerungen liegt nun eine ärgerliche Geschichte, in welcher Bücher eine Rolle spielen, und ein Geschäftsfreund des Vaters, der den Namen Marburg führt, denselben Namen, durch dessen Ausruf in der gleichnamigen Südbahnstation ich aus dem Schlafe geweckt wurde. Diesen Herrn Marburg wollte ich bei der Analyse mir und den Lesern unterschlagen; er rächte sich dadurch, daß er sich dort einmengte, wo er nicht hingehört, und den Namen des Geburtsortes Schillers aus Marbach in Marburg veränderte.«[44] Da dieser Herr Marburg sonst im Werk Freuds nicht mehr vorkommt, wäre es vergebliche Mühe, herausfinden zu wollen, aus welchen Gründen es so dringend geboten war, ihn zu unterschlagen. Welche schwerwiegenden Dinge waren ihm vorzuwerfen? War er unredlich in geschäftlicher Hinsicht, ein bißchen ein Hochstapler oder leichtsinnig wie der arme Onkel Josef? In welcher Hinsicht war er eine zwielichtige, anrüchige Persönlichkeit? In der *Psychopathologie des Alltagslebens* wird dieser Irrtum Freuds mit einer »ärgerlichen Geschichte« in Verbindung gebracht, in der Bücher eine Rolle spielen (wieder ein Hinweis darauf, daß Jakob Freuds Einstellung gegenüber Büchern etwas besonders Empörendes gehabt haben muß), aber man erfährt nicht, um welche Bücher es sich handelte[45] und ob es diese Bücher waren, die die so unerwünschte Anspielung auf Herrn Marburg motivierten. Jedenfalls handelt es sich um eine leidvolle Erinnerung, um alte Schmerzen, die aus ferner Zeit mit ungeschmälerter Kraft empordrängen, und vielleicht

waren sie nicht ganz grundlos, wenn die bloße Tatsache, ein Geschäftsfreund des Herrn Marburg gewesen zu sein, auf Jakob Freud auch nach langen Jahren noch immer einen so dunklen Schatten wirft, daß sein Sohn sich nicht nur die Erwähnung des Themas, sondern sogar jeden Gedanken daran verbieten muß.
Wir sind natürlich nicht in der Lage, in diesem parteiisch geführten Prozeß Sigmunds gegen Jakob das Wahre vom Falschen zu scheiden; aber die mehr oder minder ausdrücklichen Anschuldigungen, um die er seine Träumereien und Phantasien spinnt, ergäben, ob nun begründet oder nicht, auf jeden Fall eine lange Liste. Vorwürfe, Angriffe auf Fliess und Breuer oder Herabsetzung der jüdischen Kollegen, die ihm als Ersatzväter dienen – jedes Mittel scheint Freud recht für die Verstärkung seines Abwehrsystems und die Rechtfertigung seines Strebens nach Lossagung von diesem jüdischen Vater. Jakob ist ein Banause ohne jeden Sinn für das, was Bücher für seinen nach Ruhm und Wahrheit lechzenden Sohn bedeuten, er ist feig gegenüber den »Feinden unseres Volkes«, er entstammt einer erblich belasteten Familie, er tritt in geschäftliche und freundschaftliche Beziehungen zu einem windigen Kerl, von dem man nicht einmal zu sprechen wagen darf – kurz, er ist in jeder Hinsicht eine enttäuschende Erscheinung und weit entfernt von jener edlen Größe, in die der Sohn ihn einst gekleidet hat. Seine Schuld ist es, daß Sigmund als Jude geboren wurde, und seinetwegen lebt er nun in dauernder materieller und geistiger Unsicherheit, hin- und hergerissen zwischen zwei Gemeinschaften, zwei Kulturen, zwei Welten von Erinnerungen, denen auf unterschiedliche Weise seine Zuneigung gehört, und ständig der Gefahr ausgesetzt, entweder die Sache des Volkes zu verraten, das ihm so sehr am Herzen liegt, oder unaufhörliche Unannehmlichkeiten ertragen zu müssen, die vielleicht das Vorspiel zu einem Zeitalter der Verfolgung sind.

In dieser Periode der inneren Krise, die durch die Zeitereignisse – die Erschütterungen der Dreyfus-Affäre in Frankreich und das allmähliche Anschwellen des Antisemitismus in Österreich – genährt und vielleicht auch verschlimmert wird – stützt sich der Prozeß, den Freud gegen seinen Vater anstrengt, teils auf kaum verhüllte Anschuldigungen – ein krimineller Bruder, geisteskranke, epileptische oder schwachsinnige Neffen, Unbildung, Feigheit, entehrende Beziehungen zu einem Herrn Marburg –, teils auf vorwurfsvolle Klagen, die die Anklageschrift vervollständigen (das Unglück, Jude zu sein). So sieht er im Traum etwa einen »Mann auf einem steilen Felsen mitten im Meer, in Böcklinscher Manier«; dieser Mann ist er selber, der wegen der Kühnheit seiner Gedanken in »splendid isolation«

lebt, aber er ist auch Dreyfus auf der Teufelsinsel, der gedemütigte und verfolgte Jude, das Opfer einer ungeheuerlichen Rechtsbeugung. In einem anderen Traum holt er zu einer Klagerede im biblischen Ton aus, in die er übrigens das jiddische Wort »Geseres« einführt, das, wie er angibt, »Klagen und Jammern« bedeutet (es ist dies das einzige Beispiel für das Auftauchen eines jiddischen Wortes in seinen Phantasien): »Wegen irgendwelcher Vorgänge in der Stadt Rom ist es notwendig, die Kinder zu flüchten, was auch geschieht. Die Szene ist dann vor einem Tore, Doppeltor nach antiker Art (die Porta Romana in Siena, wie ich noch im Traume weiß). Ich sitze auf dem Rand eines Brunnens und bin sehr betrübt, weine fast. Eine weibliche Person – Wärterin, Nonne – bringt die zwei Knaben heraus und übergibt sie dem Vater, der nicht ich bin. Der ältere der beiden ist deutlich mein Ältester, das Gesicht des anderen sehe ich nicht; die Frau, die den Knaben bringt, verlangt zum Abschied einen Kuß von ihm. Sie zeichnet sich durch eine rote Nase aus. Der Knabe verweigert ihr den Kuß, sagt aber, ihr zum Abschied die Hand reichend: Auf Geseres, und zu uns beiden (oder zu einem von uns): Auf Ungeseres. Ich habe die Idee, daß letzteres einen Vorzug bedeutet.«[46] Die Analyse dieses Traumes und eines kurzen Vortraumes – in dem lediglich ein gewisser Professor M. sagt: »Mein Sohn, der Myop...« –, läßt an der typisch jüdischen Situation, die sich schon im manifesten Trauminhalt abzeichnet, keinen Zweifel. Freud hatte kurz zuvor in Wien ein Schauspiel *Das neue Ghetto* gesehen, das, wie er sagt, von der Judenfrage handelt und bei ihm Sorge um die Zukunft seiner Kinder weckte, »denen man ein Vaterland nicht geben kann«. Stück für Stück die einzelnen Elemente seines Traums analysierend, denkt Freud zunächst an die babylonische Gefangenschaft der Juden (»An den Wassern Babylons saßen wir und weinten«), dann an den Gegensatz »Geseres–Ungeseres«, das absurde Gegenstück zu der sehr bedeutungsvollen Alternative »Gesäuert–Ungesäuert«, die an das jüdische Passah-Fest und die Flucht der Juden aus Ägypten gemahnt. Daß er im Traum die Vorstellung hat, »Ungeseres« bedeute einen Vorzug, gibt der Vermutung Raum, daß er sich in dieser Traumsequenz ganz auf die Seite der Tradition, ja sogar, wenn man an den Gegensatz »Gesäuert–Ungesäuert« denkt, auf den Boden des rituellen Gesetzes stellt. Die Klage des jüdischen Vaters über seine Kinder bringt also eine vorbehaltlose Solidarität mit dem Volk im Exil zum Ausdruck: diesmal ist Rom wirklich der Feind, es ist Babylon, gegen das die Propheten wettern, und Freud träumt nicht mehr davon, nach Rom zu gehen, um sich seine Kulturschätze anzueignen, sondern er ist dort, aber im Begriff, die Stadt zu verlassen; sie vertreibt ihn und zwingt ihn, das tragische Los seiner Brüder zu teilen. Vorbei ist es mit der magi-

schen Anziehungskraft der Ewigen Stadt; nunmehr beginnen die schweren Prüfungen der Realität.
Niemals schien Freud den Seinen so nahe wie in dieser fast biblischen Traumsequenz, doch wie immer ist der Schein ein wenig trügerisch. Denn wenn Freud hier auch das jüdische Schicksal voll auf sich nimmt, so kann er doch nicht umhin, darüber zu klagen, und eben aus dieser Klage erwächst ja auch der Traum. Er beklagt sich sogar bitter und beneidet jene, die weitblickend genug waren, wenigstens ihren Kindern dieses Los zu ersparen (indem sie sie rechtzeitig ins Ausland brachten). Doch diese Klage und dieser Neid, die vom Standpunkt der Vaterliebe aus so natürlich sind, enthalten auch noch einen Vorwurf gegenüber Freuds eigenem Vater, der seine Mütze einfach wieder aus dem Straßenkot aufhob, ohne sich darum zu bemühen, seinen Kindern eine weniger düstere Zukunft und eine weniger unsichere Lage zu bereiten. Genau in dieser Hinsicht war Jakob Freud, mit dem Wort Kafkas, ein »unklarer« Vater; er wählte die unsaubere Lösung der Pseudo-Assimilation, die seinen Sohn gerade dort, wo er am meisten das Bedürfnis nach Gleichgewicht und nach Wahrheit hat, in eine zweideutige Position bringt; resigniert, leichtfertig und kleinmütig gegenüber der »anderen Seite«, hat er das Schicksal seiner Kinder besiegelt, indem er ihnen keine andere Chance ließ als Unterwürfigkeit gegenüber der äußeren Unterdrückung oder die schmähliche Unentschiedenheit der inneren Emigration. Aber es kommt noch schlimmer; der Antisemitismus ist nicht die einzige Heimsuchung, von der der Träumer sich bedroht fühlt. Das drückt er mit dem ganz kurzen, nur aus vier Worten bestehenden Vortraum »Mein Sohn, der Myop« aus. Myop erinnert ihn an Zyklop; den Zyklopen aber hatte Fliess unlängst erwähnt, als er Freud seine Theorie der bilateralen Symmetrie erläuterte. Mit seinem einen Auge auf der Mitte der Stirn ist der Zyklop nicht den Gesetzen der bilateralen Symmetrie unterworfen (Kritik an Fliess), er ist einseitig und dazu verurteilt, die Dinge immer nur unter einem einzigen Blickwinkel zu sehen, also borniert. Mit dem Traumgedanken »Mein Sohn, der Myop« bringt Freud die Sorge zum Ausdruck, daß sein ältester Sohn – und um ihn handelt es sich in der Tat – sowohl im medizinischen wie im übertragenen Sinne kurzsichtig sein könnte, beschränkt in seinem physischen Sehvermögen wie in seinen intellektuellen Kapazitäten, also dumm oder zurückgeblieben. Daher im Traum selber das symmetrische Gegensatzpaar der beiden Formeln »Auf Geseres« und »Auf Ungeseres« anstelle der üblichen Abschiedsformel »Auf Wiedersehen«: indem der Sohn nach der einen Seite sein Abschiedswort spricht und nach der anderen das Gegenteil ruft, beweist er seine Fähigkeit zur bilateralen Symmetrie; er ist also frei von der so gefürchteten erblichen

Belastung, der jüdische Atavismus wirkt in seiner Generation nicht mehr weiter. Freud aber, bestärkt in seiner Hoffnung, mit der Erbsünde fertig zu werden, wird von seinem Sohn nie jene schreckliche Anklage zu fürchten haben, die er selber – gewiß nicht in vollem Bewußtsein, aber in der falschen Unschuld und Unbewußtheit seiner nächtlichen Träume – gegen seine Vorfahren erhoben hat.

Unter all den geschickt verhüllenden oder durchsichtigen, erhabenen oder grotesken Verkleidungen, in denen der Traum sich so gefällt, ist also Jakob Freud der eigentliche Held der *Traumdeutung*. Zwar ist das ein wenig heroischer Held, aber das Objekt zärtlicher Liebe und gewaltigen Respektes; er wird verehrt, aber zugleich auch gehaßt als Hemmschuh und als Rivale, er ist der rückhaltlosesten Zuneigung würdig, aber doch auch unwürdig mit all den enttäuschenden Schwächen, die das Kind an ihm entdeckt hat. Ein ebenso geliebter wie verabscheuter Held ist das, der insgeheim die extremen Gefühlsregungen seines Sohnes gegenüber allen Männern determiniert, die in irgendeiner Weise in nähere Beziehung zu ihm treten sollen – seine emotionale und intellektuelle Begeisterungsfähigkeit, seine stark homosexuell gefärbten leidenschaftlichen Freundschaften, seine Bereitschaft, Zuneigung in Aversion oder gar Haß umschlagen zu lassen.[47]

Aus der Selbstanalyse Freuds, die den Vater – nicht ohne Grund, da ja sein Tod allein diese Selbstanalyse nötig und möglich gemacht hat – zum Phantom verflüchtigt, zieht Jakob Freud oder vielmehr sein Erinnerungsbild zunächst einmal substantiellen Gewinn: er ist nicht mehr der moralisch verderbte und seine Kinder verderbende Vater, den Freud lange als Ursache jeder Hysterie angenommen hatte; er ist nicht mehr der Verführer seiner eigenen Töchter, wie sein Sohn, die Phantasien seiner exaltierten Patientinnen allzu wörtlich nehmend, jahrelang geglaubt hatte. Wir erinnern uns, daß Freud seit 1893 eine Art Gesetz aufstellte, daß alle seine hysterischen Patientinnen in früher Kindheit durch ihren eigenen Vater oder eine andere erwachsene Person mit väterlicher Autorität verführt worden waren. Diese frühe sexuelle Verführung durch den Vater, die Freud als direkte Ursache der Krankheit annahm, kompromittierte selbstverständlich auch Jakob Freud, da sie als ein allgemeines Gesetz verstanden wurde, das keine Ausnahmen zuließ. Aber wie läßt sich eine derartige Verallgemeinerung aufrechterhalten, ohne absurd zu werden? Wie soll man glauben, daß alle Väter die gleiche verbrecherische Begierde gegenüber ihren Töchtern hegen? Wie soll es denkbar sein, daß kein einziger dieser Väter vor den Konsequenzen einer in allen sittlichen Wertordnungen mit dem höchsten Tabu belegten inzestuösen Annäherung zurückgeschreckt wäre? Gewiß statten die Hysterikerinnen, wenn man sie ungehemmt sprechen läßt, die sexuelle Aggression, deren Opfer sie gewesen sein wollen, mit unerschöpflichen Details aus. Aber warum schenkt Freud ihren Phantasien Glauben – er, der sonst doch so gut weiß, mit welchem Geschick sie die Tatsachen verdrehen können? Er schenkt ihnen Glauben, weil dies seinem Bedürfnis entgegenkommt, weil er eine Theorie braucht, die ihm hilft, seine Animosität gegen Jakob Freud zu rechtfertigen und seine heftigen Eifersuchtsregungen zu verbergen, und schließlich weil er nicht verstehen will, daß der Inzestwunsch vom Kind und nicht von den Eltern ausgeht, denn das würde ihn zwingen, nicht nur die geläufigen und auch von ihm geteilten Vorstellungen von der Unschuld des Kindes zu revidieren, sondern auch sich selbst einem höchst kompromittierenden Prozeß auszusetzen. Ehe er sich auf so erschreckende Dinge einläßt, klammert er sich doch lieber an die Phantasien seiner Patientinnen, so hinderlich diese auch für den Fortgang der Therapie und für die Weiterentwicklung seines Lehrgebäudes sein mögen. Erst der Tod seines Vaters und die Verwirrung, die dieser Tod in ihm auslöst, öffnen ihm die Augen für die Absurdität des von ihm aufgestellten Gesetzes. Im ersten Augenblick stürzt für ihn alles zusammen, da die Entdeckung, von der er so viel erwartet hat, mit einem Schlag in Nichts aufgelöst scheint; er ist immerhin schon über 40, und dieser neuerliche Fehlschlag nach so vielen vergeblichen Versuchen, den Erfolg herbeizuzwingen, scheint das Scheitern seiner kühnsten Ambitionen endgültig zu besiegeln. Doch er gibt das Spiel nicht auf, denn dunkel ahnt er, daß in seinem Versteckspiel mit der Wahrheit gerade der Irrtum, dem er auf die Spur gekommen ist, das sein könnte, was ihn endlich zum Ziele führt.

Solange Freud nämlich den Phantasien seiner Patientinnen Glauben schenkt und sie beim Wort nimmt, hat er keine Möglichkeit, die in das Material eingestreuten echten biographischen Daten von der psychischen Realität zu unterscheiden, in die sie eingebettet sind und von der sie tendenziös verfälscht werden, so daß er für ein *reales Ereignis* nimmt, was nur der *Wunsch* ist, eben dieses Ereignis Wirklichkeit werden zu sehen. Damit erliegt er noch immer jener ewigen Täuschung, kraft deren das menschliche Gehirn seine Mythen und die abwegigsten Glaubensvorstellungen ausspinnen kann: er verleiht der innerpsychischen Realität jenen Rang, der nur dem positiven Faktum, nur der äußeren Realität zukommt. Es ist also gar nicht erstaunlich, daß er keine Heilung zuwege bringen kann, denn durch diese Vertauschung der Realitätsebenen, die ihn zum Komplizen der Krankheit macht, hat er sich selber der Möglichkeit dafür beraubt.

In diesen Jahren, in denen er so hartnäckig die tendenziösen Phantasien seiner Patientinnen beim Wort nimmt, hat es den Anschein, als wolle er vor sich selbst und vor der Öffentlichkeit erklären: »Nicht ich bin es, der meine Mutter begehrt hat sondern mein Vater begehrte meine Schwestern« oder auch: »Nicht ich habe negative Gefühle gegenüber meinem Vater, sondern er selbst spricht sich das Urteil mit den kriminellen Wünschen gegenüber unschuldigen Kindern.« Da diese Verlagerung der Schuld das unmittelbare Ergebnis seiner Neurose ist, arrangiert er selber sowohl seinen therapeutischen Mißerfolg als auch das Dilemma, in seiner gesellschaftlichen Position nicht über das Mittelmaß hinausgelangen zu können. Freud muß also gelähmt bleiben bis zu dem Augenblick, da er imstande ist, die Dinge wieder vom Kopf auf die Füße zu stellen und genau abzugrenzen, was das neurotische Lügengewebe an Wahrheit und die offizielle Version der Wirklichkeit an Falschem enthält. Ohne Übertreibung kann man sagen, daß die Psychoanalyse erst von jenem Tage an wirklich begründet ist, an dem Freud die Feststellung trifft, daß es in seinen korrekt analysierten Träumen keine Spur von einem verführenden Vater als Ursache der Hysterie gibt[48], sondern daß diese mythische Figur, weit davon entfernt, absurdes Hirngespinst einer ausschweifenden Imagination zu sein, ihre Existenz zwingenden inneren Gründen verdankt, durch die sie vollständig determiniert ist.

Von dem Augenblick an, da Freud die Vorstellung von einer frühzeitigen Verführung des Hysterikers entlarvt hat, besitzt er in der Tat endgültig den originellsten Teil seiner Lehre und kann damit der Erkenntnis des menschlichen Geistes das erste wirkliche Präzisionsinstrument liefern. Denn nunmehr kennt er den Ursprung jeder Art von Glauben an irgendein Jenseits der Erfahrung, die Wurzel der Illusionen vom Eingreifen des Göttlichen oder Übernatürlichen in das irdische Leben und die letzte *raison d'être* für die Tröstungen des Aberglaubens und des Mythos. Er weiß, daß die unbewußte psychische Realität, die sich so geschickt in überzeugenden Symptomen Ausdruck verschafft, über die besondere Fähigkeit verfügt, sich die Vernunft zu unterwerfen, indem sie sie mit dem feinen Gespinst ihrer Magie durchzieht, und daß nichts so verhängnisvoll für die psychische und geistige Gesundheit des Individuums ist wie das selbstverständlich unbewußte Vertauschen der *Wunsch*welt mit der empirischen Ebene realer *Tatsachen.* Nachdem sie so die entscheidende List aufgedeckt hat, mit der das Unbewußte seine Ziele erreicht, hat die Psychoanalyse nunmehr eine klar umschriebene Aufgabe vor sich, die sie auch mit dem ihr nun zu Gebote stehenden adäquaten technischen Instrument besser als jede andere Disziplin erfüllen kann: sie hat so genau wie möglich die

Grenzlinie zu ziehen zwischen der überwiegend unbewußten psychischen Realität, die zwar allmächtig, aber der Kontrolle der Vernunft entzogen ist, und der äußeren Realität der gemeinsamen Erfahrung, die den Sinnen zugänglich und dem Gesetz der Notwendigkeit unterworfen ist. Die analytische Kur zielt ebenso wie die verschiedenen Anwendungen der psychoanalytischen Theorie auf jene Sektoren des Wissens, die sie erhellen zu können glaubt, im wesentlichen darauf, die beiden Ebenen der Erfahrung, an deren ständiger Vermengung Neurose und traditioneller Aberglaube mit vereinten Kräften arbeiten, auseinanderzuhalten, also im genauen Wortsinn zu analysieren.

Als Freud sich ernsthaft daran macht, sich selber zu analysieren, hat also auch er das Ziel, diese Grenzlinie genauer zu ziehen, die im Normalzustand des Denkens unscharf bleibt und immer wieder zu Fehldeutungen Anlaß gibt. Da in seinem Inneren die Gestalt des Vaters die dominierende und vielleicht einzige Quelle von Störungen ist, muß er mit seinem Vater beginnen; mit anderen Worten, er muß lernen, die reale Persönlichkeit Jakob Freuds von der mythischen Figur zu trennen, auf die sich einst seine archaischsten Wünsche fixiert haben und deren vielfältige Erscheinungsformen ihn nun in Verwirrung stürzen. Wenn ihm das gelingt, wird Jakob Freud endlich von dem zweifachen Mißgeschick befreit sein, in das er verstrickt wurde; er wird nicht mehr die unbegreifliche göttliche Erscheinung oder der teuflische Verführer sein, dessen Faszinationskraft der Sohn mit 40 Jahren noch immer erliegt, sondern heruntergeholt werden in den Kreis irdischer Kreaturen, und dort, herabgeschraubt auf menschliches Maß, wird er mit all den charakteristischen Wesenszügen und unendlich vielfältigen Nuancen wahrgenommen werden können, die immer das Zeichen des Lebendigen sind.

Der erste Versuch Freuds zu dieser trennenden Unterscheidung – er unternimmt ihn 1896, ausgehend von dem Traum »Man bittet die Augen zuzudrücken« und der Serie der »römischen Träume« – scheint ihn dem Ziel noch nicht merklich näher zu bringen, ja ihn zu einem bestimmten Zeitpunkt sogar zu zwingen, zurückzustecken, da die Selbstanalyse sein inneres Unbehagen so verschärft hat, daß er nicht mehr die Kraft findet, sie fortzusetzen. Anfang 1897 (Traum vom Onkel mit dem gelben Bart) wagt er es jedoch, sie wieder aufzugreifen, und zwischen Juni und September des gleichen Jahres stürzt er sich dann rückhaltlos in das Abenteuer, das ihn tief in die Vergangenheit zurückreißt auf der Suche nach fernen Kindheitserinnerungen, in denen er nunmehr die eigentliche Ursache seiner merkwürdigen Daseinsschwierigkeiten mit Sicherheit zu finden glaubt. Es gelingt ihm dabei, die ersten drei Jahre seines Lebens klar zu rekonstruieren

und damit endlich die Dreiecksformel des »ödipalen« Dramas genau zu konzipieren. Aber wenn er mit dieser unschätzbaren Errungenschaft seine wissenschaftliche Zukunft rettet, so geht es ihm deshalb noch nicht auch im Leben besser; Rom bleibt ihm noch immer unerreichbar durch ein geheimnisvolles Tabu, seine Isolierung in der wissenschaftlichen Welt ist keineswegs geringer geworden, und seine Träume (»Mein Sohn, der Myop«) verweisen ihn immer wieder auf Gedanken an Tod und Exil. Und so macht er sich, nachdem er den Entschluß gefaßt hat, seine Analyse-Bruchstücke zu sammeln und zu einem Werk zu fügen, guten Mutes an die Arbeit, um endlich die letzten Revenants loszuwerden, die, wenn auch zum Teil bereits entlarvt, ihn immer noch in ihren Zauberkreis bannen. Und dank eines entscheidenden Traumes, der ihm genau zeigt, wie er es anstellen muß, um die Freiheit wiederzugewinnen, darf er sich die Kraft zum Gelingen zutrauen.
Der Traum »Non vixit« fällt in eine Zeit (Oktober 1898), in der Freud eine Phase tiefer Depression durchlebt; er leidet so stark an geistiger Apathie, daß er sogar die *Traumdeutung* liegen läßt (er hat Zweifel an der Richtigkeit seiner Schlußfolgerungen), er fühlt sich alt, einsam und verbraucht, kurz, er hat zu nichts Lust und fühlt sich unfähig, »etwas anderes zu tun, außer etwa Topographie von Rom zu studieren, da die Sehnsucht immer quälender wird«.[49] Seine lebhafte Korrespondenz mit Fliess, der sein einziger Freund geblieben ist, setzt er jedoch fort. Aber seine Leidenschaft für diesen im Umgang schwierigen Menschen nimmt eine unerwartete Wendung; seine Träume enthüllen ihm in dieser Hinsicht unfreundliche Gefühle, die er Fliess nicht gestehen kann, so daß seine Briefe seltener werden und oft nicht ganz aufrichtig sind. Zudem bietet Fliess gerade den Anblick eines höchst zwiespältigen Schicksals: er ist einerseits vom Glück gesegnet, weil ihm eine kleine Tochter geboren wurde (deren Vorname Pauline Freud seit einer heimlichen Liebe zu einer 16jährigen Pauline teuer ist), und andererseits ein unglücklicher Mann, weil eine schwere Krankheit, wie es heißt, für sein Leben fürchten läßt. Am 16. Oktober 1898 hat Freud an der Enthüllung der Büste von Professor Fleischl in der Wiener Universität teilgenommen, und er erinnert sich, daß beim Leichenbegräbnis dieses Freundes ein junger Mann, den die übertriebenen Lobesworte für den Verstorbenen schockierten, geflüstert hatte: »Niemand ist unersetzlich.« Ein paar Tage später träumt er den Traum, der ihn lehrt, wie er die ihn heimsuchenden Gespenster der Vergangenheit töten und so der alten Qual ein Ende machen kann.
In diesem Traum, der phantastischer ist als sonst im allgemeinen die nächtlichen Produktionen Freuds, kehren die geliebten Toten wieder: Brücke,

Ernst von Fleischl, Josef Paneth; dazu gesellt sich ein Lebender, dem Freud tief verbunden bleibt, nämlich Fliess, dessen Leben gerade in ernster Gefahr schwebt. Es ist Nacht, Freud befindet sich im Brückeschen Laboratorium wie so oft in den Tagen seiner Jugend; er öffnet seinem Freund Fleischl die Tür, der sich, obwohl tot, still an seinen Tisch setzt. Freud weiß, daß das alles im Juli stattfindet und daß Fliess heimlich nach Wien gekommen ist, um ihn unangekündigt zu besuchen. Er trifft ihn im zweiten Teil des Traumes auf der Straße in lebhaftem Gespräch mit Josef Paneth. »Fl. erzählt von seiner Schwester und sagt: In drei viertel Stunden war sie tot, und dann etwas wie: Das ist die Schwele. Da P. ihn nicht versteht, wendet sich Fl. an mich und fragt mich, wieviel von seinen Dingen ich P. denn mitgeteilt habe. Darauf ich, von merkwürdigen Affekten ergriffen, Fl. mitteilen will, daß P. (ja gar nichts wissen kann, weil er) gar nicht am Leben ist. Ich sage aber, den Irrtum selbst bemerkend: *Non vixit.* Ich sehe dann P. durchdringend an, unter meinem Blick wird er bleich, verschwommen, seine Augen werden krankhaft blau – und endlich löst er sich auf. Ich bin ungemein erfreut darüber, verstehe jetzt, daß auch Ernst Fleischl nur eine Erscheinung, ein Revenant war, und finde es ganz wohl möglich, daß eine solche Person nur so lange besteht, als man es mag, und daß sie durch den Wunsch des anderen beseitigt werden kann.«[50]
Freud bezeichnet diesen Traum als »schön«, denn er »vereinigt so viele der am Trauminhalt rätselhaften Charaktere«. Aber zugleich bringt der Fall ihn auch in Verlegenheit, denn wieder einmal kann er nicht alles sagen, muß er einen Teil seiner Erkenntnisse für sich behalten und sich damit selbst der Genugtuung berauben, sein System mit handfesten Beweisen abstützen zu können. Er schreibt, daß er »für mein Leben gern die volle Lösung dieser Rätsel mitteilen möchte. Ich bin aber in Wirklichkeit unfähig, das zu tun – was ich nämlich im Traum tue –, die Rücksicht auf so teure Personen meinem Ehrgeiz aufzuopfern. Bei jeder Verhüllung wäre aber der mir wohlbekannte Sinn des Traumes zuschanden geworden«.[51]
Aus der Zwangslage, zum Schweigen gezwungen zu sein, aber doch nicht ganz verbergen zu können, was er weiß, rettet Freud sich, indem er sich wenigstens eine Andeutung auf jene geliebten Personen gestattet, denen er so sehr zu schaden fürchtet. Wer sind sie, wer sind diese Männer, die er liebt und denen er im Traum schwere Unbill zufügt? Von den vier Personen, deren Namen im Traumtext vorkommen, ist nur einer noch am Leben, also fordert auch nur noch dieser eine gewisse Rücksicht, und das ist Fliess, der Freund, über dessen Befinden Freud gerade erst sehr beunruhigende Nachrichten erhalten hat. Fliess aber hat in diesem Traum Umgang mit Revenants und wird dazu noch ostentativ mit den Buchstaben

Fl. bezeichnet, die auch zur Abkürzung des Namens von Fleischl dienen können. Also ist Fliess zwar noch am Leben, wird vom Traum aber in den Kreis der übrigen von ihm heraufbeschworenen Schatten verwiesen, was schlicht und einfach darauf hinausläuft, ihn zu töten. Daß Freud ihn in diesem Augenblick tatsächlich lebensgefährlich krank glaubt, ein nahes Ende also durchaus nicht für unwahrscheinlich halten kann, macht den im Traumarrangement implizierten Todeswunsch doppelt häßlich; Freud kann sich also nicht zu diesem Todeswunsch bekennen, ohne sich heftigsten Vorwürfen auszusetzen. Daher das halbe Verschweigen und die vage Anspielung auf eine Bösartigkeit, auf die der Charakter seiner Träume ihn immer wieder hinweist (der Satz von dem »einzigen Bösewicht... unter all den Edlen, mit denen man das Leben teilt«, fällt genau in diesem Zusammenhang).

Von den ausgewählten Elementen, zu deren Publizierung er sich entschließen kann, sei summarisch festgehalten: Professor Brücke mit seinen furchteinflößenden blauen Augen; Freuds Gewohnheit, zu spät ins Laboratorium zu kommen, wo der alte Lehrer, der keine Disziplinlosigkeit duldet, ihn mit einem stummen Blick vernichtet; Fleischl und die Büste als Zeichen seines Ruhmes; die Worte »Non vixit«, die der Inschrift auf dem Sockel des Kaiser-Joseph-Denkmals in Wien entnommen sind; Josef Paneth, an den Freud bei der Enthüllung der Fleischl-Büste denken mußte und der ihm leid tat, weil er zu jung gestorben war, um der gleichen Ehre teilhaftig zu werden; der Monat Juli, der Monat Julius Caesars, an den sich der Gedanke an Shakespeares *Julius Caesar* und die Gestalt des Brutus anschließt, bei dem Freud die raffiniertesten Rechtfertigungen für mörderische Wünsche findet; schließlich eine Kindheitserinnerung an seinen kleinen Neffen John, der mit ihm gleichaltrig war und für den er eine mit heftiger Feindseligkeit durchmischte leidenschaftliche Zuneigung empfand. Alle diese latenten Gedanken hinter diesem »schönen Traum« konvergieren in einem einzigen Bündel von Wünschen und Gefühlen. Immer noch im Größenwahn befangen, verleiht der Träumer sich selbst die Attribute des alten Brücke, des verehrten Lehrers seiner Jugend, der für ihn auch jetzt noch die höchste Autorität ist, und so verwandelt kann er seinen Freund Josef Paneth mit dem Blick vernichten und ihn so dafür strafen, daß er einst den Tod ihres gemeinsamen Freundes Fleischl gewünscht hat, der seinem eigenen Fortkommen im Wege stand. In diesem Punkt allerdings ist Freud selber um keinen Deut besser als Paneth, denn auch er hat diesem Helden der Wissenschaft, diesem »griechischen Gott«, den er zugleich bewunderte und beneidete, den Tod gewünscht; er hat seinen Tod ganz bewußt gewünscht und zwar aus den gleichen Gründen, denn damit hätte er endlich eine Chance gehabt, Assistent zu werden. Da dieser Todeswunsch sich gegen einen Mann richtete, der ohnehin, wie er wußte, einem sicheren frühen Tod entgegenging und dessen Ende er, wie er glauben mußte, selber noch beschleunigt hatte (indem er ihm Kokain gab, um ihn vom Morphium zu entwöhnen), mußte diese unnötig grausame Gemeinheit ihn noch mehr mit Schuldgefühlen belasten. Dennoch ist nicht er es, der bestraft wird, sondern der Traum läßt Paneth die Strafe zukommen, den er schlichtweg für nicht existierend erklärt (non vixit). Damit ist Freud also der Gewissensbisse ledig, die wegen der zahlreichen Morde, die er in seinen nächtlichen Visionen oder im Dämmer seiner Wachträume begangen hat, so lange an ihm genagt haben. Sein Bruder Julius ist gestorben, wie er es gewünscht hat (er sagt an dieser Stelle nicht, daß er auch daran gedacht hat, obwohl der Name Julius das natürliche Bindeglied zwischen Juli und Julius Caesar ist); Fleischl und Paneth sind ebenfalls gestorben, nachdem er ihren Tod gewünscht hat, und das Gleiche wird mit Fliess geschehen, da jetzt dieser teure Freund zur Zielscheibe seiner bösartigen Wünsche geworden ist. Aber Freud ist durchaus nicht bekümmert darüber, alle, die ihm im Wege waren, so brutal beseitigt zu haben, sondern ist im Gegenteil »ungemein erfreut«; er rühmt sich geradezu seiner Lebenskraft, wo so viele andere um ihn her hinweggerafft werden, und dieser Triumph des *Überlebenden* macht ihn um so stolzer, als er sich bewußt ist, daß er seine Rivalen mit der bloßen Kraft des Wunsches getötet hat, mit der magischen Gewalt, die ihm aus der Allmacht seiner Gedanken zuwächst.

Man könnte erwarten, daß unter den vielen Personen, die der Träumer nach Belieben sterben, als Revenants wiederkehren und verschwinden läßt, auch Jakob Freud genannt wird oder daß sein Fehlen Freud bei der Deutung der Hervorhebung wert erscheint. Ist Jakob Freud denn nicht der älteste der Revenants, die seinen Sohn heimsuchen, der erste, der ihm am nächsten stehende und auch bei weitem der quälendste? Das ist er ohne Zweifel, und zu ihm müßte die Analyse denn auch logischerweise hinführen, wenn der Gedankengang nicht rechtzeitig abgebrochen worden wäre. Diese ganze Geschichte vom »non vixit« handelt von nichts anderem als diesem Vater-Revenant, von dem Freud auch die letzte Erinnerungsspur töten will, um in seinem Leben endlich freie Bahn zu haben, und natürlich weiß er das. Aber das Geständnis dieses sozusagen posthumen Vatermordes widerstrebt ihm dermaßen, daß er es vorzieht, alles mit Schweigen zu übergehen, was in diese Richtung deutet. Wie immer in solchen Fällen büßt er die Täuschung mit einem aufschlußreichen Lapsus, mit dem er sich zugleich selber täuscht und demaskiert. Diesmal ist ihm der Fehler

jedoch so vollständig entgangen, daß er sich auch nicht mit seiner nachträglichen Analyse schadlos halten kann; er läßt ihn also unvorsichtigerweise stehen, bis ein anderer – wieder einmal Fritz Wittels, der »ungebetene Biograph« – die Chance ergreift, ihn zu korrigieren.[52]
Denn Freud irrt sich nicht nur im Traum, indem er »non vixit« sagt anstatt »non vivit«, wie es der Situation entspräche, sondern er begeht einen zweiten Fehler im Wachzustand, in dem er den Text der Denkmalsinschrift, der ihn angeregt hat, falsch zitiert. Tatsächlich lautet die Inschrift:

Saluti *publicae* vixit
Non diu sed totus;

Freud aber setzt *patriae* an die Stelle von *publicae*, als ob der Teufel ihn zwänge, das Phantom des Vaters zurückzurufen, das er verscheuchen wollte. Von dieser Fehlleistung her gewinnt die Verknüpfung der Ideen Sinn und Folgerichtigkeit, wobei Ruhm und Tod eine enge Verbindung eingehen. Weil er tot ist, hat Kaiser Joseph, Oberhaupt und Vater Österreichs, sein Denkmal auf einem Wiener Platz und ebenso Fleischl seine Büste in der Universität; gleiches gilt für Josef Paneth, der eine Büste verdient hätte, wenn Zeit genug gewesen wäre, sein Genie zu erkennen, und natürlich auch für Jakob Freud, dem sein Sohn in der *Traumdeutung* ein Denkmal errichtet, das gewiß kaum zweideutiger sein könnte, aber doch aus einem Impuls ehrlicher Pietät der Feier seines Andenkens geweiht wurde. Im Traum allerdings bedeutet das Denkmal nicht nur Tod in dem üblichen Sinne von Lebensende; das fehlerhafte »non vixit« macht vielmehr darauf aufmerksam, daß eigentlich völlige Nichtexistenz gemeint ist: so ruhmbedeckt diese zu Statuen gewordenen Männer auch sein mögen, so haben sie doch in Wahrheit niemals existiert, sind absolut nicht vorhanden, und der Träumer, dem der Ruhm nur in seinen Phantasien zufällt, kann sich die Genugtuung verschaffen, sie in Nichts aufzulösen.

Der Traum »Non vixit« enthält die Lehre, daß die Revenants keine Wirklichkeit aus sich selber haben; sie können nur die schwache leidende Seele quälen, die zu ängstlich ist, um ihre Gewissensbisse zu überwinden, und schwinden dahin, wenn man sie nur mit durchdringendem Blick anschaut. Die Psychoanalyse, die im Grunde nichts anderes ist als die Kunst, die Phantasiegebilde der Psyche aufzulösen, gewinnt aus diesem Traum ein verläßliches Prinzip und die Substanz für künftige theoretische Überlegungen; was aber gewinnt Freud selber für seine Lebensführung? Ist er jetzt in der Lage, den realen Jakob Freud radikal von der Fiktion zu trennen, die er sich einst gezimmert hat, um sich für die Demütigung seiner Herkunft schadlos zu halten und mit der Autorität abzurechnen? Hat er die unbewußten Gründe seines Schuldgefühls hinreichend durchschaut, um nicht neuen Verzauberungen zu erliegen? Ist er endlich imstande, den wirklichen Vater, den er trotz seines Ressentiments immer geliebt hat, und das Vater-Gespenst, das er sich erschaffen mußte, um ungestraft seinen Haß und seine Reue, seine Eifersucht und seinen Hunger nach Größe ausdrücken zu können, auseinanderzuhalten? Mit anderen Worten, darf er sich selber mit Fug und Recht geheilt nennen? Gewiß hat der Traum »Non vixit« ihm die Formel der Heilung geliefert (»daß die Revenants nur so lange bestehen, als man sie mag«), aber dieser Traum ist bei weitem noch nicht der letzte dieser Serie; es folgen weitere Träume in der *Traumdeutung*, in denen Jakob Freud noch manche Metamorphosen zweideutiger Art durchmacht.[53] In Wirklichkeit ist die okkulte Anwesenheit dieses so exemplarischen Vaters von bemerkenswerter Zähigkeit; er beeinflußt nicht nur auf unterschwellige Weise den gewissermaßen romanhaften Teil im Werk seines Sohnes – *Totem und Tabu, Der Mann Moses und die monotheistische Religion* –, sondern greift, soweit er mit dem ganzen Gewicht der Vergangenheit oder vielmehr des Zeitlosen auf der Gegenwart lastet, weiterhin hie und da sogar in seine Lebensführung ein. Den so häufigen Wechsel von Überschätzung und Abneigung in Freuds Freundschaften muß man wohl teilweise auf diesen Vater zurückführen, ebenso auch seine halb aktive, halb passive Rolle bei den Konflikten und Zerwürfnissen, die schon bald in der psychoanalytischen Bewegung ausbrechen werden und in seinem Kreis eine Atmosphäre des permanenten Kleinkrieges schaffen, so daß er manchmal isolierter, sicher aber unglücklicher ist als zu der Zeit, da kaum jemand ihn kannte. Nein, Freud hat sich von seinen Revenants weder so leicht noch so vollständig befreien können, wie er es sich in dem Traum »Non vixit« vorgespiegelt hat; mit 50 Jahren verfolgen sie ihn noch immer, und das geht so weit, daß er sich die Erfüllung seines zweiten großen Wunsches – Athen zu sehen – nicht gestatten kann, ohne daß wieder sein Vater erscheint und ihm, wie gewöhnlich, Vorwürfe macht, er gebe seinen Launen zu leicht nach und habe ihn verraten, indem er es allzu weit im Leben gebracht habe. Jene Störung, die ihn an der Realität der Akropolis zweifeln läßt[54], bleibt wie eine unverstandene Qual als Erinnerungsspur in seinem Inneren eingegraben, und dreißig Jahre lang sucht er vergeblich den Schlüssel zu diesem letzten Geheimnis. Denn weder die Gleichgültigkeit des Alters noch die Schmerzen seiner furchtbaren Krankheit noch der Aufstieg des Nationalsozialismus und alle damit verbundenen Schrecken vermögen seine leidenschaftliche Neugier zu dämpfen, die auch jetzt noch wie schon immer um seinen Vater und das Problem seiner Herkunft kreist. Als er hinter der berühmten »Erinnerungsstörung« schließlich Jakob Freud entdeckt, empfindet er für den Vater seiner Kindheit nur noch Zärtlichkeit, Pietät und vielleicht Mitleid, vielleicht auch ein Bedauern, daß er nicht stets zu lieben vermocht hat. Am Ende seiner Laufbahn angelangt, fühlt er gewiß noch den mit der »Überlegenheit der Söhne« verbundenen Skrupel; er wird nicht ganz damit fertig, doch noch berühmt geworden zu sein, wenn auch spät und um einen hohen Preis; die schlimmen und übermäßigen Gefühle, die aus seiner Sohnesliebe eine so heftige und unmögliche Leidenschaft machten, sind nicht restlos erloschen. Aber er darf sich mit Recht sagen, daß er zumindest in einer Hinsicht stark geblieben ist: wenn er seinen Vater auch nicht so gerächt hat, wie er es sich auf den Spuren Hannibals geschworen hatte, so hat doch auch Rom ihn nicht bezwingen können; dem Zauber der mythischen Stadt, in der die Dialektik von Ehrgeiz und Abtrünnigkeit auf ihn lauerte, ist er nicht erlegen. Er hat die Stadt auf seine Weise *besiegt*, indem er das dichte Gewebe trügerischer Bilder zerstörte, das sie zu einem unverletzlichen Ort machte, zu einer Stätte des Sacrum in dem antiken Doppelsinn des Wortes: heilig und zugleich verrucht und geschützt durch ein tödliches Tabu.

Dieser Sieg über seinen persönlichen Mythos, der objektiv nicht nur das Ende des 19. Jahrhunderts, sondern auch den Beginn eines neuen Zeitalters des Denkens bezeichnet, gibt ihm die Gewißheit, daß er nunmehr seinen ersten Platz auf der »anderen Seite« einnehmen kann, ohne befürchten zu müssen, daß er damit sich selber verleugnet. Mit anderen Worten: er kann nach Rom gehen und dort alles, was er liebt, bewundern, ohne auch nur im Traum, ja auch nur im flüchtigsten Augenblick des Traumes die geringste Versuchung fürchten zu müssen, auf die Knie zu sinken.

5. Der letzte Roman

Dank der Selbstanalyse, die ihm endgültig die Ambivalenz seiner Vaterbeziehung und eben damit auch die vielfältigen Widersprüche in seinem Verhältnis zum Judentum klar gemacht hat, ist Freud nun in der Lage, einen selbständigen und neuartigen Weg einzuschlagen, der weder der des resignierten Sich-Abfindens mit dem jüdischen Schicksal noch der der Verleugnung der jüdischen Herkunft ist, die bei der Assimilation mehr oder minder unvermeidlich wäre. Denn jetzt weiß er, daß das, was er in der abenteuerlichen Selbsterforschung in sich entdeckt hat, in jedem Menschen vorhanden ist, ganz unabhängig von den Bedingungen des Raumes, der Zeit, der Kultur und der Rasse, die den sichtbaren Teil seiner Persönlichkeit prägen mögen. Als Freud an Fliess schrieb: »Ich habe die Verliebtheit in die Mutter und die Eifersucht gegen den Vater auch bei mir gefunden...«[1], so gibt er gewiß zu verstehen, daß ihm die Selbsterfahrung nur eine klinische Tatsache bestätigte, die ihm bereits bekannt war; in Wirklichkeit aber liegen die Dinge, wie wir inzwischen wissen, ein wenig anders. Denn was er bei der Deutung seiner Träume fand, war durchaus nicht das, was er erwartet hatte – die frühkindliche Verführung des späteren Hysterikers –, sondern etwas absolut Neues, das ihn zwang, einen Schritt zurückzugehen und seine gesamte bisherige Theorie zu revidieren. Nachdem das analytische Verständnis seines eigenen Falles ihm die Möglichkeit verschafft hat, einen Irrtum zu korrigieren, an dem er lange festgehalten hatte, kann er endlich erfassen, was im Unbewußten seiner Patienten tatsächlich vorgeht, und sodann, gestützt auf die Fülle des angesammelten klinischen Beweismaterials, kühn ein Gesetz formulieren, das für die gesamte Menschheit gilt. Seitdem ist das doppelte Postulat des »Ödipuskomplexes« – Verlangen des Kindes nach dem gegengeschlechtlichen Elternteil und gleichzeitig Haß auf den gleichgeschlechtlichen Elternteil, den es als Rivalen empfindet und zu beseitigen wünscht – keine zufällige Erscheinung mehr, die ausschließlich der Pathologie angehört, sondern eine schicksalhafte Notwendigkeit, genauer gesagt, die schicksalhafte Grundbedingung des menschlichen Lebens schlechthin, von der überall und immer die Modalitäten der Existenz abhängen. Freud, der nach dem jüdischen Drama seiner eigenen gedemütigten Kindheit das universelle Drama jeder Kindheit rekonstruiert hat, könnte also der Forderung von Gerstäcker und Lasemann, sich ihnen anzugleichen und sich selbst aufzugeben, wenn er akzeptabel sein wolle, mit Fug und Recht entgegenhalten: »Ich bin nicht wie ihr und werde es niemals sein. Aber ich brauche mich auch gar nicht zu bemühen, wie ihr zu werden, denn in einem tieferen Sinne, als ihr auch nur ahnen könnt, *seid ihr wie ich*, seid Vatermörder und Blutschänder. Ich habe in mühsamer Selbsterforschung diese Erkenntnis erworben; euch aber würde ohne mich unbewußt bleiben, wer ihr seid. Also bin ich es, der euch auffordern darf, mir gleich zu werden, euch mir zu ›assimilieren‹, indem ihr euer wahres Wesen erkennt.« Natürlich würden solche Worte Freuds so bald nicht verstanden werden; noch lange machen sich die ernsthaften Leute über das »abergläubische Altweibergeschwätz« lustig. Und doch sind mit dem Erscheinen der *Traumdeutung* die historischen Bedingungen der Assimilation radikal verändert, hat sich das Verhältnis umgekehrt: jetzt ist es die Psychoanalyse, die zu der »anderen Seite« eine solide und ganz von ihr allein erbaute Brücke schlägt, und zum ersten Mal bestimmt eine jüdische Wissenschaft und sie allein über das Gesetz der Kommunikation.

Das Ziel der Psychoanalyse besteht also nicht nur darin, Kommunikation zwischen dem Bewußtsein und den unbewußten Teilen der Psyche herzustellen; sie vermittelt auch zwischen zwei Kulturen und Denkweisen, und zwar nicht wie andere jüdische Bewegungen durch Anpassung an die Normen der nichtjüdischen Gesellschaft, sondern mit der Gründung einer neuen und eigenen Erkenntnisdisziplin, die radikal mit der religiösen und philosophischen Tradition des Abendlandes bricht. Außerhalb dieser Disziplin, in der die Grenzen zwischen dem Bekannten und dem Unbekannten sich ständig verändern, hat der gesunde wie der kranke Mensch immer nur ein beschränktes und unzureichendes Wissen von sich selbst, das ihm nicht helfen kann, sein Schicksal auch nur im bescheidensten Umfang in die Hand zu nehmen. Denn er bleibt hilflos den dunklen psychischen Mächten ausgeliefert, deren Existenz er leugnen muß. Wer die engen Grenzen dieses offiziellen Wissens überschreiten will, um der Schattenwelt der eigenen Psyche ein Stückchen Freiheit abzuringen, wird künftig dem neuen Gesetz folgen müssen, welches das alte abgelöst und unwirksam gemacht hat. Und jedesmal, wenn die abendländische Kultur von den Triebkräften ihres Schaffens und Denkens in Unruhe versetzt und zur Überprüfung ihrer geistigen Infrastrukturen gezwungen wird, wird sie sich zu der gleichen Konsequenz bequemen müssen.

Der Leser wird wohl verstanden haben, daß diese Umkehrung der Situation nicht eigentlich ein Ereignis ist oder, soweit sie ein solches ist, dies nur auf der Ebene einer äußersten Subjektivität sein kann, auf der Freud sich als Interpret seiner Phantasien und Träume bewegen muß, um die Grundlagen seiner geistigen Position zu klären. Wenn er für sich selbst beanspruchen darf, derjenige zu sein, den die »andere Seite« braucht, um aus ihrer Verblendung herauszufinden, so kann er nach außen hin doch nicht verhindern, daß sein Werk als ein schönes Beispiel gelungener Assimilation gilt, was es als Produkt einer vollständig angeeigneten Kultur ja auch ist. Während die Psychoanalyse kaum noch Spuren der typisch jüdischen Situation bewahrt hat, der sie ihren ursprünglichen Elan verdankt, stützt sie sich auf eine Fülle von wissenschaftlichen oder auch populären Begriffen aus dem gemeinsamen Fundus der europäischen Kultur; ja manche ihrer grundlegenden Konzepte sind sogar direkt aus der Literatur oder der Mythologie geschöpft, als ob sie nicht nur von einem entsprechend gebildeten Publikum verstanden werden wollte, sondern ausgesprochen stolz wäre auf das Ausmaß der Anleihen. Schon die Bezeichnung »Ödipuskomplex«, die in der *Traumdeutung* gar nicht vorkommt und die Freud nicht wirklich selber geprägt, sondern übernommen hat, wirkt in dieser Hinsicht hinreichend demonstrativ[2]; übrigens ist dieser Begriff keineswegs das einzige Beispiel für eine geglückte kulturelle Synthese. Die Psychoanalyse hat für ihre Wortbildungen und Begriffsprägungen aus zahlreichen Quellen geschöpft und spiegelt darin sehr gut die Liebe und Bewunderung ihres Begründers für alle die Lehrer, die er auf den verschiedensten Gebieten des Geistes zu finden wußte. Trotzdem und bei aller Faszination jenes kosmopolitischen Humanismus, den das Werk Freuds so harmonisch verkörpert, ist dieses Werk sehr viel mehr der historischen Vergangenheit der »anderen Seite« als ihrer Gegenwart verpflichtet: es enthält gemeinsame Reminiszenzen und Erinnerungen, aber was es dem Menschen von hier und jetzt zu sagen hat, liegt einzig und allein in seinem ganz eigenständigen Deutungsverfahren[3], dem es seine Autorität verdankt. Für ihre Theorie des Unbewußten mußte die Psychoanalyse zunächst untersuchen, was Wissenschaften, Religionen und Philosophien seit jeher ausklammerten, und sie mußte schließlich gerade das, was alle anderen Disziplinen für nichtexistent oder bedeutungslos halten, als das eigentlich Entscheidende erkennen. Sie kann also den Anspruch erheben, nur auf sich selbst zu beruhen, keinem anderen Gesetz unterworfen zu sein als ihrem eigenen und selbst der Maßstab zu sein, an dem ihre Wahrheiten gemessen werden müssen. In einem radikalen Sinne unabhängig – sie setzt nichts Früheres fort und braucht zu ihrer Entwicklung keine fremde Hilfe –, bleibt sie für jeden Schüler oder Patienten, aus welchem geistigen Horizont auch immer er kommt, das Nie Gewußte, Nie Gehörte, ein absoluter Anfang oder Neubeginn.

Nach einer gewissen Zeit des Eingeengtbleibens auf die Wiener Psychoanalytische Vereinigung, in der sie nach Freuds eigenen Worten Gefahr lief, eine »jüdische nationale Angelegenheit« zu werden, öffnete sich die Psychoanalyse weit nach außen; bedeutende Männer, die manchmal in ihrem Heimatland schon einen Namen hatten, stießen zu ihr und erklärten sich bereit, die Sache Freuds und seiner Bewegung zu der ihren zu machen, auch auf die Gefahr hin, ihre materielle Sicherheit oder ihren Ruf zu riskieren. Die ersten Anhänger, die aus Begeisterung über die neue Entdeckung zu Freud finden, sind Schweizer, vor allem die Psychiater Bleuler, Jung und Binswanger und der protestantische Pfarrer Oskar Pfister. Ihr Eifer für die Sache Freuds ist um so bemerkenswerter, als ihr Bildungsgang sie keineswegs für eine solche Revolution prädestinierte. Die Juden um Freud im Wiener »Ghetto« hatten in dieser Hinsicht kaum Schwierigkeiten gehabt; der Erfinder der Psychoanalyse sprach gewissermaßen in ihrem Namen, und sie folgten ihm instinktiv, ohne sich verloren zu fühlen (»wir Juden haben es im ganzen leichter«). Die Schweizer dagegen mußten, wenn sie sich Freud anschlossen, eine ganze Welt verlassen und in einer neuen heimisch werden, das heißt, sie mußten die Glaubensüberzeugungen, Denkweisen und Vorurteile jeder Art über Bord werfen, die sie noch dort, wo sie sich für völlig emanzipiert halten durften, an ihr Herkunftsmilieu banden. Da diese Imponderabilien außerordentlich prägend und andererseits kaum, ja im Grunde gar nicht zu eliminieren sind, stehen diese neuen Anhänger stets in der Versuchung, die notwendige Veränderung in der entgegengesetzten Richtung zu suchen und Freud und die Psychoanalyse der Tradition der »anderen Seite« mit ihrem mehr oder minder säkularisierten Christentum einzuverleiben. Daher die Konflikte, die fast unmittelbar nach ihrem Eintritt in die Bewegung ausbrechen, oder genauer gesagt – denn sie sind zu diesem Zeitpunkt wie auch später bei weitem nicht die einzigen Unruheherde – ein bestimmter Typ von Mißverständnis, für dessen Beseitigung Freud stets die letzte Energie aufbieten muß, wenn er nicht riskieren will, daß seine Lehre für die herkömmliche Art von Spiritualität in Beschlag genommen wird.
Gewiß sorgte schon der besondere Charakter der psychoanalytischen Bewegung dafür, daß sie ständig von Streitereien und Abweichungstendenzen erschüttert wurde; Freud war ja eine Art »Vater«, und da seine ersten Schüler nicht oder nur unvollkommen analysiert waren, konnten sie auf ihn die ganze Ambivalenz ihres »Vaterkomplexes« abladen, den nicht be-

wältigt zu haben sie sich gegenseitig vorwarfen, so daß die geringste theoretische Kontroverse in eine leidenschaftliche Abrechnung ausartete. In dieser kleinen Gruppe, die durch eine so ungewöhnliche Berufung zusammengehalten wurde, entsprangen die Streitigkeiten mindestens ebenso sehr persönlichen Animositäten und Rivalitäten als echten theoretischen Meinungsverschiedenheiten. Das ist einer der Gründe dafür, daß Freud sich so unbehaglich fühlte; dazu kommt noch, daß Persönlichkeit, Charakter und Manieren gewisser Wiener ihm heftigen Abscheu einflößten, den er kaum verbergen konnte oder auch nur wollte (»So, haben Sie jetzt diese Bande gesehen?« soll er zu Binswanger nach einer Sitzung gesagt haben[4]). Adler mochte er so wenig wie Stekel oder Tausk, und seine Abneigung hat sicher erheblich dazu beigetragen, Feindseligkeiten auszulösen, die fast von Anfang an die Einheit der Bewegung bedrohten. Tausk brachte sich aus Gründen um, die mit der Theorie nichts zu tun haben; Stekel entwickelte seine eigene »Wissenschaft vom Traum«, in die er all die Extravaganz einbrachte, vor der Freud selber sich so sorgfältig gehütet hatte; Adler hat zwar nicht in seinen Schriften, aber wenigstens privat zugegeben, daß er sich vor allem deshalb von Freud trennte, weil er den Gedanken nicht ertragen konnte, sein ganzes Leben im Schatten des übermächtigen Meisters zu verbringen.[5] Natürlich erklären diese persönlichen Mißhelligkeiten bei weitem nicht alles; es gab zwischen diesen mehr durch die Situation als durch Affinitäten verbundenen Männern echte Meinungsdifferenzen, die sie früher oder später entzweien mußten. Aber so schwerwiegend auch die Abweichungen eines Stekel oder Adler gewesen sein mögen – und das waren sie, vor allem im Falle Adlers, soweit sie in das *ancien régime* der Psychologie zurückführten –, so haben sie doch wenigstens in einer Hinsicht das Wesentliche nicht preisgegeben: sie trugen nicht dazu bei, die gestürzten Idole wieder aufzurichten, die transzendenten Werte der Moral, Religion und Philosophie zu restaurieren, mit einem Wort: eben jene »Illusionen« wiederherzustellen, deren Ende Freud verkündete.

Ganz anders stand es mit den von auswärts kommenden Schülern – den Schweizern vor allem und den Amerikanern –, die von dem ganzen Drum und Dran der Psychoanalyse kaum etwas wußten und sich der Sache anschlossen, ohne die Konsequenzen ihres Engagements immer ganz abschätzen zu können. Angelockt von dem Wunderbaren, dem die *Traumdeutung* ein neues Feld zu eröffnen und eine im Jahrhundert des »bornierten« Rationalismus kaum mehr erhoffte intellektuelle Legitimation zu verleihen schien, und den ererbten moralischen und philosophischen Vorurteilen ihres Milieus trotz allem stark verhaftet, erlagen diese

Männer, die Freud ihren kämpferischen Eifer und ihre Autorität zubrachten, einem folgenschweren Mißverständnis: sie erwarteten von der Psychoanalyse nicht, *desillusioniert* zu werden, wie es deren Wesen vor allem entsprochen hätte, sondern versprachen sich ganz im Gegenteil, ihre Illusionen auf eine ganz neue Art wissenschaftlich abgesegnet zu sehen und demnach um so zäher an ihnen festhalten zu können. Die *Traumdeutung* bewies ja nachdrücklich, daß es zwischen Himmel und Erde doch noch eine ganze Menge von Dingen gab, die die in einem verkürzten Weltbild befangene, positivistische moderne Wissenschaft für nichtexistent oder bestenfalls für unerforschlich erklärte. Alle jene, die die offizielle Wissenschaft verwarfen, weil sie sich für ihre Fragen nach dem Leben, dem Tod, dem Geheimnis der menschlichen Existenz und dem letzten Sinn aller Dinge nicht interessierte, schlossen sich also eilig der verfemten jüdischen Wissenschaft an, die ja in gewisser Weise die *Seele* rehabilitierte und damit in der Lage schien, zwischen den ältesten Weisheitslehren und der fortgeschrittensten Modernität eine Brücke zu schlagen. Denn da die Psychoanalyse zwar auf Wissenschaft gründete, aber den Vorurteilen der herrschenden Wissenschaft widersprach, da sie analytisch vorging, aber dazu geeignet schien, der alles zersetzenden Denkweise des modernen Skeptizismus die Stirn zu bieten, wurde sie für viele zu der exemplarischen Wissenschaft, die endlich mit den falschen Antinomien aufräumt und einer neuen Alchemie kühn den Weg bahnte.
Freuds Genie hatte den Menschen, sein Verhältnis zu sich selbst und zur Welt, unter einem Aspekt erforscht, der bis dahin fast nur von Dichtern und Mystikern wahrgenommen worden war; nun also galt es, diese revolutionäre Sicht mit den erhabenen Werten zu versöhnen, die unserem kulturellen Überbau *a priori* innewohnen. Man wußte jetzt, daß das Kind eine gewissermaßen angeborene Fähigkeit zum Vergöttlichen besitzt, daß es sich aus allem, was ihm groß, geheimnisvoll, mächtig und unbegreiflich erscheint, ganz spontan seine Götter schafft. Konnte man daraus nicht einen religiösen »Instinkt« ableiten, der den Offenbarungsreligionen endlich eine wissenschaftliche Legitimation lieferte? Gab es daneben nicht auch einen moralischen »Instinkt« und einen ebenso mächtigen Drang zu allem Reinen, Wahren und Schönen? Konnte man das Unbewußte, das ja das Okkulte schlechthin war, nicht dazu benutzen, eine Wissenschaft des Irrationalen zu begründen, die allen sogenannten Aberglauben und alle religiösen Phänomene zum Gegenstand ernsthafter Untersuchung macht? Unwiderlegbar war nun bewiesen, daß Delirien und Träume trotz ihrer scheinbaren Absurdität einen Sinn haben; konnte man sich das nicht zunutze machen, um wiederzugewinnen, was die verschiedenen Formen

des Mystizismus an Wahrheit enthielten? Fand der vom modernen Denken so gründlich diskreditierte philosophische Finalismus nicht eine überzeugende Stütze in Freuds Determinismus? Eineinhalb Jahrzehnte lang – grob gesagt bis zum Ausbruch des Ersten Weltkrieges – geht es in den Polemiken zwischen Freud und seinen auswärtigen Schülern um diese Versuche, die »Werte« und die Finalität des Denkens zurückzugewinnen, auf die gerade die Begabtesten und Sensibelsten nicht verzichten wollen. Manchmal führen die daraus entstehenden Kontroversen zu einem spektakulären Bruch – so schon bald mit Bleuler, nach einigen Jahren auch mit C. G. Jung –, manchmal bleiben sie ohne Auswirkung auf die persönliche Freundschaft (Freud überwirft sich weder mit Pfister noch mit Binswanger, der doch in dieser Hinsicht ganz und gar nicht mit ihm einig ist). Immer aber, ob sie von den spiritualistisch orientierten Psychiatern des Zürcher Burghölzli ausgehen oder von dem amerikanischen Moralisten und protestantischen Pfarrer James Putnam, richten diese Kontroversen sich gegen das anstößige Verfahren der Erklärung des Höheren durch das Niedrige, der Rückführung der erhabensten Geistesregungen auf das Triebleben; sie stellen also genau das in Frage, was die Analyse eigentlich ausmacht, und hier muß Freud unerbittlich bleiben, wenn er das Kostbarste, was er geschaffen hat, nicht eigenhändig zerstören will.[6]

In all dem, was er zu diesen »letzten« Fragen gesagt hat, mit denen man ihn immer wieder bestürmt, findet sich kein einziges Wort, das ein Schwanken über die Wegrichtung oder über die Gangart seines Denkens verriete. Zu Binswanger hat er einmal gesagt: *»Die Menschheit hat ja gewußt, daß sie Geist hat; ich mußte ihr zeigen, daß es auch Triebe gibt.* Aber die Menschen sind immer unzufrieden, sie können nicht warten, wollen immer etwas Ganzes und Fertiges ...«[7] Und in einem Brief an den gleichen Freund, der ihn jahrelang mit dem Wunsch bedrängt, seine Theorie in einer Weise zu ergänzen, die Binswangers eigene philosophische Bedürfnisse befriedigen würde, hat er sein Glaubensbekenntnis oder vielmehr das Bekenntnis seines Unglaubens formuliert, das seine Ansichten zu diesem Problemkomplex prägnant zusammenfaßt: »Ich habe mich immer nur im Parterre und Souterrain des Gebäudes aufgehalten – Sie behaupten, wenn man den Gesichtspunkt wechselt, sieht man auch ein oberes Stockwerk, in dem so distinguierte Gäste wie Religion, Kunst, und anderes hausen. Sie sind nicht der einzige darin, die meisten Kulturexemplare des Homo natura denken so. Sie sind darin konservativ, ich revolutionär. Hätte ich noch ein Arbeitsleben vor mir, so getraute ich mich, auch jenen Hochgeborenen eine Wohnstatt in meinem niedrigen Häuschen anzuweisen. Für die Religion habe ich es schon gefunden, seitdem ich auf die Kategorie Mensch-

heitsneurose gestoßen bin. Aber wahrscheinlich reden wir doch aneinander vorbei, und unser Zwist wird erst nach Jahrhunderten zum Ausgleich kommen.«[8] Mit 80 Jahren macht Freud sich natürlich nicht mehr allzu große Illusionen über die Möglichkeit, diejenigen seiner Schüler zu überzeugen, die, geblendet von seinem Genie, aber taub für seine Lehre, unbedingt an den Himmel projizieren wollen, was er in so mühseliger Arbeit im »Souterrain« entdeckt hat. Aber bis zum Ende bleibt er bei der revolutionären Position, von der er weiß, daß sie sein Beitrag zur Geschichte des menschlichen Geistes ist: seine Aufgabe war es, die Götterdämmerung einzuläuten und die Idole zu stürzen, deren niedergehender Kult noch immer den Horizont des Denkens verfinstert, und bei diesem heilsamen Zerstörungswerk kann er nur die Hilfe freier Menschen brauchen, die geduldig und bescheiden genug sind, sich nicht um den Himmel zu kümmern. Während der rund 40 Jahre, in denen er an der Spitze der von ihm selbst geschaffenen Bewegung steht, kämpft Freud unablässig gegen alle Restaurationstendenzen, die darauf abzielen, den harten Kern seines Werkes aufzuweichen oder preiszugeben. Wie er von sich selbst sagt, daß es »mein Schicksal geworden ist, ›den Frieden der Welt zu stören‹«[9], so sieht er auch die Aufgabe der Psychoanalyse nicht darin, sich den herrschenden Werten der abendländischen Tradition zu beugen, sondern jeder Art von Denkfaulheit, die in eben diesen »Werten« ihr bequemstes Alibi findet, den Krieg zu erklären. Dank ihres speziellen Charakters, der ihr unter den übrigen Wissensdisziplinen eine Sonderstellung zuweist – sie gehört weder zur Medizin, noch zur Naturwissenschaft, noch zur Moral, noch zur Philosphie –, kann die Psychoanalyse sich ausschließlich ihrer ursprünglichen Aufgabe widmen, die »andere Seite« zu provozieren, zu verunsichern und aus ihrer Selbstzufriedenheit aufzustören.
Indem Freud die westliche Kultur immer wieder durch die kritische Analyse ihres Wertgefüges erschüttert, erringt er über das Rom seiner Träume einen Sieg ohne Beispiel, der ihn reichlich dafür entschädigt, daß er nicht in die Fußstapfen des Feldherrn Hannibal treten konnte. Er rächt seinen Vater, sich selbst und die Seinen mit gewiß ungewöhnlichen Mitteln, aber so gründlich und so spektakulär, daß er seinen Schwur als eingelöst und seine Schuld als restlos getilgt betrachten kann. Und trotzdem bezeugen seine weiteren Werke, daß er keinen Frieden gefunden hat; er bleibt bis zuletzt der umgetriebene, in Qual verstrickte, sich aufbäumende Sohn, der keine Ruhe findet, wenn er nicht immer wieder das Geheimnis seiner Gewissensbisse zutage fördert. Nicht daß er die Beichte fortsetzte, die er dereinst unter dem Deckmantel der *Traumdeutung* abgelegt hat; er hütet sich künftig, von sich selber zu sprechen, tut es nur noch in einer

indirekten, sozusagen unpersönlichen Form mit der Wiederholung seiner bevorzugten Themen – Aufstand der Söhne, Vatermord, ewiger Kreislauf von Schuld und Sühne – und mehr noch vielleicht mit seinen Skrupeln als Autor, den Verheimlichungen und Ausflüchten, die ihn auf so unerklärliche Weise hemmen, sobald er sich an das Publikum wendet.
Denn Freud nimmt durchaus nicht zu allen seinen Werken die gleiche Haltung ein. Seine rein theoretischen Arbeiten sind für ihn kein Problem, auch wenn sie noch so kühn die offizielle Wissenschaft oder den moralischen Konformismus angreifen. Jedesmal aber, wenn Freud auf seine verschleierte Autobiographie zurückkommt – das ist in der Regel bei den Essays zur angewandten Psychoanalyse der Fall –, empfindet er ein merkwürdiges Unbehagen, das sich zunächst in ungewohnten Schwierigkeiten bei der Arbeit selber verrät und dann nach Beendigung der Niederschrift in neuerlichen Zweifeln und Skrupeln, die ihn veranlassen, die Veröffentlichung immer wieder aufzuschieben. So ist zum Beispiel 1912 sein Widerwille gegen *Totem und Tabu* so groß, daß seine Schüler ihn nur mit vereinten Kräften umstimmen können[10]; 1914 kann er seinen Essay über den *Moses des Michelangelo* nur unter dem Schutz der Anonymität veröffentlichen, und zwanzig Jahre später läßt er seine zweite Arbeit über *Moses* nur stückweise und widerwillig drucken und gibt jedem Teilstück eine Fülle von Einschränkungen und Kautelen bei, die über sein inneres Unbehagen Bände sprechen. Das Zentralthema von *Totem und Tabu* aber ist der *historische* Vatermord, die Ermordung des Urvaters durch die verbündeten Söhne; in *Der Mann Moses und die monotheistische Religion* finden wir das gleiche Thema nun nicht mehr am Beispiel des namenlosen Vaters der Urhorde abgehandelt, sondern an dem jüdischen Vater, der in der Frühzeit unserer Geschichte und Kultur erschlagen wurde; den *Moses des Michelangelo* schließlich hat Freud zwar geschrieben, um gewisse Widersprüche zu klären, die das Geheimnis dieser berühmten Skulptur ausmachen, doch gleich zu Beginn enthüllt er seine wahren Motive: der Moses, den er beschreibt, schickt sich an, aus dem Marmor, in den er gebannt ist, herauszutreten; wie der Komtur im letzten Akt von *Don Giovanni* wird er auf übernatürliche Weise lebendig und richtet sich auf, um mit seiner furchtbaren steinernen Faust den Frevler zu packen, der ihn getötet hat. In allen drei Fällen also wird das »ödipale« Drama, das zur Zeit der *Traumdeutung* noch bloß die Frucht ohnmächtiger infantiler Wünsche war, zu der unfaßbaren Wirklichkeit, die aller menschlichen Geschichte zugrunde liegt, zu der großen schicksalhaften Krise, die Verbrechen wie auch Fortschritt gebären kann und von der Freud selber trotz all seines Wissens noch immer ganz unmittelbar betroffen ist.[11]

Die Abhandlung *Der Moses des Michelangelo* unterscheidet sich von allen anderen Werken Freuds durch den geringen Raum, den die Psychoanalyse im eigentlichen Sinne darin einnimmt; sie ist, wie der anonmye Autor sagt, die Arbeit eines schlichten Kunstliebhabers, der zufällig analytischen Kreisen nahesteht und seine Kenntnisse dazu benutzt, über die »Krone der modernen Skulptur« einige sinnreiche Bemerkungen zu machen, die mehr den Kunstgenuß vertiefen als die wissenschaftliche Erkenntnis bereichern sollen. Natürlich sähe er dazu keinen Anlaß, wenn die Statue nicht eine außerordentlich tiefe Wirkung auf ihn ausübte, aber er schickt voraus, daß er in Kunstdingen nur ein Laie ist, und gibt sogar zu verstehen, daß er sich deshalb zu unsicher fühlt, um es wagen zu dürfen, den Artikel mit seinem Namen zu zeichnen.[12]
Doch ist dieser Moses für Freud keineswegs nur ein küstlerisches Meisterwerk neben anderen. Zunächst steht er in enger Beziehung zu Rom und zum Papsttum, zwei Dingen also, die, wie wir wissen, für die verborgene Ökonomie seiner Ambitionen einst eine entscheidende Rolle spielten. Ferner bestehen wahrhaft überraschende Beziehungen zwischen der Statue und ihm, und dem gesunden Menschenverstand zum Trotz scheint er anzunehmen, daß es sich um ein wechselseitiges Verhältnis handelt. Seitdem er es sich gestatten kann, ungescheut nach Rom zu reisen, ist der Marmorkoloß ihm offenbar sehr vertraut geworden, denn er sucht ihn bei jeder seiner Reisen auf; dennoch kann er seinen Anblick kaum ertragen, er betrachtet ihn mit einer Mischung aus Bewunderung und Furcht, die ihn manchmal zwingt, sich davonzustehlen, als ob die Statue plötzlich Leben gewänne: »Wie oft bin ich die steile Treppe vom unschönen Corso Cavour hinaufgestiegen zu dem einsamen Platz, auf dem die verlassene Kirche steht, habe immer versucht, dem verächtlich-zürnenden Blick des Heros standzuhalten, und manchmal habe ich mich dann behutsam aus dem Halbdunkel des Innenraumes geschlichen, als gehörte ich selbst zu dem Gesindel, auf das sein Auge gerichtet ist, das keine Überzeugung festhalten kann, das nicht warten und nicht vertrauen will und jubelt, wenn es die Illusion des Götzenbildes wieder bekommen hat.«[13] Freud, der sonst in intimeren Dingen so wenig mitteilsam zu sein pflegt, gibt hier ohne jeden zwingenden Grund dem Publikum Einblick in sein Innerstes, oder vielmehr er tut es aus einer zwingenden psychischen Notwendigkeit, die ihm ein ganz unglaubliches Geständnis abnötigt: mit 58 Jahren benimmt er sich vor dem steinernen Standbild in einer Weise, die nur bei einem Kind verzeihlich wäre. Er hat nämlich Angst vor dem in Stein gehauenen Heros, er fürchtet und wünscht zugleich, ihn lebendig werden zu sehen: »Ich weiß mich an meine Enttäuschung zu erinnern, wenn ich bei früheren

Besuchen in S. Pietro in Vincoli mich vor die Statue hinsetzte in der Erwartung, ich werde nun sehen, wie sie auf dem aufgestellten Fuß emporschnellen, wie sie die Tafeln zu Boden schleudern und ihren Zorn entladen werde. Nichts davon geschah; anstatt dessen wurde der Stein immer starrer, eine fast erdrückende heilige Stille ging von ihm aus, und ich mußte fühlen, hier sei etwas dargestellt, was unverändert so bleiben könne, dieser Moses werde ewig so dasitzen und so zürnen.«[14] Es kann keinen Zweifel daran geben, daß die hier angedeutete Szene so manches Mal mit einer Art heiligem Schrecken durchlebt wurde, und daß das eigentliche Thema des Essays gar nicht das Werk des Michelangelo ist, sondern der lebendige Mann, den es darstellt, der Mann Moses, der Vater der Juden und der ewig zürnende jüdische Vater, vor dem Freud sich ewig schuldig fühlen wird. Denn um eine so irrationale Angst zu empfinden – immer wieder versucht er, »dem verächtlich-zürnenden Blick des Heros standzuhalten«, aber manchmal hält er das nicht aus und schleicht sich hinaus, als ob er wirklich körperliche Strafe fürchtete –, muß man schon Gründe haben, sich schuldig zu fühlen, und zwar nicht ganz allgemein wegen vager Gedanken oder vergangener Verfehlungen, sondern hier und jetzt angesichts dieser als unerbittlicher Richter drohenden Statue. Moses wird seinen Zorn auf ihn entladen, weil er zu dem ehrlosen und treulosen Gesindel gehört, »das keine Überzeugung festhalten kann, das nicht warten und nicht vertrauen will und jubelt, wenn es die Illusion des Götzenbildes wieder bekommen hat«. Wie dieses Gesindel, das Moses mit seinem Blick niederwirft, ist Freud unbeständig und voll Ungeduld nach sofortigem Glück, ein Götzenanbeter und Verräter. Er verdient die Strafe, die einst den Hebräern zugedacht war, über ihn wird das Drama vom Berge Sinai erneut hereinbrechen. Abermals werden die Gesetzestafeln zerschmettert werden, und die alte jüdische Tragödie wird sich erneut an dem Sünder der Gegenwart vollziehen, der dieses Schicksal am meisten verdient hat. Denn so winzig Freud sich angesichts des Titanen fühlt, so wird er doch durch das Ausmaß seiner Schuld emporgehoben, die allein die großartige Inszenierung rechtfertigt. Und trotz, ja vielleicht gerade wegen seiner Furcht vor der Strafe, wünscht er sofort und auf der Stelle die ganze Strenge des Gesetzes zu erleiden, um endlich die beklemmende Erwartungsangst loszuwerden. Aber er erlebt eine Enttäuschung, denn nichts geschieht, Moses bleibt starr, wird »ewig so dasitzen und so zürnen«, und wieder erfährt Freud vor diesem steinernen Bild des toten Vaters, dessen Zorn nie besänftigt sein wird, daß er die Last seiner Schuld ganz allein zu tragen hat.

Der Kunstliebhaber, als den der Autor dieser von analytischem Denken angeblich nur ein wenig beeinflußten Schrift sich bezeichnet, kann auf den Inhalt dieses Schuldgefühls kaum eingehen, denn damit würde er wahrscheinlich seine wahre Identität verraten. Indem er sich mit dem treulosen »Gesindel« identifiziert, legt er natürlich die Vermutung nahe, daß es sich auch hier wieder um das brennende Thema der Verleugnung des Vaters und der jüdischen Herkunft handelt, das für ihn mit so vielen unbewußten Motiven verwoben ist. Die Vermutung wird im übrigen bekräftigt durch die Ideenverbindung zwischen Moses und Rom, die stark an die frühere Vision vom Gelobten Land erinnert, mit dem Unterschied freilich, daß sie jetzt eine ganz konkrete Grundlage hat (Moses *ist* in Rom und gehört zu einem Ensemble, das einmal zum Grabmal für einen der bedeutendsten Päpste der Christenheit bestimmt war). Ganz allgemein gesagt tritt hier greifbare Wirklichkeit an die Stelle der früheren Phantasien, Träume und Fiktionen: nachdem Freud seine römische Hemmung endlich überwunden hat, ist er wirklich nach Rom gekommen, hat die Statue wirklich vor Augen, hat wirklich Angst, sooft er sie betrachtet, und erwartet wirklich, daß sie sich erheben wird. Der eigenartige Geisteszustand, in dem er sich in San Pietro in Vincoli befindet, kann nicht einfach mit einer bloßen Tagträumerei gleichgesetzt werden. Bemerkenswert daran ist, daß er regelmäßig jedes Mal erneut auftritt und den Betroffenen so stark in Bann hält, daß er sogar seinen Körper in Bewegung zu setzen vermag (er schleicht sich *behutsam* hinaus unter dem mit heiligem Zorn geladenen Blick der Marmorfigur), und die erstaunliche Faszination, die von ihm ausgeht, verdiente wohl zumindest einige aufklärende Hinweise. Aber Freud hält es nicht für angebracht, sich näher zu erklären; sein so merkwürdiges Verhältnis zu der Statue dient ihm nur als Einleitung zu seinem Text, der sich denn auch sogleich dem eigentlichen Thema zuwendet (der Widersprüchlichkeit der Gesten der Figur, deren plastische Gestaltung mit der in der Bibel geschilderten Szene kaum in Einklang zu bringen ist[15]). So bleibt die Sache offen: der Erzähler bricht genau in dem Augenblick ab, da die Halluzination selber vorüber ist, und der Heros, der eben noch lebendig werden und das Urteil über ihn fällen zu wollen schien, wird einfach seiner marmornen Ewigkeit überlassen.

Für den Augenblick also kehrt Moses wieder in die tote Materie zurück, aus der er beinahe lebendig hervorgetreten wäre, und Freud, weiterhin seinen Gewissensbissen ausgeliefert, aber von Strafe verschont, steht lebendig vor dem erstarrten Titan. Aber dabei bleibt es nicht. Zwanzig Jahre später beginnt die Geschichte von dem ermordeten jüdischen Vater von neuem, und Freud rekonstruiert sie nun mit allen Details in einer zugleich unpersönlichen und leidenschaftlichen Erzählung, die als die letzte Fassung seines Romans gelten darf. Es bleibt die gleiche Geschichte, aber nun mit einer bedeutsamen Abwandlung: der Moses, der Freud am Ende abermals ergreift, ist nicht mehr das in Stein gehauene Bild, dessen geballte Kraft ihn überwältigte, sondern der gewaltige Menschenbildner, der das Schicksal der Menschheit veränderte.

Es ist wohl kein Zufall, daß Freud in seinen letzten Lebensjahren wieder von Moses gepackt wird – zu einem Zeitpunkt, da er, ohnehin leidend und niedergeschlagen, enttäuscht in seinen Gefühlen für einige seiner Schüler und traurig über den Verlust derer, die ihm am nächsten gestanden hatten – Abraham ist 1926 gestorben, Ferenczi 1933 –, den Ausbruch einer unvorstellbaren Barbarei miterleben muß, die alles bedroht, was ihm am Herzen liegt. Zu den Gebrechen des Alters und den physischen Qualen, die er seit mehr als zehn Jahren geduldig trägt – er leidet an Krebs der Mundhöhle, muß sich immer wieder chirurgischen Eingriffen unterziehen und eine monströse Prothese tragen –, kommen nun noch die Ereignisse von 1933 in Deutschland hinzu mit all den Gefahren nicht nur für ihn selbst und die Seinen, sondern auch für die Sache der Wahrheit und der Wissenschaft, in deren Dienst er sich stets gefühlt hat. Gewiß ist Österreich vorerst noch nicht unmittelbar betroffen, aber der Druck, den Nazi-Deutschland ausübt, ist bereits deutlich zu spüren, und ein überall vernehmbares dumpfes Grollen verspricht für die nahe Zukunft wenig Gutes. Und selbst wenn Freud persönlich nicht in Gefahr wäre – aber natürlich wird er das schließlich doch bald sein –, so weiß er doch, daß ihm wenig Lebensmöglichkeiten blieben und das Leben kaum mehr einen Sinn für ihn hätte, wenn der blutige neue Mythos in seinem Land sich durchsetzen sollte. Einige Monate nach Hitlers Machtergreifung schreibt er an Oskar Pfister: »Unser Horizont ist durch die Vorgänge in Deutschland sehr verdüstert... Mein Urteil über die Menschennatur, speziell die christlich-arische, zu ändern war wenig Anlaß«[16] Aber der brutale Einbruch archaischer Gewalten, die man seit langem für gebändigt halten durfte, verstärkt nicht nur seinen angeborenen Pessimismus, sondern läßt auch die alte Wunde seiner jüdischen Existenz neu aufbrechen und macht das Grundproblem seiner Herkunft, das durch keine Einsicht in den Geschichtsprozeß aus der Welt zu schaffen ist, wieder virulent. An Arnold Zweig schreibt er: »Angesichts der neuen Verfolgungen fragt man sich wieder, wie der Jude geworden ist, und warum er sich diesen unsterblichen Haß zugezogen hat.«[17] Der Nationalsozialismus ist für Freud also nicht wie für die zeitgenössischen Marxisten, in erster Linie die äußerste Konsequenz der gesellschaftlichen und politischen Reaktion mit erkennbaren Ursachen er ist auch nicht nur ein Ausbruch von Barbarei, den der europäische Humanist als Außenstehender beurteilen kann, ohne die Grundlagen seiner eigenen Kultur im geringsten in Frage stellen zu müssen, sondern eine Prüfung im traditionellen Sinn, das heißt eine Drangsal, die den Juden auf sich selbst zurückwirft und mit dem Ärgernis seiner Einzigartigkeit konfrontiert. Denn wo die anderen sich nur an ihre aufgeklärten Überzeugungen halten müssen, um guten Gewissens Stellung beziehen zu können, muß der Jude zuallererst an sich selbst zweifeln; er hat die Erklärung für den unauslöschlichen Haß, den seine Rasse sich immer wieder durch ihre bloße Existenz als abgesonderte Minderheit zuzieht, nicht primär bei den Verfolgern, sondern bei sich selbst und seiner jahrtausendealten Geschichte zu suchen. Anstatt sich also zu fragen, wie die Deutschen zu dem werden konnten, was sie im Jahre 1933 sind, und wie es möglich ist, daß ein Volk mit so hoher Kultur derart verkommen kann, quält Freud sich mit der Frage nach dem »geheimnisvollen Etwas, das den Juden ausmacht«[18], um herauszufinden, was daran für die dumpfe Mehrheit so hassenswert ist oder scheint.

Er stellt sich diese Frage, aber genau genommen kennt er bereits die Lösung des Problems, als er sich zu Arnold Zweig darüber äußert, und nach dem Brieftext zu urteilen, hat er diese Lösung ohne große Mühe gefunden: »Ich hatte bald die Formel heraus: Moses hat den Juden geschaffen, und meine Arbeit bekam den Titel: Der Mann Moses, ein historischer Roman (mit mehr Recht als Ihr Nietzscheroman). Das Zeug gliedert sich in drei Abschnitte, der erste romanhaft interessant, der zweite mühselig und langwierig, der dritte gehalt- und anspruchsvoll. An dem dritten scheiterte das Unternehmen, denn er brachte eine Theorie der Religion, nichts Neues zwar für mich nach ›Totem und Tabu‹, aber doch eher etwas Neues und Fundamentales für Fremde. Die Rücksicht auf diese Fremden heißt mich dann den fertigen Essay sekretieren.«[19] Im September 1934 ist das Buch, das Antwort geben soll auf die brennenden Probleme der augenblicklichen Lage der Juden, abgeschlossen und könnte veröffentlicht werden; unter der bemerkenswerten Gattungsbezeichnung »historischer Roman« bietet es in der Gestalt des Moses den Schlüssel für alle Rätsel des Judentums. Freud wagt es jedoch nicht, es drucken zu lassen; aus eigenartig vielschichtigen Gründen, die er in der Folge übrigens gleichzeitg mit seinen Entdekkungen mitteilt, hält er das Manuskript zurück, kann es jedoch weder völlig verwerfen, noch überarbeiten noch endgültig unveröffentlicht lassen. Und als er sich schließlich doch dazu durchgerungen hat, es aus der Schublade hervorzuholen, läßt er es kapitelweise erscheinen – offenbar nicht nur in der Absicht, das Publikum nicht zu überfordern, sondern ebenso sehr auch, weil er sich selber an seinen Entschluß erst gewöhnen muß.[20]

Unter all den Argumenten gegen eine Veröffentlichung, die Freud in seinen Briefen wie auch in dem Werk selber anführt, scheint das politische nicht ganz aus der Luft gegriffen, denn die derzeitige Lage in Österreich läßt eine günstige Aufnahme, ja auch nur gleichgültige Duldung kaum erwarten: das Land lebt unter klerikaler Herrschaft, die jede Gedankenäußerung einer strengen moralischen Zensur unterwirft. Es ist die Herrschaft der Christlichsozialen und des Paters Schmidt, eines einflußreichen, gelehrten Mannes, der, wie allgemein bekannt ist, der offizielle Verbindungsmann des Vatikans in Wien ist. Das Unglück will es, daß dieser Pater Schmidt in anthropologischen Fragen als Autorität gilt (gemeinsam mit Andrew Lang hat er die Theorie des »Ur-Monotheismus« erfunden) und zu den unerbittlichsten Gegnern der Psychoanalyse und speziell der in *Totem und Tabu* vertretenen Thesen gehört, und nichts spricht dafür, daß er gegenüber dem *Moses* toleranter sein könnte, der ja letztlich nichts anderes ist als die Anwendung des gleichen Grundgedankens auf den besonderen Fall der Juden. Freud hält es deshalb für klüger, Schmidt nicht allzu offen herauszufordern und abzuwarten, bis die Lage sich so verbessert oder verschlimmert hat, daß er ungescheut sprechen kann. Es geht Freud dabei gar nicht so sehr um seine eigene Sicherheit; vielmehr fürchtet er, daß die gegenwärtigen politischen Erschütterungen für die psychoanalytische Bewegung selber schwerwiegende Folgen haben und viele seiner Schüler in mehreren europäischen Ländern mit einem Schlage ihres Broterwerbs berauben könnten. Schon hat die frischgegründete italienische Gruppe ernste Schwierigkeiten mit dem Vatikan und wäre ohne die engen Beziehungen ihres Gründers Edoardo Weiß zu dem allmächtigen Mussolini wahrscheinlich verboten worden. Das klerikale Milieu zu verärgern und die Macht offen herauszufordern, wäre bei dieser Lage der Dinge ein unverantwortlicher Fehler, um so mehr, als ein völlig unerwarteter Umstand auch Freuds Neigung zu einem solchen Schritt verringert. Denn eben der Nationalsozialismus hat die paradoxe Folge, daß die katholische Kirche ihre traditionelle Politik gegenüber den jeweiligen Machthabern diesmal fallen läßt; sie scheint dem Terror Widerstand leisten und die Sache der Freiheit aktiv verteidigen zu wollen (zwei Jahre später allerdings muß Freud mit Bitterkeit feststellen, daß sie wieder zu ihrer gewohnten Praxis zurückkehrt). Im Jahre 1934 dürfen die um ihre Zukunft bangenden österreichischen Juden hoffen, bei der Kirche Rückhalt und Beistand zu finden, und das ist für Freud ein zusätzlicher Grund, seinen *Moses* zurückzuhalten oder genauer gesagt die Entscheidung offen zu lassen.

Daß politische Überlegungen bei diesem Zaudern eine gewichtige Rolle spielen, ist unbestreitbar. Denn 1939, als das Schlimmste eingetreten ist, die psychoanalytischen Vereinigungen in den deutschsprachigen Ländern aufgelöst sind und Freud selber hat emigrieren müssen, veröffentlicht er schließlich das Buch als Ganzes ohne Rücksicht auf seine Wirkung auf die Gläubigen jeglicher Observanz. Gewiß ist für den immerhin 80jährigen Freud auch die Aussicht auf bösartige Kritiken oder gar Verfolgungen und Verbot seines Buches unerfreulich genug, um ihn zurückschrecken zu lassen, aber in Wirklichkeit hat er noch ganz andere Gründe zum Zögern, die damit zusammenhängen, daß er an dem Wert seines Essays zweifelt oder ihn gar für völlig mißraten hält. An Arnold Zweig schreibt er in dem bereits zitierten Brief: »Und dahinter steht, daß mir meine Arbeit weder so sehr gesichert scheint noch so sehr gut gefällt. Es ist also nicht der richtige Anlaß zu einem Martyrium.«[21] Und an anderer Stelle: »Eitingon habe ich geschrieben, daß Ihre Auffassung von der Unmöglichkeit, meinen Moses gefahrlos erscheinen zu lassen, im Recht ist. Aber die Gefahr, obwohl real gering, ist nicht die einzige Abhaltung. Ärger ist, daß der historische Roman vor meiner eigenen Kritik nicht besteht. Ich verlange doch mehr Sicherheit und mag nicht, daß die mir wertvolle Schlußformel des Ganzen durch die Montierung auf eine höhere Basis gefährdet wird.«[22] In den Jahren 1934 bis 1937 – und sogar noch nach dem Erscheinen der ersten beiden Kapitel des Buches – finden sich immer wieder derartige Äußerungen in den Briefen Freuds an seine nächsten Freunde. Gewiß ist das im Grunde nichts Neues, sondern nur wieder einmal jenes Mißvergnügen, das Freud fast immer empfindet, wenn er ein wichtiges Werk abgeschlossen hat; schon *Die Traumdeutung*, *Totem und Tabu* und *Der Moses des Michelangelo* waren gewissermaßen der Resignation des Onkel Jonas abgerungen. Aber diesmal wird die Unzufriedenheit noch empfindlich verschärft durch das deutliche Gefühl der Ohnmacht angesichts zahlreicher Schwächen – Dilettantismus, methodische Mängel, oft sehr gewagte Deduktionen –, die nicht nur der böswillige Kritiker gegen die Seriosität seiner Arbeit ins Treffen führen kann. Aber trotz dieser Mängel, die er deutlicher sieht als jeder andere, läßt das Buch ihn nicht los, und jahrelang ist er buchstäblich davon besessen. Ende 1934 schreibt er an Arnold Zweig: »Mit dem Moses lassen Sie mich in Ruhe. Daß dieser wahrscheinlich letzte Versuch, etwas zu schaffen, gescheitert ist, deprimiert mich genug. Nicht daß ich davon losgekommen wäre. Der Mann, und was ich aus ihm machen wollte, verfolgt mich unablässig. Aber es geht nicht, die äußeren Gefahren und die inneren Bedenken erlauben keinen anderen Ausgang des Versuchs. Ich glaube, mein Gedächtnis für rezente Vorgänge ist nicht mehr verläßlich.

Daß ich Ihnen in einem früheren Brief genug darüber geschrieben habe, daß Moses ein Ägypter ist, ist nicht das Wesentliche, obwohl der Ausgangspunkt dafür. Es ist auch nicht die innere Schwierigkeit, denn es ist so gut wie gesichert. Sondern die Tatsache, daß ich genötigt war, ein erschreckend großartiges Bild auf einen tönernen Fuß zu stellen, so daß jeder Narr es umstürzen kann.«[23] Nicht eigentlich das Problem der jüdischen Existenz also ist es, was Freud gefangen nimmt, sondern die Person Moses selber, »der Mann und was ich aus ihm machen wollte« (man beachte, daß Freud in beiden Titeln, die er nacheinander für das Werk wählte, diesen Aspekt der Menschlichkeit und Männlichkeit des Propheten betont.[24] Im Frühjahr 1935 gesteht er wiederum Arnold Zweig: »Der ›Moses‹ gibt meine Phantasie nicht frei... In meinem Bericht über Tell-el-Amarna, das noch nicht halb ausgegraben ist, habe ich eine Bemerkung über einen Prinzen Thotmes gelesen, von dem sonst nichts bekannt ist. Wäre ich ein Pfund-Millionär, so würde ich die Fortsetzung der Ausgrabung finanzieren. Dieser Thotmes könnte mein Moses sein, und ich dürfte mich rühmen, daß ich ihn erraten habe.«[25] Einen Monat später geht er wieder auf das unerfreuliche Thema ein: »Mit der Produktion geht es mir jetzt wie sonst in der Analyse. Wenn man in der ein bestimmtes Thema unterdrückt hat, kommt nichts anderes dafür. Das Gesichtsfeld bleibt leer. So bleibe ich auf den beiseite gelegten Moses fixiert, und mit ihm kann ich doch nichts mehr anfangen. Wann darf ich Ihnen den vorlesen?«[26] »Fixiert« ist er auf dieses Buch in der Tat wie auf noch kein anderes. Aber er ist auch gequält, verlegen und so uneins mit sich selber, daß er von seinem *Moses* auch dann noch wie von einem bloßen Projekt spricht, als die Hälfte bereits veröffentlicht ist. So schreibt er etwa an einen ungenannten Briefpartner: »Ich habe vor einigen Jahren begonnen, mir die Frage vorzulegen, wie der Jude den ihm eigentümlichen Charakter erworben hat und habe nach meiner Gewohnheit bei den ersten Ursprüngen eingesetzt«[27], aber weder nennt er den Titel des Werkes noch erwähnt er die Zeitschriftenpublikation, als wolle er, was bereits in die Realität getreten ist, noch immer im Bereich bloßer Möglichkeit belassen. Daß die beiden ersten Kapitel gedruckt sind, bringt ihm übrigens keine Ruhe; im folgenden Jahr arbeitet er am dritten Kapitel und stellt fest, daß Moses ihn noch immer plage wie ein »ghost not laid«.[28] Da er sich bereits dem Ende seiner Laufbahn nähert, bleibt ungewiß, ob es ihm noch vergönnt war, sich befreit zu fühlen, oder ob der schwere Konflikt, in den Moses ihn verstrickte, bis zu seinem Tode ungelöst blieb.

Wollte man den wiederholten Erklärungen Freuds zu diesem Thema Glauben schenken, so wäre das, was ihn beunruhigte, gar nicht so sehr seine

Grundthese, daß Moses ein Ägypter gewesen sei, obwohl sie entschieden die abenteuerlichste seiner Ideen ist. Er hält das für eine ausgemachte Sache und meint, daß seine größten Skrupel nicht daher rühren. Er, der so meisterhaft die Bedeutung der Verneinung in der Grammatik des Neurotikers[29] dargelegt hat, verneint hier etwas mit solcher Hartnäckigkeit, daß man sich berechtigt fühlt, seine eigene Deutung gegen ihn selber auszuspielen: je mehr er bestreitet, daß die These vom Ägypter Moses die Hauptquelle seiner Schwierigkeiten ist, desto mehr bestärkt er in der Vermutung, daß gerade hier das dornenvolle Problem verborgen liegt, das ihn nicht zur Ruhe kommen läßt. Denn alles in allem ist an den übrigen Themen des Buches nichts für ihn so Anstößiges, daß sie für sich allein eine so merkwürdige Verstörung bewirken könnten. Daß ein bedeutender Mann von dem »Gesindel«, das seine großartigen Pläne nicht begreifen kann, ermordet wird, ist in der Geschichte aller Zeiten oft genug vorgekommen, um die Vorstellung auch ohne konkretes Beweismaterial zumindest einleuchtend erscheinen zu lassen, und die unabsehbaren Folgen dieses in der Frühzeit unserer Kultur verübten Vatermordes hat Freud bereits in *Totem und Tabu* dargestellt, ohne auf die religiösen Gefühle der Gläubigen die geringste Rücksicht zu nehmen. Gewiß könnte man annehmen, daß es ihm nun schwerer fällt, diese Folgen am Beispiel der beiden großen Offenbarungsreligionen darzustellen, als einst lediglich in bezug auf die Religion ganz allgemein, aber es ist doch sehr fraglich, ob eine solche Hemmung wirklich ausreichen könnte, ihn völlig zu paralysieren. Den Gründer des historischen Judentums dagegen unter Anerkennung seiner Existenz und des *einzigartigen* Charakters seiner Gründung seiner Identität zu berauben, heißt die ganze Geschichte des Abendlandes nach Prinzipien umzuschreiben, denen lediglich eine vage Vermutung zugrunde liegt, heißt aufgrund bloßer Wahrscheinlichkeit und mit einem Hebel, dessen Ansatzpunkt nicht recht zu erkennen ist, buchstäblich die Welt aus den Angeln heben. Es heißt aber auch, einem ganzen Volk seine Legitimation rauben zu wollen und ihm dazu noch einzureden, die Vorrechte, die es sich seit Jahrtausenden angemaßt habe, seien der eigentliche Grund für den Haß der anderen und für den ewigen Fluch, an dem es so unschuldig zu tragen scheint. Weit eher als die vermutete Ermordung des Moses durch die Juden und die damit verknüpfte psychoanalytische Theorie der Religion, war ein derart direkter Angriff auf das jüdische Selbstverständnis geeignet, Freud in jene innere Verwirrung zu stürzen, die sich nicht nur in seinen Briefen immer wieder verrät, sondern auch noch in der zögernden Niederschrift des Essays und seiner unentschiedenen, gewundenen Form. Natürlich hatte Freud 1934 keinerlei Kenntnis oder auch nur Vorahnung von der »Endlösung«, mit der die Nazis schließlich das Problem aus der Welt zu schaffen versuchten[30], aber die Ideologie des Dritten Reiches kannte er gut genug, um das ganze Ausmaß der neuen Gefahr abschätzen zu können. Und selbst wenn die Lage der Juden bei weitem nicht so tragisch gewesen wäre, hätte doch in der bloßen Tatsache, daß ihnen ihr größter Prophet genommen werden sollte, soviel offenkundige Aggressivität gelegen, daß sie Freud kaum entgehen konnte. Sie ist ihm auch nicht entgangen; er ist sich ihrer vielmehr so stark bewußt, daß er sich schon mit den ersten Zeilen des Essays entschuldigt, bevor noch irgend jemand ihn deshalb angreifen könnte: »Einem Volkstum den Mann abzusprechen, den es als den größten unter seinen Söhnen rühmt, ist nichts, was man gern oder leichthin unternehmen wird, zumal wenn man selbst diesem Volke angehört. Aber man wird sich durch kein Beispiel bewegen lassen, die Wahrheit zugunsten vermeintlicher nationaler Interessen zurückzusetzen, und man darf ja auch von der Klärung eines Sachverhaltes einen Gewinn für unsere Einsicht erwarten.«[31]

Es ist also kein Vergnügen, den Juden zu sagen, daß der größte aller Juden gar kein Jude gewesen ist, und Freud tut es nur schweren Herzens. Aber was treibt ihn dazu, seinem Volk eine so tief verletzende Enthüllung zuzumuten? Es ist sein Gefühl, die Wahrheit nicht verheimlichen zu dürfen, auch nicht einem ohnehin schon schwer geprüften Volk zuliebe (man beachte, daß sich in dem ganzen Essay nicht die leiseste Anspielung auf die aktuellen Ereignisse findet, die doch nach seinen eigenen Worten seine Forschungen über dieses Thema erst ausgelöst haben). Da diese Wahrheit, die so dringend ausgesprochen werden muß, historischer Art ist – sie besteht in dem, was übrig bleibt, wenn die Geschichte von allem Rankenwerk der Legende gereinigt worden ist –, muß man annehmen, daß sie entweder auf bekannten Tatsachen beruht, die bisher vernachlässigt oder falsch gedeutet wurden, oder aber auf neuen, erstmals erschlossenen Quellen. Doch Freud erhebt durchaus nicht den Anspruch, so sichere Belege vorbringen zu können, sondern betont im Gegenteil fast auf jeder Seite, wie unergiebig im Grunde das Thema ist, wieviel Ungewißheit für den Forscher bleibt, der die Fakten zu rekonstruieren versucht, und zu welch kühnen Kombinationen er gezwungen ist, wo die Quellen ihn im Stich lassen. Er kann keine Beweise vorlegen, sondern muß sich mit Vermutungen, Deduktionen und vorläufigen Schlußfolgerungen begnügen, die ihm schließlich begründet erscheinen, und sieht daher klar voraus, welche Vorwürfe er sich unweigerlich zuziehen wird: »Wenn nicht mehr Sicherheit zu erreichen war, warum habe ich diese Untersuchung überhaupt zur Kenntnis der Öffentlichkeit gebracht? Ich bedaure es, daß auch meine Rechtfertigung nicht über Andeutungen hinausgehen kann. Läßt man sich nämlich von den beiden hier angeführten Argumenten fortreißen und versucht, Ernst zu machen mit der Annahme, daß Moses ein vornehmer Ägypter war, so ergeben sich sehr interessante und weitreichende Perspektiven... Allein Aufschlüsse so gewichtiger Art kann man nicht allein auf psychologische Wahrscheinlichkeiten gründen. Wenn man das Ägyptertum Moses' als den historischen Anhalt gelten läßt, so bedarf man zum mindesten noch eines zweiten festen Punktes, um die Fülle der auftauchenden Möglichkeiten gegen die Kritik zu schützen, sie seien Erzeugnis der Phantasie und zu weit von der Wirklichkeit entfernt. Ein objektiver Nachweis, in welche Zeit das Leben Moses' und damit der Auszug aus Ägypten fällt, hätte etwa dem Bedürfnis genügt. Aber ein solcher fand nicht statt, und darum soll die Mitteilung aller weiteren Schlüsse aus der Einsicht, daß Moses ein Ägypter war, besser unterbleiben.«[32] Dieses Absatzende, dessen letzter Satz wie ein Schlußwort klingt, mit dem das Buch enden könnte, behandelt als erwiesene Tatsache, was zuvor nur eine Kombination aus zwei hypothetischen Konstruktionen war (aus dem Namen Moses, der ägyptisch sein könnte, wird auf die Nationalität geschlossen; aus der mit dem üblichen psychoanalytischen Deutungsverfahren interpretierten Geburtslegende wird abgeleitet, daß Moses der Sohn jener ägyptischen Prinzessin war, die ihn nach der biblischen Darstellung lediglich aufzieht). Freud aber führt seine Überlegungen weiter, und der Titel des zweiten Kapitels (»Wenn Moses ein Ägypter war...«) stuft das, was er soeben als unumstößlich ausgeben wollte, wieder zur bloßen Hypothese zurück.

Der weitere Gedankengang rankt sich so um lauter »Wenns« und »Abers«, die eher dazu angetan scheinen, die Einwände zu verwischen als sie zu entkräften oder zu widerlegen. Damit aber stellt sich erneut die eindeutige Frage, die der Hauptbetroffene gleich zu Anfang aufgeworfen hat: warum veröffentlicht er das Buch, wenn in der Sache keine Gewißheit zu erlangen ist? Warum verletzt und quält er die Juden, deren Schicksal ohnehin schwer genug ist, mit einer Wahrheit, für die es keinerlei wissenschaftlichen Beweis gibt und die letztlich nur aus einigen »interessanten« Mutmaßungen besteht? Wäre es um einen seiner Patienten gegangen, so hätte Freud gewiß bemerkt, daß eine so unsichere Wahrheit nicht so überwältigend dringlich sein kann, daß man sie gleich an die große Glocke hängen müßte. Und im vorliegenden Falle ist diese Wahrheit für die auf ihr aufgebaute Beweisführung nicht einmal notwendig; psychoanalytisch gesehen ist sie sogar geeignet, deren Tragweite eher zu verringern. Um von den Juden umgebracht zu werden, mußte Moses wirklich nicht Ägypter sein, und wenn er Ägypter war, so war seine Tötung nicht der exemplarische Vatermord, mit dem Freud, an die Thesen von *Totem und Tabu* anknüpfend, die Enstehung der am höchsten entwickelten Religionen erklärt, denn als Nichtjude konnte Moses für die Juden nicht mehr oder nur in sehr mittelbarer Weise die Rolle des Vaters spielen. Warum spricht Freud unter solchen Umständen seinem Volk den Propheten ab, und warum tut er es schweren Herzens? Warum entschließt er sich zu einem so schmerzhaften Schritt, der der allgemeinen Bedeutung seines Buches nicht einmal zugute kommt? Will er am Ende nur sich selber beweisen, daß er noch imstande ist, etwas zu schaffen, und damit seinen Ruhm noch einmal aufpolieren? Das ist kaum wahrscheinlich, und das Buch wäre dafür auch kaum geeignet, da es ihn bis zuletzt zutiefst unbefriedigt läßt. Nein, seine Hartnäckigkeit hat Motive von ganz anderer Dringlichkeit, und die Bezeichnung »historischer Roman«, die er dem Werk ursprünglich geben wollte, deutet das ziemlich unverhüllt an: er will nicht sterben, bevor er nicht den Roman seines Lebens geschrieben hat, und wie jeder echte Romancier ist er von seiner fiktiven Welt so gebannt, daß er sich von der Wirklichkeit nicht mehr zur Ordnung rufen läßt.

Ein Zufall begünstigt sein Unternehmen: der historische Roman ist gerade wieder in Mode gekommen. Thomas Mann, mit dem er in ständigem Kontakt steht – vor allem seit dieser sich dafür einsetzte, daß er 1930 den Goethepreis erhielt –, arbeitet am ersten Band seines Josephsromans; sein Bruder Heinrich, Emil Ludwig, Stefan Zweig und Lion Feuchtwanger pflegen die Gattung mit wechselndem Geschick, aber im allgemeinen mit beachtlichem Erfolg.[33] Arnold Zweig, der »Sohn«, dem sich Freud zu dieser Zeit am liebsten anvertraut, plant einen Dokumentarroman über Nietzsche, der zwischen Psychoanalyse und Geschichte die Mitte halten soll, und bittet dafür seinen geistigen »Vater« genau zu dem Zeitpunkt um Rat und Hilfe, da dieser ihm seine kühnen Ansichten über den Exodus darlegt. Auf Thomas Mann war Freud vielleicht wegen des Josephsromans ein wenig eifersüchtig (während er Arnold Zweigs Nietzsche-Projekt ablehnte, wie mehrere Briefe bezeugen[34]); auf diesen Gedanken kann man jedenfalls kommen, wenn man den Brief an Thomas Mann liest, in dem Freud dem Dichter offenbar beweisen will, daß seine biblische Fabel nicht nur unvollständig, sondern auch viel bedeutungsvoller ist, als er ahnt[35]. Freud hält sich hier sichtlich schadlos dafür, daß sein Talent zum Romancier nicht hatte entfaltet werden können oder dürfen; in der Tiefe seines »Souterrains« führt er weiter, was Thomas Mann im Obergeschoß des Kunstraffinements begonnen hatte. Mit diesem Stück Interpretation, das zwei so gegensätzliche Symbolfiguren wie den biblischen Joseph, den berühmten Deuter der Träume, und Bonaparte, den unbezwinglichen Eroberer, miteinander in Verbindung bringt, knüpft Freud wieder an die romanhafte Konfession an, die er vor vierzig Jahren in seinem ersten Hauptwerk zwischen den Zeilen geschrieben hat. Denn mit seiner Kunst der Traumauslegung ist Joseph in einem ganz präzisen Sinne der Doppelgänger Freuds und der wahre Schutzpatron seiner *Traumdeutung*, so daß Freud in dieser subtilen Analyse eines ungewöhnlichen Schicksals letztlich von sich selbst spricht – von sich und von seiner unbezähmbaren Leidenschaft, die ihn jetzt dazu drängt, den Roman seines Lebens abermals zu schreiben. Napoleon hatte einen älteren Bruder Josef, der für seine Abenteurerexistenz schicksalhafte Bedeutung hatte. »In der korsischen Familie wird das Vorrecht des Ältesten von einer ganz besonders heiligen Scheu behütet... Der älteste Bruder ist der natürliche Rivale, ihm bringt der kleinere eine elementare, unergründlich tiefe Feindseligkeit entgegen, für die spätere Jahre die Bezeichnung Todeswunsch, Mordabsicht passend finden mögen. Josef zu beseitigen, sich an seine Stelle zu setzen, selbst Josef zu werden, muß die stärkste Gefühlsregung des kleinen Kindes Napoleon gewesen sein... (Aber) gerade so exzessive infantile Regungen neigen dazu, ins Gegenteil umzuschlagen. Aus dem gehaßten Rivalen wird ein geliebter. So auch bei Napoleon. Wir erschließen, daß er Josef zuerst glühend gehaßt hat, aber wir hören von später, daß er ihn am meisten von allen Menschen geliebt und ihm, dem Wertlosen und Unzuverlässigen kaum je etwas übelnehmen konnte. Der Urhaß war also überkompensiert worden, aber die damals entfesselte Aggression wartete nur darauf, auf andere Objekte verschoben zu werden. Hunderttausende gleichgültiger Individuen werden dafür büßen, daß der kleine Wüterich seinen ersten Feind verschont hat.« – Nur Josefs wegen, an den ihr Name erinnert, liebt er Josefine so leidenschaftlich, und nur Josefs wegen unternimmt er den mit großartigen politischen Zielen begründeten ägyptischen Feldzug. »Wohin anders soll man gehen als nach Ägypten, wenn man Josef ist, der vor den Brüdern groß erscheinen will?... Mit diesem Zug Napoleons nimmt übrigens die Wiederentdeckung Ägyptens ihren Anfang. Die Absicht, die Napoleon nach Ägypten getrieben hatte, wird in seinen späteren Jahren in Europa verwirklicht. Er versorgt die Brüder, indem er sie zu Fürsten und Königen erhöht. Der Nichtsnutz Jérome ist vielleicht sein Benjamin. Und dann wird er seinem Mythos untreu, er läßt sich von realistischen Erwägungen bestimmen, die geliebte Josefine zu verstoßen. Damit beginnt der Abstieg.«[36] Freud, der moderne Josef, hat gewiss keine Gelegenheit gehabt, an die Mitglieder seiner Familie wirkliche Königsthrone auszuteilen, aber auf seine Weise schlägt er den gleichen Weg ein wie der Eroberer. Denn auch er hat es verstanden, die Geschichte den großartigen Plänen seines

»Familienromans« zu unterwerfen, und darin war er sogar erfolgreicher als der mit seinem älteren Bruder identifizierte Napoleon, denn er ist bis jetzt seinem Mythos treu geblieben.

Das Bedürfnis, seine Biographie zu korrigieren, das in seinen in die *Traumdeutung* aufgenommenen Träumen, wie wir gesehen haben, so stark zum Ausdruck kommt, äußert sich in seinem leidenschaftlichen Interesse für alles, was mit den Rätseln von Geburt und Herkunft zusammenhängt, und für geheimnisumwitterte Persönlichkeiten, die den Zweifel nähren können, daß Menschen das sind, was sie scheinen. Zur gleichen Zeit, zu der er für Thomas Mann den Roman Napoleons skizziert und der Moses-Roman ihn weiter in Bann hält, nimmt auch sein altes Interesse für das Problem der Identität Shakespeares solche Ausmaße an, daß er buchstäblich darüber den Kopf verliert.[37] Bekanntlich war Shakespeare für ihn neben Goethe die höchste literarische Autorität, aber merkwürdigerweise ist es für ihn absolut unvorstellbar, daß Shakespeare kein anderer als Shakespeare gewesen sein sollte, und vor allem, daß er wirklich englischer Abstammung war. Diese alte Streitfrage, die so viel Stoff für gelehrte Dispute geliefert hat, ist für ihn stets eine Herzensangelegenheit gewesen, die ihn stark beschäftigt. Schon in seiner Jugend ergreift er Partei in dem Streit zwischen Verfechtern und Gegnern der Bacon-Theorie. Nachdem sein Lehrer Meynert sich für diese damals sehr beliebte Theorie ausgesprochen hat, schreibt er an Martha: »Lord Bacon würde dann der gewaltigste Kopf sein, den die Erde bisher getragen, und ich muß sagen, es ist eher ein Bedürfnis, Shakespeares Leistungen auf mehrere Nebenbuhler zu verteilen, als sie einem ohnehin bedeutenden Manne aufzubürden.«[38] Einige Jahre vor dem Ersten Weltkrieg drängte er Jones, »eine vergleichende Untersuchung über die Deutungsmethode der Vertreter der Bacon-Theorie und die psychoanalytischen Methoden vorzunehmen«. Natürlich hat Jones wenig Neigung, eine solche Aufgabe zu übernehmen, aber Freud wurde nicht müde, ihn mit der Aufforderung, nach einer Lösung des Problems zu suchen, zu bedrängen. Jones schreibt dazu: »Aber war Shakespeare wirklich ein Engländer, und lautete sein Name, was der Fall zu sein schien, etwa in der Art wie Brakespeare usw.? Er war ganz eingenommen von der Hypothese eines Italieners, Gentilli, es handle sich einfach um eine Verdrehung von Jacques Pierre; und tatsächlich sind Shakespeares Züge eher romanisch als englisch. Das war in den Tagen, als die biologischen Anthropologen die Neigung zeigten, Völker mit primitiven Rassen zu verwechseln und auf Grund von Schädelmessungen weitreichende Schlüsse zu ziehen.«[39]

Dieser Verwechslung von Nation und Sprache, die Jones mit Recht auf

eine Tendez der Epoche zurückführt, entspricht der Verwechslung von Rasse und Sprache, für die Freuds ägyptischer Moses das beste Beispiel ist. Ägypter ist Moses, weil es möglich ist, seinen Namen etymologisch auf ägyptische Sprachformen zurückzuführen, und aus der Nationalität ergibt sich der Schluß auf seine Rassenzugehörigkeit ganz von selbst. Für Freud ist das selbstverständlich, und er muß das auch glauben, denn ohne dieses für die Anthropologie seiner Zeit so bezeichnende Vorurteil verlöre sein »Roman« auch noch den letzten Anschein von Realitätsbezug.
Man könnte annehmen, daß sein Interesse für das Shakespeare-Problem mit der Zeit allmählich etwas nachläßt, aber genau das Gegenteil ist der Fall. Je älter er wird, desto leidenschaftlicher bewegt ihn diese Frage. Um 1920 liest er das Buch eines gewissen Looney, der behauptet, die Shakespeareschen Dramen seien von Edward de Vere, dem siebzehnten Grafen von Oxford, verfaßt worden, und bald ist er nicht nur überzeugt, nun endlich die Lösung des Rätsels gefunden zu haben, sondern versucht auch, seine Freunde für diese Auffassung zu gewinnen, denen er das gleiche brennende Interesse an Shakespeares Identität unterstellt. Für Looneys These hat ihn offensichtlich eingenommen, daß sie zwei Gegebenheiten in der Biographie des Dichters korrigiert, die Freud selber um keinen Preis anerkennen will: die englische Abstammung und die Herkunft aus niederem Stand. Denn beides widerspricht der Tendenz seines eigenen »Familienromans« und seinem tiefen Bedürfnis nach Aristokratie. Der Eifer, mit dem er sich für die Marotte eines zweitrangigen Autors einsetzt, ist sogar für die ihm Nahestehenden erstaunlich. Am Vorabend seines 70. Geburtstages sind Eitingon, Ferenczi und Jones bei ihm zu Besuch. Jones berichtet: »Damals gab er uns eine ausführliche Darstellung seiner de-Vere-Theorie. Ich erinnere mich, wie es mich verwunderte, ihn noch um zwei Uhr morgens eine solche Begeisterung über dieses Thema zeigen zu sehen.«[40] Und als ihm 1930 mit dem Frankfurter Goethepreis die höchste literarische Auszeichnung zuteil wird, die Deutschland zu vergeben hat, benutzt er die Gelegenheit, den siebzehnten Grafen von Oxford auch in seine (von seiner Tochter Anna verlesene) Ansprache einzuschmuggeln.[41] 1935 fügt er bei der Überarbeitung seiner *Selbstdarstellung* an der Stelle, die die Abfassung des *Hamlet* mit dem Tod von Shakespeares Vater verknüpft hatte, folgende Fußnote an: »Dies ist eine Konstruktion, die ich ausdrücklich zurücknehmen möchte. Ich glaube nicht mehr, daß der Schauspieler William Shakespeare aus Stratford der Verfasser der Werke ist, die ihm so lange zugeschrieben wurden. Seit der Veröffentlichung des Buches ›Shakespeare Identified‹ von I. Th. Looney bin ich nahezu überzeugt davon, daß sich hinter diesem Decknamen tatsächlich Edward de

Vere, Earl of Oxford, verbirgt.«[42] Die gleiche Überzeugung bringt er noch einmal in dem in seinem Todesjahr geschriebenen *Abriß der Psychoanalyse*[43] zum Ausdruck, als ob es ihm bis zum letzten Augenblick darauf ankomme, Shakespeare von dem Makel seiner niedrigen Abkunft zu befreien, von dem nur seine eigenen Größenphantasien ihn reinwaschen konnten.

Dieser Roman um Shakespeare, den Freud in seinen Phantasien ausspinnt, wirft ein bezeichnendes Licht auf die erstaunliche Arbeit, die Freud zur gleichen Zeit und, wohlgemerkt, aus den gleichen persönlichen Motiven mit seinem *Moses* auf sich nimmt. In beiden Fällen spricht er einem Volk sein größtes Genie ab, aber am Fall Shakespeare wird mit letzter Klarheit deutlich, daß keinerlei Ressentiment oder Animosität ihn dazu treibt, sondern ein mächtiges unbewußtes Bedürfnis. Denn England ist ihm das liebste von allen europäischen Ländern, und lange war es ihm als der einzig mögliche Zufluchtsort erschienen, falls er einmal emigrieren müßte (tatsächlich findet er hier 1938 Asyl, und der begeisterte Empfang, den die Bevölkerung Londons ihm bereitet, macht ihm zum ersten Mal bewußt, daß er wirklich eine Berühmtheit ist[44]). Daß er mit seinen Phantasien über die Abstammung Shakespeares die Engländer ärgern wollte, kann im Ernst niemand annehmen und noch weniger, daß er ein Interesse hatte, die Franzosen zu begünstigen, die ihm aus vielen Gründen wenig sympathisch sind (der Pariser Aufenthalt in der Zeit seiner größten Armut hat keine allzu guten Erinnerungen hinterlassen, und überdies kränkt ihn die Verständnislosigkeit der wissenschaftlichen Kreise in Frankreich, in denen er im allgemeinen nach wie vor abgelehnt wird). Natürlich deckt sich der Fall des englischen Dichters nicht restlos mit dem des jüdischen Propheten; Shakespeare bleibt für Freud trotz des hohen Ranges, den er in seiner geistigen Wertordnung einnimmt, letztlich ein Fremder, während Moses so eng mit seinem ganzen Wesen verwoben ist, daß er sein Bild nicht antasten kann, ohne sich selber zu verletzen. Aber bei allem Unterschied an Tiefenwirkung haben die beiden biographischen Fiktionen Freuds doch dies gemeinsam, daß äußere Faktoren für sie ganz bedeutungslos sind. So wenig die Gründe, aus denen Freud sich Looneys extravaganter Shakespeare-Theorie anschließt, mit seinen tatsächlichen Gefühlen für England zu tun haben, so wenig beruht sein *Moses* unmittelbar oder gar bewußt auf einer feindseligen Haltung gegenüber den Juden, die man aus dem Essay herausgelesen haben will. Er ist nur die letzte Episode des Romans über seine Herkunft, an dem Freud ein Leben lang gedichtet hat und der im Alter den Charakter einer unumstößlichen Wahrheit annahm.

Seine Einstellung zu seinem Volk hat sich im übrigen, nach seinem Verhalten und seinen öffentlichen Äußerungen zu urteilen, überhaupt nicht verändert; allenfalls ließe sich die Gereiztheit hervorheben, mit der er auf alles reagiert, was ihm ein Zeichen von Würdelosigkeit oder Feigheit zu sein scheint. In diesem Punkt war er schon immer, genauer gesagt seit der Geschichte mit der Mütze, die sein Vater aus dem Straßenkot aufhob, äußerst empfindlich, und natürlich hat er nur allzu reichlich Gelegenheit, sich aufzuregen. In den jüdischen Kreisen Wiens zirkulieren die wildesten Gerüchte, und eines Tages fällt er einer seltsamen Täuschung zum Opfer, die ein prächtiges Beispiel für die *Psychopathologie des Alltagslebens* abgeben könnte, wenn er noch imstande wäre, sie zu analysieren. Es handelt sich um einen jener stark von schwarzem Humor geprägten jüdischen Witze, wie sie damals überall in Deutschland herumgereicht wurden; Freud aber hielt ihn aufgrund nicht mehr identifizierbarer Zeitungsberichte für eine wahre Begebenheit. Die Berliner Juden, so hieß es, hätten in einem Umzug Fahnen mit der Aufschrift »Hinaus mit uns!« herumgetragen; Freud nimmt das für bare Münze und äußert in einem Brief an Arnold Zweig sofort mit bitteren Worten seine Empörung. Nach Jones, der den Brief erwähnt, aber leider nicht zitiert, schrieb Freud, er habe nie etwas Abscheulicheres gehört, aber die Würdelosigkeit sei ein charakteristischer Zug der Juden, und trösten könne ihn nur, daß »diese Leute zur Hälfte deutsch seien«.[45] Ein- oder zweimal wird er in seinen Briefen von solchen maßlosen Gefühlen übermannt, die ganz offensichtlich aus der überreizten Empfindlichkeit des Juden zu erklären sind. Alles in allem jedoch sind diese Reaktionen der enttäuschten Liebe und des verletzten Stolzes weit seltener als ausdrückliche Bekenntnisse der Solidarität und Loyalität. In dem Brief von 1936, in dem er von seinen Gefühlen für David Eder spricht, den einzigen militanten Zionisten unter den Analytikern der ersten Generation, ist nicht mehr von der Würdelosigkeit als charakteristischer Zug der Juden die Rede, sondern von dem »geheimnisvollen Etwas«, das, jeder Analyse unzugänglich, die Realität des Juden ausmacht. Und ebenfalls 1936 legt er in einem Brief an Arnold Zweig zwar nicht seine Ansichten über den Zionismus so doch seine Einstellung zu Palästina dar, nachdem der Schriftsteller geklagt hatte, daß er dort nicht recht heimisch werden könne: »Ihr Brief hat mich sehr bewegt. Es ist nicht das erste Mal, daß ich von den Schwierigkeiten des Kulturmenschen höre, sich in Palästina einzuleben. Die Geschichte hat dem Judenvolk keinen Anlaß gegeben, seine Fähigkeit zur Bildung eines Staates und einer Gesellschaft zu entwikkeln. Und natürlich bringt es alle Mängel und Laster der Kultur des verlassenen Vaterlandes in die neue Wohnstätte mit. Sie fühlen sich unbehaglich, aber ich wußte nicht, daß Sie die Isolierung so schlecht vertragen. Fest auf Ihrer Künstlerschaft fußend, sollten Sie auch eine Weile allein sein können. In Palästina haben Sie wenigstens persönliche Sicherheit und Ihre Menschenrechte. Und wo sollen Sie hingehen? Amerika würden Sie, nach all meinen Eindrücken, darf ich's sagen, vielmal unerträglicher finden... Ich meine wirklich, Sie sollten zunächst bleiben, wo Sie sind.«[46] Hinter der liebevollen Anteilnahme spürt man den leisen Vorwurf: Zweig klagt über das Leben in Palästina, weil er noch zu sehr Deutscher ist, zu stark geprägt bleibt von den »Mängeln und Lastern der Kultur des verlassenen Vaterlandes«. Das jüdische Element steht hier gar nicht in Frage; ist es nur rein, so kommt im Gegenteil gerade aus ihm die Kraft, »auf nichts zu verzichten«, für Verlorenes Ersatz zu schaffen und sich ungesäumt ans Werk zu machen.[47] Und auf dieses jüdische Element vertraut Freud am 13. März 1938, wenn er am Vorabend seines Exils den Entschluß faßt, auch in so hohem Alter noch dem Beispiel seiner großen jüdischen Vorfahren zu folgen und seine Schule in einem neuen Jabne wieder aufzubauen. All die unlösbaren Probleme, die seit mehr als hundert Jahren in periodischen Abständen das westliche Judentum erschüttern, brechen nun mit voller Wucht über den 82jährigen Freud herein, und gar so verwunderlich ist es nicht, daß er seine Ansichten nur in recht vagen Andeutungen ausspricht, die nicht immer eindeutig erkennen lassen, was er wirklich denkt. Angesichts der täglich auf ihn einstürmenden Nachrichten, die er nicht immer auf ihren Wahrheitsgehalt prüfen kann, von einem Extrem ins andere fallend, entsetzt über Vorfälle, die er trotz seines Pessimismus nicht mehr für möglich gehalten hätte, und seinen Emotionen um so wehrloser ausgeliefert, als Alter und Krankheit ihn verletzbarer gemacht haben, gibt Freud in dieser Zeit der Angst immer wieder Anlaß zu Mißverständnissen. Aber wie auch immer man die Schwankungen seines Urteils bewerten mag: unberührt davon bleibt die Tatsache, daß sein *Moses* wenig zu tun hat mit den widersprüchlichen Gefühlen, mit denen er auf die tragischen Ereignisse der unmittelbaren Gegenwart reagiert. Er wurzelt vielmehr in den Konflikten einer weit entrückten Vergangenheit und in Freuds Bedürfnis, immer wieder das Ärgernis seiner Herkunft zu umkreisen, um sie wenigstens in der Phantasie zu korrigieren und sich damit zum Herrn seines Schicksals aufzuschwingen.

Wahrscheinlich hätte sich Freud bei Freunden und Feinden viel Kritik ersparen können, wenn er bei seinem ursprünglichen Plan geblieben wäre, einen »historischen Roman« zu schreiben. Niemand hätte ihm das Balzacsche Recht bestreiten können, »dem Standesamt Konkurrenz zu machen«, sich also ganz nach Belieben Genealogien auszudenken und wie jeder andere Romanschriftsteller auch mit den Quellen des Lebens zu experimentieren. Er hätte damit eine Art historischer Fiktion geliefert und keinen anderen Anspruch erhoben als den, jene *psychologische* Wahrheit zu vermitteln, die jeder Roman enthalten kann. Sobald er jedoch das Romanprojekt zugunsten einer gelehrten Abhandlung aufgibt, belastet er seine Verantworung als Wissenschaftler mit einem zweifelhaften Unternehmen, gegen das die Wissenschaft im allgemeinen wie die Geschichte im besonderen mit gutem Grund Einspruch erheben können, da sie sich eher mißbraucht als mit der gebotenen Sorgfalt behandelt fühlen. Vor allem die Theologie muß sich durch das Erscheinen des Buches herausgefordert fühlen, aber auch andere Disziplinen wie die Philologie, die Archäologie, die Inschriftenkunde, die Anthropologie und selbst die Genetik (um nur die am meisten betroffenen zu nennen) könnten Freud wegen des Gebrauchs, den er von ihren Methoden und Forschungsergebnissen macht, zur Rechenschaft ziehen. Von Freuds eigenem Standpunkt des agnostischen Wissenschaftlers aus könnten ihn diese Disziplinen sogar viel ernsthafter in Verlegenheit bringen, da sie sich auf die gleichen Prinzipien berufen wie er selber und wie er als Glaubensbekenntnis nur das Ideal der intellektuellen Redlichkeit gelten lassen. Aus verschiedenen Gründen, zu denen man wahrscheinlich auch das Erscheinungsdatum des Buches (1939) rechnen muß, enthalten sich jedoch gerade jene Spezialisten, die am ehesten in der Lage wären, Freud zu widerlegen, jeder Polemik. Das Meinungsspektrum wird dadurch erheblich verzerrt. Denn da sich nur die Theologen und jene Juden, die aus religiösen oder auch sentimentalen Gründen die Orthodoxie verteidigen, mit dem *Moses* auseinandersetzen, findet er ein kritisches Echo nur in den schwachen Argumenten voreingenommener Geister.

Als Arbeit über den Monotheismus, die von der Auslegung der heiligen Schriften ausgeht, mußte das Moses-Buch vor allem den Widerspruch einer Exegeten-Schule herausfordern, deren Kritik Freud bei seiner eigenen wissenschaftlichen Auffassung kaum hätte gleichgültig sein können, wenn er sich dessen bewußt gewesen wäre. Die sogenannte liberale Exegese erkennt nämlich die von der orthodoxen Exegese zum Prinzip erhobene strenge Unterscheidung zwischen heiligen und profanen Texten nicht an; der sakrale Text mag zwar im allgemeinen wegen seines hohen Alters noch größere Sorgfalt fordern, im übrigen aber sind alle Arten von Texten nach den gleichen Regeln und mit der gleichen methodischen Strenge zu behandeln: stets muß für die Untersuchung das gesamte Instrumentarium eingesetzt werden, das die verschiedensten Hilfswissenschaften – von der Philologie und Inschriftenkunde über die Archäologie bis zur Religions- und Gesellschaftsgeschichte – bereitstellen, um Alter und Erhaltungszustand, Authentizität oder apokryphen Charakter des jeweiligen Dokuments so genau wie möglich zu bestimmen. Der Inhalt eines sakralen Textes kann erst dann mit einiger Sicherheit ermittelt werden, wenn alle im Laufe der Zeit hinzugekommenen Interpolationen, Scholien und Ergänzungen der Schreiber sorgfältig eliminiert worden sind. Anhand des so gereinigten Textes aber kann man dann wenn auch nicht alle Fakten, so doch eine wahrscheinliche Abfolge von Ereignissen rekonstruieren.

Die strikte Anwendung dieser Methode versetzt die liberale Exegese in die Lage, den Beweis dafür anzutreten, daß die biblischen Texte im allgemeinen und die historischen Teile im besonderen weder so authentisch sind, wie die Orthodoxie behauptet, noch so völlig unglaubwürdig, wie die Skeptiker meinen. Denn zwar ist zum Beispiel der Pentateuch nicht von Moses selber geschrieben und kann es auch gar nicht sein (schon deshalb nicht, weil darin von seinem Tode die Rede ist); doch folgt daraus nicht, daß diese Texte nichts enthielten als Legenden, Volksmythen, tendenziöse Priesterfälschungen und plumpe Schreibererfindungen, wie der agnostisch eingestellte Laie allzu leicht annimmt. Die Hauptschwierigkeit liegt übrigens gar nicht in der Möglichkeit absichtlicher oder unbewußter Fälschung, die den ganzen Exodus in bloße Literatur auflösen würde, sondern mehr in der eigentümlichen Einstellung der weltlichen oder geistlichen Chronisten des Altertums gegenüber den Texten, die ihnen als Vorlage dienen. Was die historische Figur des Moses so hochgradig problematisch macht, ist weit weniger mangelnde Redlichkeit der Chronisten als vielmehr die Inkohärenz – Inkohärenz jedenfalls für heutige Begriffe, die Antike dachte da anders –, mit der sie Material aus verschiedenen Überlieferungen verarbeiten. Der Pentateuch ist da keineswegs ein Sonderfall; Adolphe Lods macht darauf aufmerksam, daß alle historischen Bücher des Alten Testaments – sie machen fast die Hälfte des Gesamtumfangs aus – Kompilationen aus älteren Texten sind, die fast wörtlich übernommen und miteinander kombiniert wurden.[48] Daher die Dubletten, Wiederholungen, Widersprüche und Anachronismen, die die authentische Überlieferung entstellen; daher auch die Fallen, vor denen der Exeget sich hüten muß: sein Problem besteht in einem zu geringen Grad an Authentizität bei allzu großer Fülle des Materials, und deshalb kann er sich ebenso durch ein Übermaß an Mißtrauen wie durch ein Übermaß an Vertrauen in die Verläßlichkeit seines Textes irreleiten lassen.

Natürlich hat Freud für seinen *Moses* einiges an Fachliteratur gelesen – er zitiert Ed. Meyer, Auerbach, Greßmann, Ernst Sellin –, aber mit den

Fragen der Methode beschäftigt er sich kaum; ihn interessieren vor allem die Funde jener Autoren, die am besten in sein eigenes Konzept passen. Das Willkürliche dieser Verfahrensweise entgeht ihm dabei durchaus nicht, stört ihn aber nicht weiter, denn da er fest davon überzeugt ist, daß der gesamte Text des Pentateuch das Produkt bewußter Fälschung ist, glaubt er, daß kein anderer Autor sich rühmen kann, der Wahrheit nähergekommen zu sein als er. So schreibt er zum Beispiel in einer Fußnote zum zweiten Kapitel: »Wenn wir mit der biblischen Tradition so selbstherrlich und willkürlich verfahren, sie zur Bestätigung heranziehen, wo sie uns taugt, und sie unbedenklich verwerfen, wo sie uns widerspricht, so wissen wir sehr wohl, daß wir uns dadurch ernster methodischer Kritik aussetzen und die Beweiskraft unserer Ausführungen abschwächen. *Aber es ist die einzige Art, wie man ein Material behandeln kann, von dem man mit Bestimmtheit weiß, daß seine Zuverlässigkeit durch den Einfluß entstellender Tendenzen schwer geschädigt worden ist.* Eine gewisse Rechtfertigung hofft man später zu erwerben, wenn man jenen geheimen Motiven auf die Spur kommt. Sicherheit ist ja überhaupt nicht zu erreichen, und übrigens dürfen wir sagen, daß alle anderen Autoren ebenso verfahren sind.«[49] Deutlich wird hier, welche Position Freud von vornherein gegenüber den biblischen Autoren und ihren späteren Exegeten eingenommen hat: da der Text aus lauter Märchen gewoben ist, aus denen sich der ursprüngliche Kern authentischer Überlieferung nicht mehr herausschälen läßt, wäre es vergebliche Mühe, das Wahre vom Falschen scheiden zu wollen; in diesem Punkt kann es keine Gewißheit geben, und dem Kritiker bleibt schließlich keine andere Wahl, als die Arbeit seiner antiken Vorläufer weiterzuführen und seiner Phantasie freien Lauf zu lassen.
Daß Freud sich gerade mit dieser äußersten Skepsis gegenüber dem historischen Aussagegehalt der biblischen Texte der Orthodoxie annähert, ist ein Paradox, das im allgemeinen nicht beachtet wird und dessen er selber sich natürlich überhaupt nicht bewußt war. Denn er weiß zwar, daß der Pentateuch aus mehreren nach Alter, Herkunft und Tendenz sehr unterschiedlichen Schichten besteht, er kennt die Existenz zweier Erzähler J und E, des »Jahvisten« und des »Elohisten«, und folglich auch die Anachronismen, die die mangelnde Einheitlichkeit des Ganzen offenkundig machen, aber für den Aufbau seiner Theorie spielt das überhaupt keine Rolle; praktisch verhält er sich nicht anders als die Theologen, indem er die Zeitebene der Ereignisse des Exodus ständig mit der ihrer sehr viel späteren schriftlichen Fixierung vermengt. Für die liberale Exegese, die sich bemüht, Moses aus dem Nebel der Legende herauszulösen, ist es selbstverständlich, daß man, wenn man auf dem Boden gesicherter Tatsa-

chen bleiben will, nicht mehr tun kann, als jene Teile seines Werkes zu rekonstruieren, »deren Nachwirkungen noch spürbar waren, als die ältesten verläßlichen Quellen entstanden«.[50] Für Freud hingegen ist der Prophet ein Mann, über den sich Aussagen machen lassen, als ob wir von seiner Persönlichkeit eine entweder durch ihn selbst oder durch Augenzeugen hinreichend belegte Kenntnis hätten. Er vergißt, daß das Bild von Moses so verschwommen und unvollständig bleibt, wie es zum Beispiel das Bild von Jesus wäre, wenn wir es ausschließlich anhand einiger Angaben über die Frömmigkeit der Christen des 3. oder 4. Jahrhunderts rekonstruieren müßten.[51] Er beläßt dem jüdischen Gesetzgeber, seinen Zeitgenossen und den Ereignissen, in die sie verwickelt waren, jenen Charakter des *unmittelbar* Bezeugten, den die Orthodoxie unterstellt und die liberale Kritik mit Nachdruck bestreitet. Er, der sich sonst immer als überzeugter Evolutionist gibt, leugnet damit implizit die Evolution sogar prinzipiell, indem er die gut 800 Jahre, in denen die biblische Überlieferung sich entwickelte, glatt überspringt. Freilich kommt dieser Anachronismus seinen Absichten zugute: er verschafft ihm den *unmittelbar* verfügbaren Heros, ohne den sein Versuch einer psychologischen Analyse völlig in der Luft hinge.

Aber leider ist Moses nach den Erkenntnissen der liberalen Textkritik als individuelle Persönlichkeit überhaupt nicht faßbar; einen sehr relativen Zugang eröffnen nur »jene Teile seines Werkes, deren Nachwirkungen noch spürbar waren, als die ältesten verläßlichen Quellen entstanden«, mit anderen Worten die nicht ganz nachprüfbare Verarbeitung seines Bildes im Denken und in der Kultur mehrerer Jahrhunderte. Unter diesen Umständen ist es völlig undenkbar, den Menschen Moses zum Gegenstand einer psychologischen Analyse zu machen; allenfalls könnte man die *Schreiber* analysieren, die nach und nach die alten Chroniken kompiliert haben, die von seinem Leben erzählen. Denn nur in ihren Schilderungen und nirgends sonst existiert der ursprüngliche Moses, nach dem Freud sucht; sie haben ihn nach ihren moralischen, sozialen und geistigen Bedürfnissen geformt, und insofern spiegelt er bloß die Psychologie der intellektuellen Elite, die von Epoche zu Epoche die Wünsche des ganzen Volkes in ihrer Sprache zum Ausdruck brachte. Aber für die Chronisten des 8. oder auch 6. Jahrhunderts vor Christus, denen er doch im wesentlichen sein Thema verdankt, hat Freud natürlich keinerlei Interesse. Ihn faszinieren ausschließlich der Mann und das Volk in ihrer *Ursprünglichkeit*, und diese sucht er in einem Komplex von Taten und Gedanken, die seiner eigenen Vision entsprechen. Er schreibt also eine neue Version des Lebens Moses, als ob er nicht wüßte, welche gewaltige zeitliche Distanz die menschliche Erscheinung des Propheten für immer dem Blick entrückt. Er schreibt auch eine neue, tragische Version seines Todes, und mit diesem Sakrileg steht er wiederum nicht in der Tradition der modernen Bibelkritik, sondern in der der alten Erzähler des Talmud: er fügt ganz einfach seine eigene Legende zu all den Legenden hinzu, die das jüdische Volk aus frommem Eifer und vielleicht auch aus dem unbewußten Wunsch, eine drükkende geistige Bürde abzuwerfen, um den einzigartigen Heros gewoben hat, der zum Inbegriff seines Schicksals wurde.[52]

Damit sind wir nun in der Lage, die Verästelungen des Freudschen »Familienromans« genau nachzuzeichnen. Den Grundriß liefern uns zwei entscheidende Bücher. In der *Traumdeutung* erfaßt Freud die nächtliche Phantasie in ständiger Wechselbeziehung mit der banalsten Tagesrealität und unterwirft sie einer zwar nur teilweise veröffentlichten, aber völlig unparteiischen, gleichsam distanzierten Analyse. In *Der Mann Moses und die monotheistische Religion* benutzt Freud die unpersönliche Form eines Abrisses der Psychoanalyse, angewandt auf den Ursprung der Kultur[53], für die Absichten seines Romans, indem er sich über die historischen Gegebenheiten und die Forderungen der Realität schlicht und einfach hinwegsetzt. Diese bemerkenswerte Evolution des Familienmythos wird durch das Alter des Autors hinreichend verständlich: mit 40 Jahren verleugnet Freud seinen Vater aus Motiven, die noch ganz die des Lebenswillens sind; mit 80 tut er das gleiche gerade deshalb, weil ihm nichts mehr bleibt als die trostlose Aussicht auf das Hinschwinden seiner geistigen Kräfte und das bange Harren auf den Tod. Auch als Träumer Realist in der Zeit seines langen Ringens um einen hervorragenden Platz auf der »anderen Seite«, überläßt er sich abermals der Irrealität des totalen Traumes, nachdem der längst errungene Erfolg im gesellschaftlichen Kampf ihn hat spüren lassen, daß in jeder, auch der scheinbar noch so erfüllten Existenz ein letzter fundamentaler Mangel bleibt. Der Mann der beginnenden Reifezeit, der uns in der *Traumdeutung* begegnet, versucht im Traum den gesellschaftlich und intellektuell mediokren jüdischen Vater loszuwerden, der sein eigenes Leben an die unerträgliche Enge einer beschämenden Herkunft kettet. Für den Greis, der den *Moses* schreibt, sieht die Situation natürlich ganz anders aus. Er zählt zu den berühmtesten Männern seiner Zeit und ist auf Rang und Titel nicht mehr angewiesen. Gerade weil er seinen Traum ernst zu nehmen verstand, hat er nach und nach seine kühnsten Ambitionen verwirklichen können. Aber bei aller Erfüllung läßt ihn doch das Problem seiner Herkunft nicht los, das stets die eigentliche Antriebskraft seines

Forschungsdranges gewesen ist. Oder genauer gesagt: er kann nicht zur Ruhe kommen, ehe er nicht jene letzte Version gefunden hat, die endlich die Kette der Generationen aufbricht und ihn für immer frei macht von all den Vätern, Verwandten und Vorfahren, die ihn die empörende Begrenzung der menschlichen Existenz spüren lassen.

Kurz vor dem Heimgang zu seinen Vätern oder, wie es in der Sprache der Bibel heißt, in Abrahams Schoß, erlebt Freud noch einmal einen letzten Sturm der Revolte gegen das unentrinnbare Schicksal der Sohnschaft, das jeden Menschen an Herkunft, Rasse und Namen bindet und so mit unübersteigbaren Schranken einengt. Er weiß, daß die immer stärker hervortretende physische Ähnlichkeit ihn seinem Vater Jakob gefährlich angleicht, und wehrt sich mit allen Kräften gegen diese »Wiederkehr des Verdrängten«, in der sich von der Lebensmitte an für jeden Menschen das allmähliche Erlöschen der Individualität ankündigt. Denn der Individualität ist im menschlichen Leben nur eine kurze Zeitspanne vergönnt. Spät erst tritt sie beim Kind in Erscheinung, das sich nur in der Auflehnung gegen die Abhängigkeit von den Eltern und gegen sein Bedürfnis nach Identifizierung mit dem geliebten Bild dieser Eltern entwickeln kann. Wenn dann der Heranwachsende sich freigekämpft hat von denen, die ihm das Leben gegeben haben, glaubt der Erwachsene, nun endlich zu einer ganz auf sich gestellten Persönlichkeit geworden zu sein, mit allem, was das beinhaltet an Einzigartigkeit des Charakters und der Anlagen. Kaum aber hat das Alter eingesetzt, so beginnt er zu fühlen, daß jedes lebende Wesen, so ausgeprägt auch seine Individualität sein mag, wieder zum Ebenbild seiner Eltern wird. »Selbst der große Goethe, der in seiner Geniezeit den steifen und pedantischen Vater gewiß geringgeschätzt hat, entwickelte im Alter Züge, die dem Charakterbild des Vaters angehörten.«[54] Freud hat sich stets sehr stark mit Goethe identifiziert, und so beschreibt er mit diesem Zitat, das sich nicht zufällig gerade in seinem Moses-Essay findet, ganz gewiß seine eigene Erfahrung des Erlöschens der Individualität. Denn auch er wird mit dem Herannahen des Todes seinem Vater immer ähnlicher; auch ihn bedroht die »Wiederkehr des Verdrängten« mit der allmählichen Auflösung der Persönlichkeit. Daß er dieser zweiten Identifikation mit dem Vater, deren schrecklicher Ausgang nur allzu absehbar ist, ein ganzes Kapitel seines Buches widmet, ist durchaus kein Zufall, sondern Ausdruck seines Willens, den unabwendbaren Prozeß seines eigenen Erlöschens wenigstens mit der Kraft des Gedankens zu bewältigen. Man kann sogar vermuten, daß er die Geschichte Moses und seines Volkes einzig und allein darum schreibt, weil er den furchtbaren Augenblick der Wiederkehr – »Wiederkehr des Verdrängten« und Heimkehr in den Schoß Abrahams –,

den keine Macht der Welt ihm ersparen kann, noch ein klein wenig hinauszögern will. Denn die Bewegung der Regression, die den Greis dem Bild seines Vaters angleicht, verläuft genau in entgegengesetzter Richtung zu jenem anderen Bewegungsimpuls, der den »Familienroman«[55] hervortreibt; sie zerstört das Individuum und unterwirft es erneut voll und ganz der Biologie, also genau jenen strengen Gesetzen, die das Kind mit seinem »Familienroman« zu leugnen versucht, indem es sich seine Biographie selbst erdichtet. So gesehen, erscheint Freuds letzter Roman als geniale Ausflucht des Geistes im Kampf mit der Notwendigkeit: als ein Werk, das aus dem revolutionären Protest gegen das Seiende und darüberhinaus aus leidenschaftlicher Verneinung der Blutsbande hervorgegangen ist, bietet es ihm die letzte noch mögliche Hilfe, um die tödliche Wiederkehr der Väter aufzuhalten, die zugleich die endgültige Rückkehr in das Einerlei des Gestaltlosen ist.
Um nicht sterben zu müssen also, erklärt Freud in diesem Buch, das als sein wahres Testament gelten darf, daß er nicht Salomon, der Sohn Jakobs ist und auch nicht Sigmund, der abtrünnig gewordene Sohn, dem schon sein Name ein großes Geschick verheißt. Er ist so wenig Jude wie Moses oder Mosche ein Jude war, auch wenn das jüdische Volk diesem fremdstämmigen Führer seine Existenz verdankt. Und so radikal wie Moses mit seiner ägyptischen Heimat und ihren Machthabern gebrochen hat, die ihn wegen seiner zukunftweisenden Ideen verfolgten, hat auch Freud innerlich alle Bindungen an Deutschland gekappt, hat er nicht nur mit dem Deutschland der Nazis gebrochen, sondern mit allem, was noch deutsch an ihm war. Und so kann er nun in dem Augenblick, da er abtreten muß von der Bühne, auf der er so kühn seine Rolle gespielt hat, von sich sagen, daß er weder Jude noch Deutscher noch sonst irgend etwas ist, das mit Namen zu benennen wäre: er will nichts sein als der Sohn von Niemand und Nirgendwo, der Sohn einzig und allein seiner Werke und seines Werkes, dessen Identität wie die des ermordeten Propheten über die Jahrhunderte hinweg ein verwirrendes Rätsel bleibt.

Anmerkungen

1. Ödipus Freud, der Sohn Jakobs

1 Gewiß hat David Bakan sich vorgenommen, mit seinem Werk *Sigmund Freud and the jewish mystical tradition* (Princeton 1958) diese Lücke zu schließen. Er ist an dieser Aufgabe jedoch gescheitert, denn indem er den »jüdischen Geist«, der Freud inspiriert habe, einfach mit dem der Kabbala gleichsetzt, umgeht er gerade die schwierigste Frage, nämlich die nach den geheimnisvollen Wegen, über die die kabbalistische oder jede andere traditionelle Lehre einem ungläubigen Juden vermittelt werden konnte, der nach seinen eigenen Worten ein extremer Rationalist war und von dem wir wissen, daß sein Temperament jeder Art von Mystizismus widerstrebte und daß er auf diesem speziellen Gebiet auch nicht die geringste Spur von Bildung besaß. (Die Frage wird nicht dadurch gelöst, daß man den Geburtsort von Freuds Mutter, seine angebliche Abulafia-Lektüre oder einen mutmaßlichen Einfluß von Wilhelm Fliess ins Spiel bringt, von dem man seinerseits nicht weiß, von welchem Lehrer er seine Weisheit bezogen haben sollte.) Zwischen der Theorie Freuds und irgendwelchen mystischen Traditionen kann man nur dann eine Verbindung herstellen, wenn man alles vergessen hat, was Freud selber über solche Parallelen gedacht und gesagt hat. – In diesem Zusammenhang muß man übrigens bei vielen Autoren eine Neigung feststellen, Freuds eigene Ansichten, auch diejenigen, die er mit größter Klarheit formuliert und mit aller Entschiedenheit verfochten hat, als gänzlich irrelevant zu behandeln, sobald es um Philosophie, um weltanschauliche Überzeugungen oder, schlimmer noch, um Religion geht. Ganz so, als ob die bloße Tatsache, daß Freud als erster die unbewußten Tendenzen enthüllt hat, die unsere Meinungen und geistigen Vorlieben bestimmen, schon jedermann berechtigte, seine eigenen Überzeugungen nicht ernst zu nehmen. Auf diese mangelnde Unterscheidung zwischen Freuds Ansichten, die als solche ebenso unbestreitbare *historische* Fakten sind wie alle anderen biographischen Daten, und den unbewußten Motiven, die man ihm unterschieben zu dürfen meint, um ihn des Irrtums oder der Selbsttäuschung überführen zu können, werde ich noch zurückkommen müssen.

2 Das deckt sich mit der These von Heinrich Graetz, der zum Beispiel über Spinoza schreibt: »Der jüdische Stamm hatte wieder einmal einen tiefen Denker in die Welt gesetzt, welcher den menschlichen Geist von seinen eingewurzelten Irrtümern gründlich heilen und ihm eine neue Richtung vorzeichnen sollte, um den Zusammenhang zwischen Himmel und Erde oder zwischen Geist und Körper besser zu begreifen.« (*Volkstümliche Geschichte der Juden*, Wien/Berlin 1888,

Bd. 3, S. 375). Man beachte, daß Spinozas Aufgabe in Begriffen formuliert wird, die sich Wort für Wort auf Freud übertragen lassen (den menschlichen Geist von seinen eingewurzelten Irrtümern gründlich *heilen*, den Zusammenhang zwischen *Himmel und Erde* oder *Geist und Körper* begreifen).

3 S. Freud: *Ansprache an die Mitglieder des Vereins B'nai B'rith* (1926). *Gesammelte Werke* (G. W.), Frankfurt 1952–1968, Bd. 17, S. 49–53. Einen ähnlichen Standpunkt nimmt Freud in seiner Laudatio für Josef Popper gen. Lynkeus ein, der gerade kraft seines moralischen Mutes beinahe vor ihm die Theorie des Traumes gefunden hätte. Vgl. *Josef Popper-Lynkeus und die Theorie des Traumes* in *Gesammelte Werke* (GW), Band 13, S. 354–359.

4 *Selbstdarstellung*. In Sigmund Freud: *Selbstdarstellung – Schriften zur Geschichte der Psychoanalyse*, Frankfurt (Fischer-Taschenbuch) 1971, S. 41.

5 Sigmund Freud/Oskar Pfister: *Briefe 1909–1939*. Frankfurt 1963.

6 S. Freud/K. Abraham: *Briefe 1907–1926*. Frankfurt 1965, S. 47.

7 a.a.O., S. 57.

8 a.a.O., S. 48.

9 Es geht hier nicht darum, ob Freud recht oder unrecht hat. Die zahlreichen jüdischen Abtrünnigen vor oder nach 1908 (Adler, Rank, Reich, um nur die bekanntesten Namen zu nennen) scheinen seiner These offensichtlich zu widersprechen, auch wenn ihm die »christlichen« Abweichungen in einem entschiedeneren Sinne als Rückschritt erscheinen konnten, soweit sie in der Regel dazu neigten, mit der Rückwendung zur Religion oder einem mehr oder minder modernisierten Mystizismus das Ancien Régime des Denkens zu restaurieren. Aber unabhängig davon, ob man Freuds These für richtig oder für bemerkenswert tendenziös hält – was sie in gewisser Weise tatsächlich ist –, gehört sie zu dem Komplex von Gefühlen und Vorstellungen, in denen sich Freuds Bewußtsein ausdrückt, ein Jude zu sein, und zumindest in dieser Hinsicht hat sie ihre Wahrheit. Wir werden später noch sehen, daß diese kategorisch vertretene Ansicht – die er niemals revidiert hat – in seinem psychoanalytischen Werk eine wesentlich ambivalentere Bedeutung annimmt.

10 Nicht alle Briefe Freuds sind veröffentlicht; es fehlt vor allem der Briefwechsel mit Sandor Ferenczi, dessen Publikation meines Wissens in Vorbereitung ist. Für jenen Teil der Korrespondenz, der in separaten Bänden vorliegt – es handelt sich um die Briefe an Oskar Pfister, Karl Abraham, Lou Andreas-Salomé, Arnold Zweig und neuerdings auch C. G. Jung – muß gesagt werden, daß die Editionspraxis nicht immer vorbildlich ist. Ganze Briefe wurden weggelassen, andere sind mehr oder minder schwer verstümmelt worden, und meistens hat der Herausgeber Ernst Freud die Streichungen, die er vorgenommen hat, gar nicht oder nicht genau genug gekennzeichnet. Solchermaßen einer Vorzensur unterworfen, enthält der gedruckte Text also Lücken, die seinen Aussagewert begrenzen; zieht man ihn heran, so muß man sich darüber im klaren sein, daß in ihm Passagen fehlen, die Freuds Denken präzisieren, bestätigen oder in manchen Fällen auch korrigieren könnten. Hier kann die Kritik nicht mehr tun, als ihre Vorbehalte auszusprechen.

11 In den Jahrgängen der Zeitschrift *Imago* finden sich zahlreiche Arbeiten dieser Art, deren Ergebnisse übrigens eher als interessante Spekulationen denn als gesicherte Fakten dargestellt werden, die zu Schlußfolgerungen allgemeiner Art berechtigen. Vgl. dazu auch A. A. Roback: *Freudiana*, Cambridge 1957, und die darin abgedruckten unveröffentlichten Briefe Freuds sowie den Brief Freuds an Roback in dem Band Sigmund Freud: *Briefe 1873–1939*, Frankfurt 1968², S. 411f.

12 Wahrscheinlich nicht abgeschickter Brief an Franz Werfel. In: *Hochzeitsvorbereitungen auf dem Lande und andere Prosa aus dem Nachlaß*. Frankfurt 1953, S. 278ff. Vgl. auch die Briefe an Werfel und Max Brod vom Dezember 1922 in Franz Kafka: *Briefe 1902–1924*, Frankfurt 1958, S. 423ff. Beide Briefe an Werfel wurden nicht abgeschickt, aber aus der bloßen Tatsache, daß Kafka sie aufbewahrte, kann man schließen, daß sie seine Ansicht adäquat wiedergeben.

13 Ganz zu schweigen von jenen Autoren, die einen kühnen Sprung über die Jahrhunderte hinweg gleich bis zur Bibel wagen. Den Einfall von Manès Sperber z. B., daß die Psychoanalyse das Alte Testament in der Sprache der Psychologie sei (*Die Achillesferse*, Köln 1960) hätte Kafka wahrscheinlich nicht verstanden. Freud allerdings auch nicht.

14 Karl Kraus: *Literatur oder Man wird doch da sein. Eine magische Operette.* Wien 1918.

15 Franz Kafka: *Briefe 1902–1924*. Frankfurt 1958, S. 337.

16 Brief an den Vater. In: *Hochzeitsvorbereitungen...*, a.a.O., S. 162–223. Die zitierten Passagen auf den Seiten 197 u. 199.

17 In dem gleichen Brief erinnert Kafka an das sonderbare Verhalten und die pathologische Labilität seiner jüdischen Mitschüler im deutschen Gymnasium von Prag; viele von ihnen haben, wie er sagt, während ihrer Studienjahre Selbstmord begangen.

18 Der klassische Gegensatz zwischen Hellenismus und Judentum drückt sich bei Freud in auffallend starken Gewissensskrupeln aus, als sei seine Liebe zu Griechenland das sichtbare Zeichen echter Abtrünnigkeit. Vgl. den mit 80 Jahren geschriebenen Brief an Romain Rolland *(Eine Erinnerungsstörung auf der Akropolis)* in Sigmund Freud, *Studienausgabe*, herausgegeben von Alexander Mitscherlich, Angela Richards und James Strachey, Band 4, Frankfurt 1970, S. 285ff.

2. Die zwei Kulturen

1 Ludwig Börne, Brief an Jeanette Wohl vom 7. Februar 1832 in *Juden und Judentum in deutschen Briefen aus drei Jahrhunderten*, herausgegeben von Franz Kobler, Wien 1935, S. 243.

2 Franz Kafka: *Das Schloß*. Gesammelte Werke, 1946, S. 38. Der im allgemeinen so wenig verstandene Roman *Das Schloß* dreht sich ganz um dieses Problem der Zugehörigkeit, die für den Außenstehenden magischen Charakter hat. Daß K. ein Fremder ist, gibt er auf zweierlei Art zu erkennen: durch sein Verlangen,

Gerstäcker und Lasemann ähnlich zu werden, und durch seine Unfähigkeit, die Dorfbewohner als Individuen voneinander zu unterscheiden; für ihn gleichen alle diese Bauern einander, und seine Gehilfen erscheinen ihm so vollkommen identisch, daß er sie wie eine einzige Person behandelt und beide Arthur nennt; überdies sind sie für ihn auch noch seinem Boten ähnlich, was ihn vollends in Verwirrung bringt. Dieses Mißgeschick, das die visuelle Wahrnehmung aller Beteiligten verfälscht und ihre Beziehungen außerordentlich belastet, ist einer von vielen Gründen, die jede Dramatisierung oder Verfilmung des Romans unmöglich machen.

3 Zu diesem Aspekt des hier behandelten Problems vgl. Isaiah Berlin: *Jewish Slavery and Emancipation.* In: *Hebrew University Garland. A Silver Jubilee Symposium,* London 1952.

4 Vgl. den Brief an Arnold Zweig vom 8. Mai 1932 (*Briefe*, a.a.O., S. 426): »Und wir stammen von dort (obwohl sich einer von uns auch einen Deutschen glaubt, der andere nicht)...« Offensichtlich ist es Arnold Zweig, der sich »auch einen Deutschen glaubt«, er, der eben zu dieser Kategorie von innerlich gespaltenen deutschen Juden gehört.

5 Vgl. den Brief an Martha Bernays vom 2. Februar 1886 (in *Briefe*, a.a.O., S. 209f.). Freud beschreibt dort einen Abend bei Charcot: »Erst gegen Ende kam ich mit Giles de la Tourette in ein politisches Gespräch, in dem er natürlich den wütendsten Krieg mit Deutschland prophezeite. Ich gab mich gleich als juif, der weder Deutscher noch Österreicher sei, zu erkennen. Solche Gespräche sind aber immer sehr peinlich für mich, denn ich fühle was Deutsches sich in mir regen, was ich zu unterdrücken lange beschlossen habe.« Einige Monate zuvor hatte er der gleichen Martha geschrieben: »Wie du merkst, mein Herz ist deutsch-kleinstädtisch...« (a.a.O., S. 192), ein Beweis dafür, daß die Unterdrückung nicht allzu gut gelungen war.

6 Zu allem, was Freuds Haltung während der ersten Jahre des Ersten Weltkrieges betrifft, vgl. seine Briefe an Karl Abraham (a.a.O.).

7 Da die Psychoanalyse erst nach dem Tode von Jakob Freud ins Leben trat und eben diesem Tod ihre Entstehung verdankt, haben Freuds erste Schüler den Mann nicht mehr kennengelernt, der auf so seltsame Weise berufen war, einer neuen Wahrheit ans Licht zu helfen. Einige haben dagegen sehr wohl Freuds Mutter, Amalia Freud, gekannt, über deren mythischer Rolle als »ödipaler Mutter« nicht vergessen werden darf, wer sie an sich gewesen ist. Nach den Erinnerungen Theodor Reiks hatte sie die Sprache, die Lebensgewohnheiten und wohl auch die Glaubensvorstellungen ihres Herkunftmilieus beibehalten. Sie sprach ein ziemlich unbeholfenes, mit Jiddisch vermischtes Deutsch. Vgl. E. Freeman: *Conversations with Theodor Reik,* Englewood Cliffs, N. J. 1971.

8 *Die Traumdeutung.* In *Studienausgabe,* Band II, Frankfurt 1972, S. 208.

9 Brief an A. A. Roback vom 20. Februar 1930 (in *Briefe*, a.a.O., S. 411f.). Vgl. auch A. A. Roback: *Freudiana,* a.a.O., S. 231f. Freud schreibt tatsächlich nicht etwa »diese Bildungslücke«, sondern »dieses Stück meiner Unbildung«, und das ist angesichts der Bedeutung, die für sein Seelenleben die Unbildung seines

Vaters in bezug auf die abendländische Kultur hat, eine vielsagende Nuance. Hier ist er der Ungebildete, da er kein Hebräisch kann, das seinem Vater sehr geläufig war.

10 Ernest Jones: *Das Leben und Werk von Sigmund Freud.* Bern/Stuttgart 1960–62. Band 1, S. 194, 195, 198, 202. Vgl. auch Marthe Robert: *Die Revolution der Psychoanalyse,* Frankfurt 1967².

11 Vgl. A. A. Roback, a.a.O. Dort findet sich eine Reproduktion und Analyse des Einbandes der Bibel, die Jakob Freud seinem Sohn schenkte.

12 Vgl. A. A. Roback, a.a.O., S. 95f.

13 Vgl. A. A. Roback, a.a.O., S. 92 sowie Ernest Jones: *Das Leben und Werk von Sigmund Freud,* Bern und Stuttgart 1960/62, Band 1, Seite 38f. und Max Schur: *Sigmund Freud – Leben und Sterben,* Frankfurt 1973, S. 37.

14 *Die Traumdeutung,* a.a.O., S. 186.

15 *Eine Erinnerungsstörung auf der Akropolis,* Brief an Romain Rolland vom Januar 1936, a.a.O., (*Studien-Ausgabe,* Band 4, S. 285ff.). Freuds Bruder Alexander, der ihn auf der Reise von 1904 begleitet hatte, war genau wie Romain Rolland, zu dessen 70. Geburtstag der Brief geschrieben wurde, zehn Jahre jünger als Freud.

16 Das Unterscheidungsmerkmal liegt hier nicht in der Bismarck-Verehrung. Jones gibt eine Äußerung von Ernst Freud wieder, derzufolge auch sein Großvater Jakob Freud Bismarck sehr bewunderte. So empfanden viele deutsche Juden unabhängig von dem Grad ihrer jeweiligen Assimilation.

17 Brief von Rathenaus an Rechtsanwalt Apfel vom 16. November 1918. In *Juden und Judentum...,* a.a.O., S. 393.

18 Brief von Georg Brandes an Henri Nathansen vom 11. Juni 1903. In *Juden und Judentum...,* a.a.O., S. 378.

19 Vgl. *Die Traumdeutung,* Traum »Non vixit«, a.a.O., S. 408ff. und 462ff.

20 »Eines Tages führte sich ein absolvierter Gewerbeschüler durch ein Manuskript bei uns ein, welches außerordentliches Verständnis verriet. Wir bewogen ihn, die Gymnasialstudien nachzuholen, die Universität zu besuchen und sich den nichtärztlichen Anwendungen der Psychoanalyse zu widmen.« (»Zur Geschichte der psychoanalytischen Bewegung« in: *Selbstdarstellung,* a.a.O., S. 160). Freud erwähnt nicht, daß er Rank jahrelang finanziell unterstützt hat und daß Rank es ihm verdankt, wenn er studieren und in kurzer Zeit eine außerordentliche Bildung erwerben konnte. Das gleiche gilt auch für Theodor Reik, der sich erinnert, von Freud während der ganzen Dauer seines Studiums und noch lange nach seiner Hochzeit jeden Monat Geld erhalten zu haben. Auch Lou Andreas-Salomé hätte die unerschöpfliche Freigebigkeit Freuds bezeugen können.

21 Vgl. den Brief an Stefan Zweig vom 7. Februar 1931 in *Briefe* a.a.O., S. 420f.

22 Das gilt vor allem für sein Werk *Massenpsychologie und Ich-Analyse,* aber die gleiche Haltung findet sich auch an anderer Stelle, so vor allem in *Totem und Tabu* und in *Der Mann Moses und die monotheistische Religion.*

23 *Briefe,* a.a.O., S. 5ff.

24 Vgl. die Analyse des Traumes »Freund R. ist mein Onkel« in *Die Traumdeutung*

(a.a.O., S. 204ff.), wo eine Beziehung geknüpft wird zwischen den Prophezeiungen, die Freud in seiner Kindheit eine glänzende Zukunft weissagten, der Erinnerung an die jüdischen Minister des Bürgerministeriums und den schönen Hoffnungen, die damals »jeder fleißige Judenjunge« sich machen durfte.

25 1873 ist das Jahr, in dem Georg Ritter von Schönerer in den österreichischen Reichsrat gewählt wurde, ein linker Antisemit und der erste, der den Rassismus mit radikalem Antikapitalismus verband. Zu Schönerer und zu Adolf Stöcker, dem Wegbereiter des deutschen Antisemitismus, vgl. G. J. Pulzer: *The Rise of Political Anti-Semitism in Germany and Austria*, New York 1964.

26 Den Liberalismus der Gymnasien in der Doppelmonarchie bezeugt Theodor Herzl in einer autobiographischen Notiz, die in der *Jewish Chronicle* vom 14. Januar 1898 veröffentlicht wurde (zitiert in Nicolas Baudy *Les grandes questions juives*, Paris 1968).

27 Brief von Gustav Landauer an den Philologen Fritz Mauthner vom 20. November 1913. Abgedruckt in *Juden und Judentum*..., a.a.O., S. 382. Landauer, der einige Jahre später an der deutschen Revolution teilnehmen und eine führende Rolle in der Regierung der Münchner Räterepublik spielen sollte, nimmt in diesem Brief eine Haltung ein, die der Freuds so nahe steht, daß es aufschlußreich ist, ihn zu zitieren: »Unsere Judendebatte schlage ich vor nicht fortzusetzen (...) Darum aber, ob Du die Eigenschaft des Jüdischen einen ›Ductus‹ des Gehirns nennst und etwa das Wörtchen ›nur‹ hinzufügst, handelt es sich doch wohl nicht, sondern darum, daß Du, indem Du diesen Ductus jüdisch nennst, nicht bloß von einem Zug sprichst, der Dir individuell eignet, sondern von einem, der Dir mit einer Anzahl Menschen gemeinsam ist. Und welchen Wert ich dieser, von gemeinsamer Geschichte stammenden Gemeinschaft beilege, das entscheidet mir nicht die Logik. Ich für mein Teil finde nicht so viele in die Jahrtausende zurückgehende Gemeinschaften in unserer Zeit, daß ich auf eine verzichten möchte, zumal wenn ich keinen Grund dazu habe. Und eine Gemeinschaft, die man – mit Deinen Worten – an einem ›Ductus im Gehirn‹ erkennt, ist eigentlich Wirklichkeit genug. Es handelt sich also um ein Begleitgefühl zu einer Wirklichkeit; die Logik wird mir's nicht nehmen können; warum sollte sie's aber auch wollen?«

28 Ehrentitel, den das Oberhaupt der Gemeinde trug.

29 Jüdischer Fasttag zur Erinnerung an die Zerstörung des Tempels in Jerusalem.

30 Hebräisch: Segensspruch.

31 Brief vom 23. Juli 1882, *Briefe*, a.a.O., S. 28–32.

32 Nicht nur hier, sondern überall dort, wo er das Thema in seinem Werk anschneidet. Die Kabbala kennt er nicht, und von den vielfältigen Tendenzen des Judentums im Laufe der Jahrhunderte bezieht er sich immer nur auf die legalistische und rationalistische Strömung, die ja auch die einzige ist, die er als seinem eigenen intellektuellen Temperament verwandt empfinden könnte. Nebenbei sei bemerkt, daß Freuds Theorie der Religion, nach der Glaubensvorstellungen und religiöse Praktiken aus den gleichen Mechanismen hervorgehen wie die Zwangsneurose, so daß Neurose und Religion in ihrem Kern eng miteinander verwandt

sind, ganz hervorragend auf das Judentum mit seinen strengen Riten paßt, dagegen weniger gut auf jene Religionen, in denen Fragen des Dogmas und der theologischen Spekulation viel wichtiger werden als die strenge Einhaltung von Riten. Ganz allgemein gesagt, hat Freud übrigens die religiösen Seelenzustände niemals detailliert analysiert; seit 1914 werden sie im großen und ganzen durch den primären Narzißmus der Psyche erklärt.

33 Ganz allgemein widmet Jones der Stellung Freuds innerhalb des Judentums und den Folgerungen, die sich daraus für das Verständnis seines Werkes ergeben, nur sehr wenig Aufmerksamkeit. Theodor Reik (a.a.O.) hat die boshafte Bemerkung gemacht, daß Jones erstens von diesen Dingen nichts verstanden habe (was durchaus wahrscheinlich klingt) und daß zweitens dieses auffällige Desinteresse sehr wohl einer verdrängten antisemitischen Tendenz entspringen könnte – eine offensichtlich unbeweisbare Behauptung, für die wir Reik die Verantwortung überlassen. Ohne die Frage weiter zu vertiefen, können wir annehmen, daß Jones, der sein Werk als gewissenhafter Humanist konzipierte und auf naive Weise von der universellen Gültigkeit der Ideen überzeugt war, es für das Beste hielt, Freud von vornherein in seiner allgemeinsten Bedeutung darzustellen und das Jüdische gänzlich beiseite zu lassen, als handle es sich um eine reine Äußerlichkeit in Freuds Leben, die zwar für den Geschichtsforscher oder auch einfach als Kuriosum von Interesse sein mag, aber für die Entstehung der Psychoanalyse nicht mehr und nicht weniger Bedeutung hat als irgendeine andere biographische Zufälligkeit. Weil er aus seinem Lehrer einen Denker für alle und für alle Zeiten machen will – was Freud in der Tat auch ist, weil er ein einzigartiges Schicksal auf einzigartige Weise gelebt hat, und nicht kraft irgendeines transzendenten Vorrechtes –, macht Jones sich keine Gedanken über das spezifische Verhältnis zwischen dem Besonderen (Freuds marginale Position in der österreichischen Gesellschaft) und dem Allgemeinen (Freuds Theorie der menschlichen Psyche). Er stellt Freud einfach in die so triviale wie pathetische, in der Geistesgeschichte immer gerne beschworene Situation des verkannten Genies, des einsamen Kämpfers gegen die jeder geistigen Kühnheit abholden Philister. Und indem er von diesem vorgefertigten Schema ausgeht, das zwar am Ende wahr werden kann, aber doch die grundsätzliche Unvergleichlichkeit des Falles unterschlägt, verkürzt er Freud um einen wesentlichen Teil seiner Wirklichkeit.

34 Freud selbst ist Ähnliches im Eisenbahnabteil auf der Reise nach Leipzig zugestoßen, und der Vorfall hat ihn so stark erregt, daß er ihn Martha sofort berichtet: »Du weißt, daß ich immer nach frischer Luft lechze und immer bemüht bin, Fenster aufzureißen, besonders im Waggon. So öffnete ich also auch hier ein Fenster und steckte den Kopf heraus, mich wohl zu fühlen. Darauf Rufe, es zu schließen, es sei die Windseite, besonders von einem ausgehend. Ich erklärte mich bereit, es zu schließen, wenn irgendwo gegenüber geöffnet würde, es war das einzige offene Fenster im langen Waggon. Während wir so parlamentierten und er sich bereit erklärte, die Ventilation anstatt des Fensters zu öffnen, erscholl von einem aus dem Hintergrund der Ruf: Das ist ein elender Jude, und damit hatte die ganze Angelegenheit eine andere Wendung genommen... Ich wäre

ein Jahr früher vor Aufregung unfähig gewesen, ein Wort zu äußern, jetzt bin ich doch anders, ich hatte keine Furcht vor dem Gesindel, bat den einen seine allgemeinen Sentenzen für sich zu behalten, da sie mir gar keinen Respekt einflößten, und den andern, sich zu mir zu bemühen und sich die verdiente Antwort bei mir zu holen. Ich war ganz gefaßt, ihn zu erschlagen, aber er kam nicht...« (*Briefe*, a.a.O., S. 84).

35 *Briefe*, a.a.O., S. 135. Aus dem Skandal, den dieser Vorfall machte, kann man schließen, daß Ähnliches nicht allzu häufig vorkam. Freud ist erschüttert und so aufgeregt, daß er Martha die Sache erzählt, noch während Koller sich mit dem Beleidiger schlägt, also ohne den Ausgang des Duells abzuwarten.

36 Tempeldiener.

37 *Briefe*, a.a.O., S. 168f. Mit sichtlichem Behagen schildert Freud diese Geschichte so ausführlich, die in Anbetracht der beteiligten Personen wie ein halb erbauliches, halb ironisches Märchen wirkt.

38 Seine jüngste Tochter nannte er Anna nach Anna Hammerschlag, der einzigen Tochter seines alten Lehrers, und auch seine beiden anderen Töchter tragen die Vornamen von jüdischen Damen aus seiner engeren Umgebung: Sophie den einer Nichte von Hammerschlag und Mathilde den der Frau Breuers. Dagegen – und das ist vielleicht nicht ohne tiefere Bedeutung – wählte er für seine drei Söhne Vornamen der »anderen Seite«: Oliver zu Ehren von Cromwell, Jean-Martin zu Ehren von Charcot und Ernst zur Erinnerung an den ehrfurchtgebietenden Professor Brücke, den er sein Leben lang außerordentlich verehrte.

39 Welche Bedeutung diesen Ehrgeizträumen innerhalb des Materials der *Traumdeutung* und der *Psychopathologie des Alltagslebens* zukommt, werden wir im folgenden Kapitel sehen. Sie kommen klar zum Ausdruck in den Schilderungen Freuds von den beiden Abenden bei Charcot, zu denen er eingeladen war, und noch stärker in den kaum verhüllten Gedanken, die er in bezug auf die Tochter des verehrten Meisters hegt.

40 Ansprache, die anläßlich seines 70. Geburtstages am 6. Mai 1926 als Antwort auf die Laudatio von Professor Ludwig Braun verlesen wurde.

41 *Briefe*, a.a.O., Brief an A. A. Roback vom 20. Februar 1930, S. 411f.

42 Brief an Barbara Low vom 19. April 1936, *Briefe*, a.a.O., S. 442f. Der Brief ist in englischer Sprache geschrieben: »We were both Jews and knew of each other that we carried this miraculous thing in common, which – inaccessible to any analysis so far – makes the Jew.« – David Eder war ein bedeutender zionistischer Führer. Von Chaim Weizmann als erster diplomatischer Vertreter des Zionistischen Rates in Jerusalem ausersehen, hatte er eine Politik der Annäherung an die Araber entwickelt. Zu der Rolle, die Eder in der Ära Weizmann spielte, vgl. Walter Laqueur, *Histoire du Sionisme*, Paris 1973, S. 268f., 488, 501f., 505 und 516.

43 S. Freud: *Aus den Anfängen der Psychoanalyse – Briefe an Wilhelm Fliess*. London 1950. Brief vom 21. 9. 1897, S. 231.

44 a.a.O., Brief vom 7. 7. 1898, S. 275.

45 a.a.O., Brief vom 28. 5. 1899, S. 300.

46 a.a.O., Brief vom 27. 6. 1899, S. 302: »Mir gefällt sie nicht, könnte man Onkel Jonas variieren.« Es handelt sich um einen jüdischen Witz, den Freud sichtlich mochte und in seinen Briefen an Fliess drei oder viermal mit leichten Abwandlungen zitiert. Die hier zitierte Variante ist unter dem Titel »Vernunftehe« bekannt gewesen. Onkel Jonas trifft seinen Neffen, der von seiner Verlobung gehört hat und ihm gratuliert. »Und wie ist sie denn, Deine Braut, Onkel?« Der Onkel erwidert: »Geschmackssache – mir gefällt sie nicht!«

47 Zu dieser Zeit trägt er sich mit dem Gedanken, eine Anthologie jüdischer Witze zusammenzustellen, und berichtet Fliess von den Fortschritten seiner Sammlung. Er wird diese Anthologie allerdings nicht veröffentlichen; dafür liefert sie ihm den größten Teil des Materials für seine *Psychopathologie des Alltagslebens.*

48 Von Jones überlieferte mündliche Äußerung (a.a.O., Band 3, S. 262f.). Der Vorstand der Wiener Psychoanalytischen Vereinigung beschloß, den Sitz dorthin zu verlegen, wo Freud sich niederlassen würde. Alle Anwesenden außer Richard Sterba waren Juden. Nach Jones erinnerte Freud daran, daß man an Verfolgungen seit langem gewöhnt sei und fügte dann, lachend auf Sterba weisend, hinzu: »Mit einer Ausnahme.« Sterba aber beschloß, das Schicksal seiner jüdischen Kollegen zu teilen, und wies die Lockungen der deutschen Analytiker zurück, die ihn zum Direktor des Wiener Instituts und des Ambulatoriums machen wollten.

49 Brief an Ernst Freud vom 12. 5. 1938, geschrieben am Vorabend der Abreise nach London: »Ich vergleiche mich manchmal mit dem alten Jakob, den seine Kinder auch im hohen Alter nach Ägypten mitgenommen haben...« *Briefe,* a.a.O., S. 459.

50 Brief an N. N. vom 14. 12. 1937. *Briefe,* a.a.O., S. 454.

51 Ob Freud Heinrich Graetz, Zunz und die rationalistischen Autoren gelesen hat, die das Werk der Reform fortgeführt haben, läßt sich anhand der verfügbaren Quellen nicht entscheiden. Man darf jedoch vermuten, daß er sich dem strengen Urteil von Graetz über die Kabbala ohne weiteres angeschlossen hätte. Da für ihn der echte jüdische Geist stets auf der Seite der Vernunft im Kampf gegen den Obskurantismus stand, hätte er ganz selbstverständlich in der esoterischen Kabbala eine Art Fremdkörper in der Tradition gesehen, der sie von ihrer wahren Bahn ablenkte, ja pervertierte. In diesem Sinne würde die Kritik Gershom Scholems an Graetz und seiner Schule auch ihn treffen (Vgl. *Judaica,* Frankfurt 1963, darin vor allem das Kapitel »Wissenschaft vom Judentum einst und jetzt«, S. 147–164), wenn er nicht eben, anstatt das religiöse Phänomen in der dem Rationalismus der Aufklärung eigenen Abstraktion zu belassen, die Vernunft selber gebraucht hätte, um den Zauber des Irrationalen radikal zu durchschauen.

52 vgl. den Brief von Arnold Zweig vom 18. 2. 1929 und Freuds Antwort vom 20. 2. 1929. In: Sigmund Freud/Arnold Zweig, *Briefwechsel.* Frankfurt 1968, S. 11ff.

53 Zu diesem Prozeß der Verinnerlichung, in dem Freud sich immer mehr von der Politik abwendet, vgl. den interessanten Artikel von Carl E. Schorske: Politique et parricide dans »l'Interpretation des rêves« de Freud. In: *Annales,* Jahrgang

1973, Heft März–April, S. 309–328.

54 Daß Freud in dem »schönen Karl«, wie die Wiener ihn bewundernd nannten, seinen persönlichen Feind sah, ist nicht ganz so selbstverständlich, wie man meinen könnte, wenn man den Antisemitismus des späten 19. Jahrhunderts von den späteren Ereignissen her beurteilt. Keineswegs alle österreichischen Juden sahen in Lueger eine Gefahr; viele nahmen seine Demagogie überhaupt nicht ernst und das um so weniger, als sie keine schwerwiegenden Auswirkungen auf ihr eigenes Leben hatte. Im nächsten Kapitel werden wir übrigens sehen, daß die Lage der Juden in der alten Doppelmonarchie eine umstrittene Frage geblieben ist. Manche Autoren sind der Ansicht, daß die Juden insgesamt besser dran waren als andere Minderheitsgruppen; Hannah Arendt z. B. behauptet, daß der Antisemitismus der österreichischen Christlichsozialen praktisch folgenlos geblieben und die Ära Lueger in Wien eine Art goldenes Zeitalter für die Juden gewesen sei. (Vgl. Hannah Arendt, *Elemente und Ursprünge totaler Herrschaft*, Frankfurt 1955).

55 Für die von manchen Autoren angenommene persönliche Begegnung zwischen Freud und Herzl (vgl. dazu vor allem Alain Rousseau, *L'influence de la tradition spéculative juive sur la pensée de Sigmund Freud et la genèse de son oeuvre*, ungedruckte Dissertation, Paris 1963) gibt es in unseren Quellen keinerlei Beleg. Dagegen wissen wir, daß Freud Max Nordau in Paris aufgesucht hat; er fand ihn dumm und eitel und ging kein zweitesmal hin (Vgl. Ernest Jones, a.a.O., Bd. 1, S. 225).

56 Brief an Israel Spanier Wechsler vom 8. 5. 1929 in *Briefe*, a.a.O., S. 403 f. Wechsler hatte den Wunsch an ihn herangetragen, die Handschriften seiner Publikationen der hebräischen Universität in Jerusalem zu überlassen.

57 Diese Hoffnungen stützten sich zum Teil vielleicht auf eine Äußerung Chaim Weizmanns gegenüber Jones, die dieser Freud berichtet hatte. Weizmann soll gesagt haben, die Emigranten aus Galizien kämen »ohne Kleider, dafür mit dem ›Kapital‹ und der ›Traumdeutung‹ unter dem Arm«. Freud schätzte den berühmten Zionistenführer sehr hoch (Jones a.a.O., Bd. 3, S. 46 und 277).

58 Brief an Enrico Morselli vom 18. 2. 1926. *Briefe*, a.a.O., S. 380. Freud erscheint hier durchaus nicht als der intolerante Doktrinär, den man so oft in ihm zu sehen beliebt; wie in dem schon zitierten Brief an A. A. Roback bedankt er sich *im Namen des jüdischen Volkes* bei jemand, dessen Unverständnis für sein Denken ihn bekümmert.

59 Brief an Arnold Zweig vom 8. 5. 1932. In Freud/Zweig, *Briefwechsel*, a.a.O., S. 51 f. Im Jahre 1932 beschäftigt sich Freud noch nicht mit seinem *Moses*. Zweifellos aber hat die zu dieser Zeit sehr lebhafte Korrespondenz mit Zweig dazu beigetragen, sein Interesse für die »Muttererde« und damit auch für den Propheten zu wecken oder neu zu beleben (daß es im Brieftext »Muttererde« und nicht etwa »Vaterland« heißt, ist in psychoanalytischer Sicht eine bedeutungsvolle Nuance).

60 Brief an Sandor Ferenczi vom 30. 3. 1922, zitiert bei Jones, a.a.O., Bd. 3, S. 106.

61 In Wien wie auch in Prag oder Berlin ist die Sprache der Juden dieser Generation dem Jiddischen noch sehr nahe, und auch in ihren Sitten, Lebensgewohnheiten und Vorlieben haben sie sich nicht gar so weit von der volkstümlichen Tradition entfernt. Das macht Kafka den Prager Kaufleuten klar, vor denen er im Jahre 1912 über jiddische Sprache und Literatur spricht; sie meinen den »Jargon« schon nicht mehr zu verstehen, aber darin irren sie, denn das Jiddische ist noch ebenso lebendig in ihnen wie die volkstümliche Tradition hinter dem äußeren Gehabe deutscher Kleinbürger. Vgl. die »Rede über die jiddische Sprache«, mit der Kafka am 18. 2. 1912 im Festsaal des Prager jüdischen Rathauses einen Rezitationsabend des ostjüdischen Schauspielers Isak Löwy einleitete; in *Hochzeitsvorbereitungen auf dem Lande*, a.a.O., S. 421ff.

62 *Traumdeutung*, a.a.O., S. 206.

63 Um 1897, ungefähr gleichzeitig mit seinem Eintritt in die Loge B'nai B'rith, beginnt Freud, jüdische Witze für eine geplante Anthologie zu sammeln.

64 Brief an Minna Bernays vom 3. 12. 1885. *Briefe*, a.a.O., S. 192.

65 Brief an Martha Bernays vom 29. 8. 1883. *Briefe*, a.a.O., S. 56f.

66 Zu Freuds Armut vgl. seine Briefe an Martha aus den Jahren 1882 bis 1886. Zu dieser Zeit fehlt es ihm für alles an Geld, manchmal kann er sich nicht einmal Briefpapier kaufen, und die kleinste Reise stellt ebenso unlösbare Probleme wie die berühmte Einladung bei Charcot, für die er sich nicht angemessen kleiden zu können fürchtet. Auch als er längst berühmt ist, gibt es für ihn noch Zeiten empfindlichen Geldmangels, und am Ende hat er so wenig Vermögen angesammelt, daß er bei seiner Emigration das von den Nazis geforderte Lösegeld nicht zahlen kann (die Prinzessin Maria Bonaparte bringt die Summe auf).

67 Brief an Martha Bernays vom 19. 10. 1885. *Briefe*, a.a.O., S. 175ff. Mitzi ist Freuds Schwester Marie, die wegen der beengten wirtschaftlichen Verhältnisse der Familie eine Stelle als Gouvernante annehmen mußte.

68 Brief an Martha Bernays vom 2. 2. 1886. *Briefe*, a.a.O., S. 208f.

69 Brief an Stefan Zweig vom 7. 2. 1931. *Briefe*, a.a.O., S. 420. Bei dem erwähnten Essay handelt es sich um die Arbeit *Die Heilung durch den Geist* (Leipzig 1931, Neuauflage Frankfurt 1952), in der Freud zusammen mit Mesmer und Mary Baker-Eddy, der Begründerin der »Christian Science«, porträtiert wird.

70 Brief an Lou Andreas-Salomé vom 28. 7. 1929. *Briefe*, a.a.O., S. 407f. Freud hat den vielleicht unrichtigen, vielleicht auch nicht ganz abwegigen Eindruck, daß Thomas Mann »grade einen Aufsatz über die Romantik bereit hatte, als die Aufforderung kam, über mich zu schreiben, und so hat er diesen halben Aufsatz vorne und rückwärts mit Psychoanalyse fourniert«. Vgl. Thomas Mann: »Die Stellung Freuds in der modernen Geistesgeschichte«, Vortrag, gehalten am 16. Mai 1929 in der Universität München. Abgedruckt in: *Stockholmer Gesamtausgabe, Altes und Neues*, Frankfurt 1953.

71 Paradoxerweise entfernt sich Freud gerade auf dem Gebiet der Wissenschaft am weitesten von diesem Geiste des klassischen Maßes, von dem er sich doch leiten lassen will; das beweist z. B. seine Achtlosigkeit in der Kokain-Affäre, seine Begeisterung für die Hypnose, später sein Interesse für die Telepathie und

sein hartnäckiges Eintreten für die Thesen von Lamarck. Allerdings wäre ohne dieses Überschreiten der Grenzen der Schulmedizin vermutlich niemals die Psychoanalyse entstanden.

72 Brief an Martha Bernays vom 2. 2. 1886. *Briefe,* a.a.O., S. 208: »Als ich dann eine bevorzugte Stellung als langjähriger Primus bekam, als man mir allgemein Vertrauen schenkte, hatte man sich auch nicht mehr über mich zu beklagen.« Unmittelbar auf diesen Satz folgt die Passage, in der Freud von seiner von den Vorfahren ererbten trotzigen Kühnheit spricht.

73 Den Schlüssel zur Aufklärung dieses Rätsels liefert Freuds Brief an Martha vom 7. 2. 1884, in dem er von seinem Freund Silberstein spricht. Zusammen mit diesem Freund seiner Kindheit, an dem er sehr hing, hatte er als Schüler heimlich Spanisch gelernt. Die beiden Knaben »bildeten mitsammen eine absonderliche gelehrte Vereinigung, die Academia Castellana (AC), hatten eine große scherzhafte Literatur zusammengeschrieben, die sich gewiß noch unter meinen alten Papieren findet«. *Briefe,* a.a.O., S. 103f.

74 Man erinnert sich an das vollständige Mißverständnis zwischen Freud und André Breton in Sachen Surrealismus. Ganz allgemein blieb Freud die moderne Kunst unzugänglich. In der Literatur geht sein Interesse nicht über Schnitzler und Thomas Mann hinaus; dem Impressionismus und den zeitgenössischen Avantgarde-Bewegungen schenkt er nicht einmal unter psychoanalytischen Gesichtspunkten Aufmerksamkeit. Und als Karl Abraham ihm, gewiß in der Absicht, ihm eine Freude zu machen, ein Porträt schickt, das ein »moderner« Künstler aus seinem Bekanntenkreis von ihm gezeichnet hat, macht Freud aus seinem Ärger keinen Hehl: »Ich weiß, was für ein ausgezeichneter Mensch Sie sind. Um so mehr erschüttert es mich, daß ein so geringfügiger Schatten auf Ihrem Charakterbild, wie Ihre Toleranz oder Sympathie für die moderne ›Kunst‹ so grausam geahndet werden muß.« Freud/Abraham, a.a.O., S. 309, Brief vom 26. 12. 1922.

75 Vgl. Klaus Wagenbach: *Franz Kafka. Eine Biographie seiner Jugend.* Bern 1958.

76 Wagenbach, a.a.O.

77 Vgl. den bereits zitierten Brief Gustav Landauers an Mauthner.

78 Zitiert nach Klaus Wagenbach: *Franz Kafka in Selbstzeugnissen und Bilddokumenten.* Reinbek 1964, S. 26f.

79 Leo Trotzki schreibt in seinem Buch *Der junge Lenin* über die Gymnasialzeit von Lenins älterem Bruder Alexander: »Das wichtigste Folterinstrument war der Klassizismus. ›Das Studium der alten Sprachen‹, erläuterten die Schöpfer des Unterrichtssystems, ›erzieht schon durch die Schwierigkeit von Erfolgen zur Bescheidenheit, und Bescheidenheit ist das erste Merkmal und das erste Erfordernis wahrer Bildung‹. Der Klassizismus war berufen, die Rolle eines eisernen Jochs zu spielen, das man dem kindlichen Verstand aufzwang.« Der Autor vermerkt übrigens, daß Alexander zwar durch dieses System geistig gebrochen wurde, sein Bruder Wladimir dagegen, der über eine unverwüstliche Konstitution verfügte und ebenfalls Klassenbester war, alles schlucken konnte, ohne Schaden zu nehmen. (*Der junge Lenin,* Wien 1919, S. 58)

80 Diese heimtückische Form der Mystifikation ist eines der sozialkritischen Themen, die Kafka in seinem Roman *Das Schloß* behandelt, allerdings nicht offen, sondern, in genauer Entsprechung zu dem okkulten Charakter des Phänomens, unter dem Deckmantel einer Pseudo-Odyssee, deren Helden die zu allmächtigen Bürokraten an der Spitze einer gewaltigen unsichtbaren Organisation gewordenen olympischen Götter sind (einer der Herren aus dem Schloß heißt Momus wie der griechische Gott des Lachens). Vgl. Marthe Robert: *Das Alte im Neuen*, München 1968. Was Kafka für einen marxistischen Autor wie Georg Lukacs unverständlich macht, ist zum Teil gerade seine radikale Kritik in diesem Punkt. Im übrigen sei angemerkt, daß hinsichtlich des Zusammenhanges von klassischem Humanismus und Ideologie die marxistische »Entmystifizierung« ebenso zaghaft bleibt wie Freuds psychoanalytische Kritik an der Kultur.

81 S. Freud: *Zur Psychologie des Gymnasiasten.* In: *Studienausgabe,* Band 4, S. 237.

82 Offenbar Anspielung auf die liberale Atmosphäre in seinem Gymnasium, in dem es, wie wir gesehen haben, zu seiner Zeit kein Rassenproblem gab.

83 Für Freud ist die Antike nicht nur ein Gegenstand pflichtmäßiger und unverbindlicher Bewunderung, sondern eine echte Religion, die von ihm Kult, Opfer und rituelle Handlungen fordert wie das Sammeln von Reliquien und Pilgerfahrten zu den heiligen Stätten Rom und Athen. An den Opfern trägt er, finanziell gesehen, keineswegs leicht, denn zu der Zeit, da er seine Religion zu praktizieren beginnt (um 1895), ist das Sammeln seltener Objekte wie auch eine Reise nach Rom für ihn ein Luxus, den er sich eigentlich nicht leisten kann. (In dem bereits zitierten Brief an Stefan Zweig – *Briefe*, a.a.O., S. 420f. – wirft er sich übrigens vor, in dieser Hinsicht egoistisch gewesen zu sein und zuviel Aufwand getrieben zu haben.)

84 Zu Jacob Bernays, dem Sohn des Chacham von Hamburg und Freuds angeheiratetem Onkel, vgl. A. Momigliano: *Jacob Bernays.* Amsterdam/London 1969. 1932 schickt Freud den Band *Jacob Bernays – Ein Lebensbild in Briefen* (Breslau 1932) an Arnold Zweig und schreibt dazu: »Der Zufall fügt es, daß ich Ihnen heute auch einmal etwas von uns schicken kann. An der Herausgabe des Buches, das Ihnen hiermit zugeht, habe ich einen Anteil gehabt. Es sind Briefe des Onkels meiner Frau, der ein berühmter Altphilologe und, wie es scheint, eine hervorragende Persönlichkeit war. Seine Stellung zum Judentum und Christenglauben ist wohl der Beachtung wert. Das zärtliche Verhältnis zu Paul Heyse ebenso. Ich bitte Sie, das Büchlein zu lesen.« (Freud/Zweig, a.a.O., S. 59, Brief vom 27. 11. 1932). Es ist bemerkenswert, daß Bernays (nach Momigliano) seine Leidenschaft für die klassische Bildung mit strikter jüdischer Orthodoxie vollkommen vereinbaren konnte, während Mauthner nicht nur mit der Religion, sondern auch mit der jüdischen Kultur und Denkweise gebrochen hatte.

85 *Juden und Judentum*..., a.a.O., S. 380.

86 Zu Heines Rückwendung zur Bibel vgl. Ludwig Rosenthal: *Heinrich Heine als Jude*, Frankfurt/Berlin/Wien 1973, S. 281–320.

87 Vgl. den bereits zitierten Brief an Romain Rolland, *Studienausg.* Band 4, S. 286.

88 Über den tatsächlichen Wert der Antikensammlung, zu der Freud in der Zeit seiner »splendid isolation« den Grundstock legte und die er bis zu seinem Lebensende weiter vervollständigt hat, sind wir schlecht unterrichtet. Falls eine Expertise vorliegen sollte, wurde sie nicht veröffentlicht. Man darf annehmen, daß ihr Wert weniger in der Seltenheit oder Schönheit der Objekte als in der Rolle liegt, die sie in Freuds Seelenleben spielte. Der ebenfalls hochgebildete, aber offenbar skeptischere Fliess zog Freud gern mit dieser Vorliebe für die »alten Idole« auf, was später keiner von Freuds Schülern gewagt hätte (viele haben die Sammlung ihres Lehrers mit Geschenken bereichert). Im nächsten Kapitel werden wir sehen, was es mit seinen Pilgerfahrten nach Rom und Athen auf sich hat und welche merkwürdige Hemmung er überwinden mußte, ehe er es wagte, in die geheiligten Mauern der Hauptstadt des Römerreiches einzudringen.

89 Dies ist das Grundthema von *Das Unbehagen in der Kultur, Studienausgabe*, Band 9, S. 191–270.

3. Verbotener Ehrgeiz

1 An Fliess schreibt Freud am 2. 11. 1896 (*Aus den Anfängen der Psychoanalyse*, a.a.O., S. 182): »Auf irgendeinem der dunklen Wege hinter dem offiziellen Bewußtsein hat mich der Tod des Alten sehr ergriffen. Ich hatte ihn sehr geschätzt, sehr genau verstanden, und er hat viel in meinem Leben gemacht, mit der ihm eigenen Mischung von tiefer Weisheit und phantastisch leichtem Sinn. Er war lange ausgelebt, als er starb, aber im Innern ist wohl alles Frühere bei diesem Anlaß aufgewacht.« Diese alles in allem banalen Zeilen, in denen Freud seinen Schmerz ausspricht, lassen überhaupt nichts von dem »ödipalen« Drama ahnen, das ihn bald nötigen wird, sich selbst wie einen seiner Patienten zu behandeln.

2 Vgl. die Darstellung des Traumes in *Traumdeutung, Studienausgabe*, Band 2, S. 126ff. Die Deutung ist über das ganze Werk verstreut, denn dieser Traum ist Freuds wichtigstes Demonstrationsobjekt, auf das er fast in jedem Kapitel zurückkommt, um seine empirische Methode und die verschiedenen Aspekte seiner Theorie zu verdeutlichen.

3 Immer wieder begründet er diese Tendenz zum Verschweigen mit einem Faustzitat: »Das Beste, was Du wissen kannst, darfst Du den Buben doch nicht sagen.«

4 »Ich vertrete ein ungleich freieres Sexualleben, wenngleich ich selbst sehr wenig von solcher Freiheit geübt habe.« Brief an James J. Putnam vom 8. 7. 1915, *Briefe*, a.a.O., S. 321.

5 Sogar seine eigenen Kinder haben über den Roman seiner Verlobungszeit Näheres erst aus dem ersten Band der Biographie von Jones (1951) erfahren, in dem unveröffentlichte Auszüge aus Briefen an Martha Bernays abgedruckt sind. Sein weiteres Liebesleben ist ebenso unbekannt geblieben; man hat ihm eine starke Neigung zu seiner Schwägerin Minna unterstellt, die in seinem Hause lebte,

und später hat man ihm eine Leidenschaft für Lou Andreas-Salomé zugeschrieben, aber er selbst hat nichts gesagt oder getan, was solchen Vermutungen Nahrung geben könnte.

6 Man erinnert sich, daß André Breton Freud vorgeworfen hat, er habe die Deutung seiner Träume zensuriert und damit ein beklagenswertes Beispiel mangelnden Mutes gegeben (Vgl. *Les Vases communicants*, Paris 1932, Anhang, S. 200ff.). So etwas sagt sich leicht; der Nachweis, daß Freud überhaupt anders handeln konnte, wenn er sich selbst nicht ernstlich gefährden wollte, ist schon schwerer zu führen.

7 Man vergißt oft, daß die Zeit vor der Jahrhundertwende die Blütezeit der Sexologie gewesen ist. Aber weder Havelock Ellis noch Krafft-Ebing haben jemals Anstoß erregt; allerdings verstehen sie unter Sexualität nicht das gleiche wie Freud. Die Sexualität, wie sie sie darstellten, war schon deshalb akzeptabel, weil sie im sündigen Gewand der Perversionen daherkam und damit die bestehenden Tabus verstärkte, anstatt zu ihrem Abbau beizutragen.

8 Immer wieder (vor allem in seiner *Selbstdarstellung*) hat Freud sich gewundert, daß er Anstoß erregte, nur weil er über die Hysterie laut sagte, was Charcot, der Gynäkologe Chrobak und andere hinter vorgehaltener Hand sagten; vor allem war er empört, von Persönlichkeiten desavouiert zu werden, auf die er sich mit Recht berufen konnte. Darin verkennt er allerdings das Wesen des Tabus, das weniger das tatsächliche sexuelle Verhalten als vielmehr das Sprechen über die Sexualität reglementiert.

9 »Dem Sexuellen bin ich ja ausgewichen, aber der Dreck ist unvermeidlich und bittet um humane Behandlung.« Brief an Fliess vom 6. 9. 1899, *Aus den Anfängen der Psychoanalyse*, a.a.O., S. 315.

10 Das Paradox der *Traumdeutung*, nämlich daß sie ausgerechnet den Grundgedanken einer alle Geistesregungen dominierenden Psychosexualität, der der Eckstein seines gesamten Theoriegebäudes ist, unter den Scheffel stellt, ist Freud durchaus nicht entgangen. In einer nachträglich hinzugefügten Fußnote zum 7. Kapitel des Buches versucht Freud diesen Widerspruch zu erklären: »Für mich war allein die Einsicht maßgebend, daß ich mich bei der Erklärung sexueller Träume tief in die noch ungeklärten Probleme der Perversion und der Bisexualität verstricken müßte, und so sparte ich mir dies Material für einen anderen Zusammenhang.« (*Traumdeutung*, a.a.O., S. 575). Das steht in Widerspruch zu dem zitierten Brief an Wilhelm Fliess, in dem er unumwunden zugibt, dem Sexuellen nicht aus theoretischen, sondern aus moralischen Rücksichten ausgewichen zu sein.

11 Der Mißerfolg in der Kokain-Sache hinterließ in Freud noch lange ein Gefühl der Bitterkeit; in seiner Autobiographie *(Selbstdarstellung)* gibt er seiner Braut die Schuld, und in den in der *Traumdeutung* wiedergegebenen Träumen ist dies eines der ständig wiederkehrenden Themen. Zu Freuds Arbeit als Forscher vgl. Didier Anzieu: *L'Autoanalyse*, Paris 1959. Anzieu bemerkt, daß Freud zwar ein hervorragender Beobachter, aber nur ein mittelmäßiger Experimentator gewesen sei.

12 Breuer war wohl ein typisches Produkt des strengen jüdischen Milieus, dem Freud erst seit kurzem und auch nur teilweise entwachsen war. Deshalb mußte der Konflikt zwischen den beiden Männern eine ungute Wendung nehmen: Breuer verkörperte die Rigidität des traditionellen moralischen Gewissens, das auch für Freud noch maßgeblich war, von dem er sich aber freimachen mußte, wenn er nicht in der Sackgasse stecken bleiben wollte.

13 Die *Traumdeutung* erlebte mehrere Auflagen mit zahlreichen Ergänzungen und Erweiterungen. Die *Gesammelten Werke* enthalten den Text der 8. Auflage von 1929, leider ohne Datierung der Träume und der im Laufe von 30 Jahren hinzugekommenen Fußnoten. Das Werk wirkt daher als eine Überlagerung mehrerer Schichten, die für den Leser kaum unterscheidbar sind. Will man sich eine Vorstellung von der ursprünglichen Gestalt des Buches machen, so muß man die *Standard Edition* von James Strachey zu Rate ziehen oder aber den Band 2 der *Studien-Ausgabe,* nach der auch hier zitiert wird. Hier sind alle Hinzufügungen und nachträglichen Fußnoten genau gekennzeichnet und datiert.

14 Auf diesen »Professurtraum« (es handelt sich um den Traum vom »Onkel mit dem gelben Bart«, *Traumdeutung,* a.a.O., S. 153ff.), in dem das zynische Aufstiegsstreben sich in besonders widerwärtiger Weise äußert, kommen wir noch zurück. Ganz gewiß gehörte für Freud allerhand Mut dazu, sich so vor den »Philistern« zu entblößen, denn in Wien wußte man über seine Situation und seine vergeblichen Bemühungen um den Professorentitel natürlich Bescheid. Aber wie wir sehen werden, richtet sich der Traum gar nicht gegen die Philister, sondern gegen die jüdischen Kollegen Freuds, von denen er sich distanzieren will.

15 Brief an Fliess vom 15. 3. 1898, a.a.O., S. 264.

16 *Traumdeutung,* a.a.O., S. 203f.

17 Vgl. David Bakan, a.a.O., und die bereits zitierte Dissertation von André Rousseau. Hier wird Freuds Lage so dargestellt, als ob die Nazis schon 1880 Wien besetzt hätten. Dieser Anachronismus verfälscht natürlich das Bild mit unangemessener Dramatisierung und macht die in der *Traumdeutung* mitgeteilten Träume Freuds vollends unverständlich.

18 Joachim Remak: »How Doomed was the Habsburg Empire« in *Journal of Modern History,* Juni 1969. Remak zitiert als Beispiel Martin Freud, der sofort nach der Kriegserklärung einrückt, obwohl er sich einer Beinverletzung wegen hätte zurückstellen lassen können. Warum solle er die Gelegenheit ausschlagen, nach Rußland zu kommen, ohne die Religion wechseln zu müssen, habe er zu seinem Vater gesagt. Vgl. dazu auch Hannah Arendt, a.a.O., vor allem über die Ära Lueger.

19 Jones, a.a.O., Bd. 2, S. 207.

20 Der Bewerber mußte zwei Kollegen als Fürsprecher gewinnen, die ihn dann der Fakultätsversammlung vorschlugen. Kam diese zu einem günstigen Urteil, so wurde der Fall dem Minister vorgelegt; die Ernennungsurkunde wurde auf Vorschlag des Ministers vom Kaiser unterzeichnet.

21 Brief an Fliess vom 11. 3. 1902, a.a.O., S. 369. Auffallend ist die ungewohnte

Aufgeräumtheit, mit der Freud von seiner Ernennung Mitteilung macht: »Die Teilnahme der Bevölkerung ist sehr groß. Es regnet auch jetzt schon Glückwünsche und Blumenspenden, als sei die Rolle der Sexualität plötzlich von Sr. Majestät amtlich anerkannt, die Bedeutung des Traumes vom Ministerrat bestätigt, und die Notwendigkeit einer psychoanalytischen Therapie der Hysterie mit 2/3 Majorität im Parlament durchgedrungen.« – Schorske (a.a.O.) weist mit Recht darauf hin, daß Freud sich hier ausschließlich politischer Metaphern bedient, als ob er seinen ersten großen Triumph mit den Ehrgeizträumen seiner Kindheit in Verbindung brächte. Dies ist im übrigen der letzte Brief an Fliess; es folgt nur noch eine Ansichtskarte mit dem Neptuntempel von Paestum.

22 Freud selbst hatte das Gefühl, daß diese Arbeitswut und dieses zwanghafte Bemühen, sich mit einer großen Entdeckung Ruhm zu erwerben, typisch seien für das halb assimilierte jüdische Milieu, aus dem er stammte. Am 4. September 1883 schrieb er an Martha, die sich wegen seiner Überarbeitung Sorgen machte: »Ich will lieber meinem Ehrgeiz entsagen, weniger Lärm machen, weniger Erfolg haben, als mein Nervensystem in Gefahr bringen. Ich denke, ich will in der nächsten Zeit, dem Rest der Lehrzeit im Spital, nach der Weise der Gojim leben, anspruchslos, das Gewöhnliche lernen und treiben, nicht nach Entdeckungen und allzu starker Vertiefung streben.« (*Briefe*, a.a.O., S. 60) Und einige Wochen später erzählt er wiederum Martha die Geschichte von Benedikt Stilling, der zu arm war, um weiterhin Forschung treiben zu können, und sich damit abfinden mußte, praktischer Arzt zu werden, trotzdem aber der Wissenschaft diente, da man ihm die Theorie des vasomotorischen Nervensystems verdankte: »Durch dreizehn Jahre arbeitete er am Morgen über das menschliche Rückenmark, und ein großes Werk war die Frucht davon, und abends arbeitete er weiter über das Gehirn, und man nennt ihn als den ersten unter den Forschern, denen wir die Kenntnis des edlen Organs verdanken. Das war der Fleiß, die zähe Begeisterung des Juden, nicht einmal mit soviel Talent gepaart, als sonst beim Juden nicht selten ist. Das werden wir auch können.« (a.a.O., S. 77f.)

23 Freuds Bewunderung für Cromwell war mehr als eine vorübergehende Jünglingsschwarmerei. Erinnern wir uns, daß er diesem englischen Staatsmann zu Ehren seinen zweiten Sohn Oliver nannte.

24 Vgl. *Zur Psychologie des Gymnasiasten*, a.a.O., S. 237.

25 Der für Freuds Verhältnis zur Wissenschaft aufschlußreichste Text ist der Nachruf, den er 1893 auf Charcot geschrieben hat. Den großen Mediziner, dessen schöpferische Genialität im Entdecken von Formen und Erfinden von Namen er bewunderte, feiert er in dem folgenden Passus mit einem beziehungsreichen biblischen Gleichnis: Man »mußte an den Mythos von Adam denken, der jenen von Charcot gepriesenen intellektuellen Genuß im höchsten Ausmaß erlebt haben mochte, als ihm Gott die Lebewesen des Paradieses zur Sonderung und Benennung vorführte«. (*GW*, Band 1, S. 23)

26 Brücke war eng befreundet mit Emil Du Bois-Reymond, Hermann Helmholtz und Carl Ludwig. In ihrer Jugend hatten diese Männer sich zu einer Gruppe zusammengeschlossen, um ihre wissenschaftlichen Prinzipien durchzusetzen.

Darüber schreibt Du Bois-Reymond 1843: »Brücke und ich haben uns verschworen, die Wahrheit geltend zu machen, daß im Organismus keine anderen Kräfte wirksam sind als die gemeinen physikalisch-chemischen; daß, wo diese bislang nicht zur Erklärung ausreichen, mittels der physikalisch-mathematischen Methode entweder nach ihrer Art und Weise der Wirksamkeit im konkreten Fall gesucht werden muß...« (zitiert bei Jones, a.a.O., Bd. 1, S. 61f.). Obwohl seine eigenen Entdeckungen ihn auf ganz andere Wege führten, blieb Freud bis zu seinem Lebensende stark geprägt von der intellektuellen Disziplin, die sein Lehrer Brücke und die Helmholtz-Schule vertraten. Das Wortspiel mit dem Namen Brücke macht Freud selber in der *Traumdeutung* (a.a.O., S. 216f.); allerdings wird Brücke hier nur beiläufig erwähnt, ohne daß die Analyse zu Ende geführt würde. Brücke ist eine der Schlüsselfiguren der *Traumdeutung;* er erscheint immer wieder entweder im manifesten Trauminhalt oder im Verlauf der Assoziationen Freuds.

27 An Fleischl-Marxow faszinierte Freud ebenso die Eleganz, der Charme und die brillante Persönlichkeit wie die wissenschaftliche Begabung. Mit 25 Jahren hatte sich Fleischl bei Forschungsarbeiten auf dem Gebiet der pathologischen Anatomie eine Infektionskrankheit zugezogen. Man mußte ihm den rechten Daumen amputieren, aber immer wieder neu auftretende Neurome zwangen zu wiederholten Eingriffen, so daß sein Leben zu einem qualvollen Dahinsiechen wurde. Da er sich an Morphium gewöhnt hatte, um seine Schmerzen zu lindern, machte Freud einen Versuch, ihn zu entwöhnen, indem er ihm Kokain gab. Das half ihm aber nicht, sondern beschleunigte nur sein Ende. Die Zuneigung, der Haß, der Neid, das Mitleid und die Schuldgefühle, die Freud diesem außerordentlichen Menschen gegenüber empfand, spielen in der *Traumdeutung* eine große Rolle.

28 Brief an Martha vom 25. 10. 1883, a.a.O., S. 80.

29 Aus den Briefen an Martha ist abzulesen, wie unbehaglich Freud sich in Paris fühlte. Nicht nur der ewige Geldmangel engt ihn ein, er leidet auch unter seiner Unbeholfenheit, seinen ungehobelten Manieren, seinem provinzlerhaften Auftreten. Der ersten Einladung bei Charcot sieht er mit gewaltigem Bangen entgegen; seine Angst, einen Fauxpas zu begehen, ist so groß, daß er Kokain nimmt, ehe er hingeht. Aber schließlich verläuft der Abend doch sehr erfreulich für ihn, und sofort erscheint ihm alles in einem viel freundlicheren Licht. Da er sich in unerschöpflichen Lobesworten über Mademoiselle Charcot ergeht, scheint Martha ein wenig eifersüchtig geworden zu sein, was vielleicht nicht ganz grundlos war, wenn man bedenkt, mit welchen ehrgeizigen Träumen er sich herumschlug. Die Vermutung, daß in dieser Periode der Ungewißheit auch der Gedanke an eine reiche Heirat aufgetaucht sein mag, könnte sich immerhin auf die Deutung einer auf den ersten Blick unverständlichen Erinnerungstäuschung stützen, die er später in seiner *Psychopathologie des Alltagslebens* gegeben hat. Beim Schreiben eines der letzten Kapitel der *Traumdeutung* will Freud den *Nabab* von Alphonse Daudet zitieren, hat aber das Buch nicht zur Hand, um das Zitat zu verifizieren. In seiner Vorstellung ist der Held dieses Buches

ein armer Kommis namens Jocelyn, der eines Tages beschäftigungslos durch Paris irrt und dabei einer hochgestellten Persönlichkeit das Leben rettet, indem er ein durchgehendes Pferd aufhält. Beim Wiederlesen des Romans stellt Freud zu seiner großen Bestürzung fest, daß der Kommis nicht Jocelyn, sondern Joyeuse heißt, und daß die Szene, an die er sich zu erinnern glaubte, gar nicht darin vorkommt. Er selber also, Freud alias Joyeuse (denn das französische Wort »joyeux« heißt auf deutsch »freudig«), hat sich die Geschichte ausgedacht, weil er gerne von einer hochgestellten Persönlichkeit hören möchte: »Sie haben mir mein Leben gerettet, was kann ich für Sie tun?« Diese Retter-Phantasie, die er in der Folge als eine Episode des »Familienromans« analysiert – in der Regel wird der Retter mit der Hand der Tochter des Geretteten belohnt – paßt sehr gut zu Freuds innerem Zustand in einem Augenblick, da Charcot bereit scheint, ihn zu unterstützen, und Freud wie der Joyeuse Daudets in Träumereien versunken durch die Straßen von Paris irrt (Daudet hat er übrigens bei Charcot kennengelernt).

30 Freud hat eine frappierende Art, sich mit Goethe zu identifizieren. In seiner Analyse einer Kindheitserinnerung aus *Dichtung und Wahrheit* (in *Studienausgabe*, Band 10, S. 257–266) bemerkt er, daß ein Mann, der der Liebling seiner Mutter war, kein Versager sein kann, und das trifft genau auch auf ihn selber zu. Und er versäumt keine Gelegenheit, seinen Namen mit dem des Autors des *Faust* in Verbindung zu bringen.

4. Man bittet die Augen zuzudrücken

1 Josef Popper-Lynkeus: »Träumen wie Wachen« in *Phantasien eines Realisten*, Wien 1899. Zur Beziehung Freuds zu Popper-Lynkeus vgl. Freud: *Josef Popper-Lynkeus und die Theorie des Traumes*, *GW* Bd. 13, S. 357ff.

2 Diese denkwürdige »Premiere« fand in dem Café Bellevue in der Umgebung Wiens statt. Einige Jahre später fragt sich Freud halb ernsthaft, halb ironisch, ob man an dem Haus dereinst auf einer Marmortafel lesen werde: »Hier enthüllte sich am 24. Juli 1895 dem Dr. Sigm. Freud das Geheimnis des Traumes« (Brief an Fliess vom 12. 6. 1900, a.a.O., S. 344). Obwohl Freud sonst seinen Freund über alle seine Entdeckungen auf dem laufenden hält, hat er ihm den Traum von Irmas Injektion nicht brieflich mitgeteilt; erst zur Zeit der Veröffentlichung des Buches kommt er auf ihn zu sprechen. Der berühmt gewordene Traum ist übrigens nicht der erste, den er gedeutet hat; sicher hat er 1895 schon die Träume seiner Patienten analysiert, aber er hält es für unmöglich, diese Träume zu veröffentlichen, ohne die ärztliche Schweigepflicht zu verletzen, und deshalb verzichtet er darauf, sie zu verwerten, um keinen Anstoß zu erregen. Wir wissen, daß er bis zuletzt schwankte, sich dann aber entschloß, nur seine eigenen Träume zu publizieren. Aber auch das löste das Grundproblem nicht ganz, weil in diesem ziemlich geschlossenen Milieu eine strikte Trennung der Sphären kaum möglich war. Noch nach fünf Jahren hätte Irma um so eher Anstoß nehmen können

an der Rolle, die sie in Freuds Deutung dieses Traumes spielt, als sie ebenso wie die übrigen Figuren des Traumes trotz des Decknamens leicht zu identifizieren war.

3 Didier Anzieu: *L'Auto-analyse*, a.a.O., S. 29. Anzieu stützt seine Hypothese auf überzeugende Indizien: Anna ist Witwe wie Irma, und sie steht der Familie Freud nahe genug, um zu dem Empfang eingeladen zu werden, den Martha anläßlich ihres 34. Geburtstages gibt; außerdem gibt auch Freud selber einen deutlichen Hinweis auf ihre Identität, indem er erwähnt, daß das Wort »Ananas«, das ihm beim freien Assoziieren einfällt, ähnlich klingt wie der *Familienname* seiner Patientin. Wahrscheinlich muß man hier nur den Familiennamen durch den Vornamen ersetzen, um die wahre Identität Irmas zu erschließen. Anzieu weist auch darauf hin, welch bemerkenswerte Bedeutung den Witwen und dem Tod unter den Themen dieses Traumberichtes zukommt, in dem die alltäglichsten Dinge auf die Ebene der Mythologie transponiert werden.

4 Brief an Fliess vom 25. Mai 1895, a.a.O., S. 129f. Fliess glaubte ein Gesetz gefunden zu haben, nach dem sich die für eine Empfängnis günstigen oder ungünstigen Perioden bestimmen ließen. Freud antwortet mit einer Anspielung auf die Schwangerschaft seiner Frau: »Für mich kommst Du um einige Monate zu spät, aber man kann es vielleicht nächstes Jahr verwenden ...« Anzieu folgert daraus, daß dieses letzte Kind, das entweder Wilhelm (zu Ehren von Fliess) oder Anna heißen sollte, nicht unbedingt ein Wunschkind gewesen ist. Das ist durchaus möglich. Die besondere Atmosphäre des Irma-Traumes und die kaum verhüllte Verärgerung, ja Feindseligkeit Freuds gegenüber Martha wäre damit leichter verständlich.

5 Brief an Martha, zitiert bei Jones, Bd. 1, S. 115: »Ich bewundere und liebe ihn mit der Leidenschaft des Verstandes, wenn Du diese Redensart gelten läßt; sein Untergang wird mich berühren wie einen alten Griechen die Zerstörung eines heiligen und berühmten Tempels ergriffen hätte. Ich liebe ihn nicht so sehr als Menschen, sondern als kostbares Stück der Schöpfung.« Freud wehrt sich in der *Traumdeutung* gegen den Vorwurf, er habe Fleischl Kokain-Injektionen verordnet, um ihm zu helfen, sich vom Morphium zu entwöhnen. Vielmehr habe er ihm das Kokain in Pulverform zum Schnupfen verschrieben.

6 Dem Selbstmord von Nathan Weiß widmet Freud einen langen Brief, in dem noch die ganze Erschütterung mitschwingt und der überdies ein unschätzbares Dokument für das damalige jüdische Milieu in Wien und seine in gewisser Weise spezifischen Krankheiten darstellt (Tuberkulose vor allem und Suizid, wie gerade die im Lebenskreis von Freud so zahlreichen Dramen bezeugen). Freud entwirft ein eindrucksvolles Bild der Familie Weiß und beweist dabei einen Blick für das Detail und ein literarisches Talent, die später seinen Fallstudien zugute kommen werden. Er stellt zunächst den Vater dar, einen gelehrten Rabbiner, der maßlos eitel war und dazu geizig und bösartig bis in die Knochen; dann den Sohn, der mit glänzenden Gaben, dem Charme des Verführers und dem Zynismus des Parvenüs ausgestattet war, aber auf unerwartete Weise zusammenbrach, als er sein höchstes Ziel erreicht hatte (die Hochzeit mit einem reichen Mädchen).

Der Briefschreiber verbirgt nicht, was ihn zugleich fasziniert und abstößt an dieser Persönlichkeit eines arrivistischen Juden, dessen ganzes Genie in narzißtischer Selbstanbetung besteht und der hinter »großartiger Lebensfreudigkeit« einen Drang zur Selbstzerstörung verbirgt (Brief an Martha vom 16. 9. 1883), a.a.O., S. 65 ff.).

7 Zu der wichtigen Kokain-Affäre vgl. Jones a.a.O., Bd. 1, S. 102–124, ferner Freud, *Selbstdarstellung*, a.a.O., sowie neuerdings Jürgen vom Scheidt: *Freud und das Kokain*, München 1973.

8 Worin diese »Lösung« bestand, sagt Freud nicht. Wenn man sich jedoch an seine Ansichten über die Ätiologie nicht nur der Hysterie, sondern auch der sogenannten »Aktualneurosen« oder »Angstneurosen« erinnert, so kann man es unschwer erraten. Die Ursache dieser Art von Neurose sieht er ganz allgemein in mangelhafter oder fehlender sexueller Befriedigung, und seine Briefe an Fliess bezeugen, welche Bedeutung er diesem Teil seiner Theorie beimaß. Wenn aber Irma wirklich Anna Hammerschlag ist, dann war sie bereits seit neun Jahren Witwe; man kann also vermuten, daß Freud ihr geraten hat, eine neue Ehe einzugehen oder sich einen Liebhaber zu nehmen, was bei einer Frau aus so sittenstrenger Familie nur auf entrüstete Ablehnung stoßen konnte.

9 Unter dem Blickwinkel einer Moral, die die Gewichte anders verteilt, erscheint die Diskretion Freuds hinsichtlich einer perfiden Skrupellosigkeit in der Verfolgung seines Ehrgeizes viel verständlicher als seine Heimlichtuerei in sexuellen Dingen. Es gehörte viel Mut dazu, hier die Hemmungen wenigstens teilweise zu überwinden; übrigens kann man an der *Traumdeutung* immer wieder sehen, wie betroffen Freud trotz seiner Vertrautheit mit den Schändlichkeiten des Unbewußten davon ist, an sich selber so dunkle Flecken zu entdecken, und wie schwer es ihm fällt, dies öffentlich zu zeigen.

10 Brief an Fliess vom 2. 11. 1896, a.a.O., S. 183.

11 »Man bittet« statt »Es wird gebeten«, wie es im Brief an Fliess heißt.

12 Einerseits »ein Auge zudrücken« als Ausdruck der Nachsicht, andererseits »die Augen (eines Toten) zudrücken«, womit direkt auf die Pietätlosigkeit angespielt wird.

13 Wie man weiß, hat Freud alles versucht, um Marie Bonaparte daran zu hindern, seine Briefe an Fliess zu erwerben, von denen er nach dem Bruch mit Fliess zweifellos den Eindruck hatte, daß sie zu viel von ihm preisgaben. Man darf sicher sein, daß er ihrer Veröffentlichung niemals zugestimmt hätte.

14 *Traumdeutung*, a.a.O., S. 155.

15 ibidem, S. 155.

16 Man darf annehmen, daß Freuds Gefühle für diesen »unglückseligen« Onkel nicht gar so verschieden sind von denen, die er für die vielen anderen Männer namens Josef empfindet, die in seinem Leben eine gewisse Rolle spielen. Das sind Josef Paneth (der als »mein Freund Josef« in der *Traumdeutung* vorkommt), dann Josef Breuer, den er ebenfalls verehrte und liebte, ehe er sich über theoretischen Meinungsverschiedenheiten mit ihm überwarf, und der als Wegbereiter der Psychoanalyse für sein Leben von entscheidender Bedeutung war, ferner

Josef Popper-Lynkeus, der 1899 ein Buch über die Träume veröffentlichte und den er als einen Vorläufer seiner eigenen Theorien und als einen Mann von großer geistiger Kühnheit bewunderte, schließlich aber, auf einer ganz anderen Ebene, auch noch der biblische Joseph, mit dem er sich in der *Traumdeutung* ganz unverhohlen identifiziert, weil er wie er selber der Sohn Jakobs und in der Kunst der Traumauslegung bewandert ist.

17 Freud beweist hier die außerordentliche Assoziationsfähigkeit, die sein intellektuelles Vorgehen in hohem Maße auszeichnet und vor allem zu jener Zeit sicher dazu beigetragen hat, ihn von der Richtigkeit seiner Ansichten über den Determinismus der geistigen Prozesse zu überzeugen. Im Februar 1886 ist er im Begriff, Paris wieder zu verlassen; man hat ihm zwei Stellen in Berlin und Breslau angeboten, und er hat sich noch nicht für eines dieser Angebote entschieden. Obwohl der Kontext eine solche Assoziation absolut nicht nahezulegen scheint, genügt der bloße Name Breslau, ihn an das Problem seiner erblichen Belastung zu erinnern. Das ist für ihn ein dornenvolles Problem, das ganz gewiß seine Entscheidung für Berlin erheblich beeinflußt.

18 Brief vom 10. Februar 1886, *Briefe*, a.a.O., S. 212ff.

19 ibidem.

20 *Traumdeutung*, a.a.O., S. 204f.

21 Auf diese Produktion der Psyche, mit deren Benennung als »Familienroman des Neurotikers« Freud sowohl ihrem romanhaften Charakter als auch ihrem stets gleichbleibenden Thema der Blutsbande und Verwandtschaftsverhältnisse Rechnung trug, werde ich im letzten Kapitel noch ausführlich eingehen. Freud hat den Familienroman schon sehr früh im Material seiner Patienten entdeckt; 1897 hat er sich bereits eine gründliche Kenntnis davon verschafft, obwohl er ihn zu dieser Zeit noch als krankhaftes Symptom betrachtet, in dem sich die Paranoia äußert. In einer bestimmten Phase seiner Entwicklung erfindet sich das von seinen Eltern enttäuschte Kind eine Phantasiefamilie von möglichst hohem menschlichem und gesellschaftlichem Rang. Es fühlt sich dann als Sproß eines Königs- oder Götterpaares oder auch als illegitimes Kind eines hohen Herrn, der seine Mutter verführt hat. Damit erfüllt es sich seine »ödipalen« Wünsche und vor allem seinen narzißtischen Größenwahn, denn indem es seine Herkunft verleugnet, wird es frei für ein unerhörtes Schicksal: es wird ganz nach Belieben ein Prophet, ein Erlöser, ein Heiliger oder ein allmächtiger Führer; wenn es dann später die Forderungen des Realitätsprinzips klarer erkennt, kann es sich auch damit begnügen, ein großer Mann oder ganz einfach erfolgreich zu sein. Zu den vielfältigen Implikationen dieser kindlichen Größenphantasien vgl. auch Marthe Robert: *Roman des origines et origine du roman*, Paris 1972.

22 Das Sprunghafte in den Analysen Freuds, die Verteilung der Deutung ein und desselben Traumes auf verschiedene Kapitel ergibt sich nicht nur aus technischen Erfordernissen der gewählten Darstellungsform; sie stellt in gewisser Weise auch ein Mittel der Verschleierung dar, das allerdings das Verständnis weniger stark beeinträchtigt als ein völliges Verschweigen, da man die verstreuten Bruchstücke ziemlich genau zusammenfügen kann, um die Deutung zu Ende zu führen, ohne

sie mit fremden Zutaten zu verfälschen.

23 Das Thema der Schuld der Eltern gegenüber ihren Kindern hat Freud noch einmal anhand eines anderen berühmten Traumbeispiels behandelt, nämlich des sogenannten Traumes von der Table d'hôte (*Über den Traum*, *GW*, Bd. 3, S. 649ff.) Wie so oft zitiert er Goethe: »Ihr führt ins Leben uns hinein, Ihr laßt den Armen schuldig werden«; dabei spielt der Doppelsinn des Wortes »Schuld« (schuldig sein und Schulden haben) eine gewisse Rolle.

24 *Über den Traum*, a.a.O.

25 *Über den Traum*, a.a.O., S. 665f.

26 Den Revolutionstraum hat Carl E. Schorske (a.a.O.) sehr hübsch analysiert. Er sieht darin einen Beweis dafür, daß in Freud ein Politiker gesteckt hätte. Das ist nicht ganz falsch; allerdings war die Politik für ihn wahrscheinlich nur eine von mehreren Möglichkeiten, zu denen sein Ehrgeiz ihn hätte verlocken können.

27 Der Revolutionstraum findet sich in der *Traumdeutung* (a.a.O.) auf Seite 218, die Deutung auf den Seiten 218–226, 240, 418ff. und 453.

28 Zur Zeit der Entstehung der *Traumdeutung* steckt die Theorie des Verhältnisses der Megalomanie zur analen und urethralen Erotik noch ganz in den Anfängen; das Faktum ist Freud jedoch empirisch bekannt.

29 *Traumdeutung*, a.a.O., S. 205ff.

30 Natürlich kommt es uns nicht zu, das Fehlende zu ergänzen; selbst der scharfsinnigste Interpret hätte dazu auch keine Möglichkeit, da man sich entweder auf gewagte Spekulationen einlassen oder die unterdrückten Textpassagen vollständig hinzudichten müßte. Man kann allenfalls versuchen, die Lücken dadurch zu schließen, daß man verwandte Motive aus anderen Teilen dieses Traumes und aus den übrigen Träumen der *Traumdeutung* mit einbezieht. Ein solches Verfahren bewahrt zwar nicht vor Fehldeutungen, wenigstens aber vor der Gefahr, von Material auszugehen, das mit Freud nichts mehr zu tun hat.

31 In einem gewissen Sinne war die Vision dieses »römischen« Traumes tatsächlich prophetisch: Freud hat das Gebäude der christlichen Moral gründlich unterminiert und es damit fertiggebracht, der westlichen Welt die Revolution seines jüdischen Gesetzes aufzuzwingen.

32 Der Traum vom »Gelobten Land« ist das früheste Zeugnis für Freuds unverhohlene Identifikation mit Moses. An einem anderen Beispiel ließe sich diese bemerkenswerte Tendenz vielleicht noch früher nachweisen, doch ist Moses hier nicht ausdrücklich erwähnt, und da zusätzliche Informationen nicht verfügbar sind, kann man es kaum wagen, eine Hypothese aufzustellen. Es handelt sich um die skizzierte Analyse nicht eines Traumes, sondern einer jener »Fehlleistungen«, deren Theorie Freud fast gleichzeitig mit der *Traumdeutung* entworfen hat. Die sehr knappe Analyse wurde nicht in die *Psychopathologie des Alltagslebens* aufgenommen, sondern findet sich nur in einem Brief an Fliess (vom 26. 8. 1898, a.a.O., S. 278f.); dort sagt Freud übrigens, daß die Angelegenheit zu intim sei, um sie »der Öffentlichkeit preiszugeben«. Freud versuchte vergeblich, sich an den Namen Julius Mosens, des Dichters von *Andreas Hofer*, zu erinnern,

den er natürlich sehr wohl kannte, und analysiert die Gründe dieses Vergessens: »Nun gelang es mir nachzuweisen, 1. daß ich den Namen Mosen wegen gewisser Beziehungen verdrängt habe, 2. daß in dieser Verdrängung infantiles Material mitgewirkt, und 3. daß die vorgeschobenen Ersatznamen aus beiden Materialgruppen wie Symptome entstanden waren.« Julius war der Vorname eines jüngeren Bruders von Freud, den er tödlich gehaßt hatte und der tatsächlich, als ob sein Wunsch erhört worden wäre, ganz jung gestorben war, was für Freud eine Quelle heftiger Schuldgefühle blieb. Die Ähnlichkeit des Namens Mosen mit dem Namen Moses wiederum legt es nahe, mit Didier Anzieu (a.a.O., S. 103) zu vermuten, daß die »gewissen Beziehungen«, auf die Freud anspielt, etwas mit dem Propheten zu tun haben. Die Hypothese stünde auf schwachen Füßen, wenn es nicht andere Beweise dafür gäbe, daß Moses auf Freud eine außerordentliche Faszination ausübte. Die Gründe dafür werden wir im letzten Kapitel kennenlernen, wenn wir uns zunächst mit dem Essay *Der Moses des Michelangelo* und dann mit dem Buch *Der Mann Moses und die monotheistische Religion* beschäftigen, mit dem gewissermaßen Freuds »Familienroman« seinen krönenden Abschluß findet. Angesichts der langen Zeitspanne, die zwischen dem Vergessen des Namens Julius Mosen und dem Traum vom Gelobten Land (1898) einerseits und diesem letzten Werk (1938) liegt, kann man wohl sagen, daß Freud einen großen Teil seines Lebens im Banne von Moses stand.

33 Vgl. dazu den bereits zitierten Artikel von Carl E. Schorske, der auf diesen meist vernachlässigten Aspekt der »römischen« Träume ein bezeichnendes Licht wirft.

34 Ich stütze mich hier auf die Arbeit von Schorske (a.a.O.), die bezüglich Winckelmann sehr überzeugende Belege anführt. Schorske beruft sich vor allem auf eine Winckelmann-Biographie von Carl Justi, die in erster Auflage erschien, als Freud noch das Gymnasium besuchte, und deren zweite Auflage in dem gleichen Jahr 1898 herauskam, in dem Freud sich für die Archäologie zu begeistern begann und seine »römischen« Träume hatte. Schorske entnimmt der Biographie Justis bemerkenswerte Parallelen im Lebensgang und der intellektuellen Position Winckelmanns und Freuds: Armut, geschärftes Bewußtsein der inferioren gesellschaftlichen Stellung, scheiternde Versuche, eine adäquate intellektuelle Position oder angemessene berufliche Anerkennung zu erlangen, Haß auf die politische Tyrannei, Abscheu gegen die organisierte Religion und schließlich eine Schaffenskrise im Alter von vierzig Jahren, aus der das erste bahnbrechende Werk einer neuartigen, revolutionären Gattung hervorgeht (a.a.O., S. 319).

35 Gewisse Autoren haben sich berechtigt geglaubt, die »römischen« Träume als Beweis dafür anzuführen, daß Freud sich tatsächlich vom Katholizismus angezogen gefühlt habe, daß er in seiner Kindheit stark durch den Einfluß seiner Kinderfrau Nannie geprägt worden sei und ernsthaft erwogen habe, zu konvertieren. Solche Spekulationen sind unzulässig, denn aus Träumen, seien sie von Freud oder von wem auch immer, lassen sich keine Rückschlüsse auf die *Meinungen* des Träumers ziehen, da Meinungen streng genommen nichts anderes sind als der gewollte Selbstausdruck in Wort und Tat. Wenn ich sage, daß ich dieses

oder jenes glaube, dann mag man denken, daß ich unrecht habe, daß ich mich im Irrtum befinde, daß meine Ansicht ein Zeichen von Ignoranz ist oder durch unbewußte und daher mir selber verborgene Motive bedingt ist, oder auch, daß ich nicht in der rechten Weise glaube; keinesfalls aber kann man an der Tatsache zweifeln, daß ich diese Meinung so oder so geäußert habe und daß ich Wert darauf gelegt habe, sie zu veröffentlichen, um einen bestimmten Standort in der gegebenen geistigen Ordnung einzunehmen. Freud verabscheute das Christentum, er verabscheute es vor der Entdeckung der Psychoanalyse und ebenso danach, er verabscheute es als Jude, der unter seiner repressiven Herrschaft zu leiden hatte, und er verabscheute es als Rationalist, der es als irrationalen Ballast, als ein dem Fortschritt des Denkens hinderliches Relikt der Vorgeschichte betrachtet. Und niemals hat er etwas geschrieben, gesagt oder auch getan, das zu dieser Überzeugung in Widerspruch stünde. Folglich hat er die ihm unterstellte Meinung nicht gehabt. Könnte man aber behaupten, daß er sie vielleicht in Form eines unbewußten Gedankens gehabt haben könnte? Das ist ebenso abwegig, denn im Unbewußten findet man Tendenzen und Wünsche, niemals aber etwas, das auch nur im entferntesten einer klar umschriebenen Meinung ähnlich sähe. Man kann *unbewußt* den Wunsch haben, wie sein Vater zu sein, oder Haut und Namen zu wechseln, um nur ja nicht so zu sein wie er, man kann den Vater unbewußt durch einen anderen ersetzen oder auf irgendeine Weise töten wollen, aber man kann nicht *unbewußt* ein Anhänger des heiligen Augustinus oder ein Schüler Hegels sein wollen. Freuds seltsame Liebesbeziehung zu Rom wird hinreichend verständlich durch die Mischung aus Faszination und Abscheu, die er gegenüber der Gesellschaft und der Geschichte der »anderen Seite« empfindet; nicht die Kirche zieht ihn unbewußt zu dieser »anderen Seite« hinüber, sondern seine eigenen Größenphantasien und sein Leiden an dem Dilemma seiner Herkunft.

36 *Traumdeutung*, a.a.O., S. 208.

37 *Psychopathologie des Alltagslebens*, *GW*, Bd. 4, S. 245.

38 *Traumdeutung*, a.a.O., S. 179. Die Analyse dieses berühmten Traumes findet sich auf den Seiten 183ff. und wird fortgesetzt auf den Seiten 203, 283ff., 305 und 450.

39 *Traumdeutung*, a.a.O., S. 203. Der Traum wird hier noch einmal als Beispiel dafür herangezogen, wie infantiles Material für die Gestaltung des Trauminhaltes verwendet wird.

40 Alle diese Irrtümer, die in der ersten und zum Teil auch noch in der zweiten Auflage der *Traumdeutung* stehen geblieben sind, haben *ausnahmslos* etwas mit Freuds Verhältnis zu seinem Vater zu tun (die Verwechslung von Hamilkar mit Hasdrubal haben wir bereits erwähnt). Bis auf zwei hat Freud diese Irrtümer in seiner *Psychopathologie des Alltagslebens* analysiert; auf die beiden restlichen hat Fritz Wittels aufmerksam gemacht, und Freud hat sich damit begnügt, sie in späteren Auflagen mit Fußnoten zu berichtigen. Der eine dieser beiden Fehler hat sich in die Deutung des »Revolutionstraumes« eingeschlichen und betrifft die Inschrift auf einer Medaille, die Freud am Ende einer langen Kette von Asso-

ziationen eingefallen war. Es handelt sich um die Medaille, die die Engländer zum Gedächtnis an ihren siegreichen Kampf gegen die spanische Armada prägten. Nach Wittels hat Freud die Inschrift unvollständig zitiert und den Namen Jehovah ausgelassen. Etwas irritiert, sich von dem »ungebetenen Biographen« korrigiert zu sehen, bestreitet Freud zwar nicht die Tatsache des Irrtums, versucht ihn aber mit einer überaus gewundenen Erklärung zu rechtfertigen: »Auf der englischen Denkmünze ist der Gottesname in hebräischen Buchstaben enthalten, und zwar auf dem Hintergrund einer Wolke, aber in solcher Art, daß man ihn ebensowohl zum Bild als zur Inschrift gehörig auffassen kann« (*Traumdeutung*, a.a.O., S. 223, Fußnote). Der zweite Fehler findet sich in der Analyse des Traumes »Non vixit«, mit dem wir uns noch beschäftigen werden. Wieder geht es um eine Inschrift und zwar auf dem Sockel des Denkmals für Kaiser Joseph in Wien (a.a.O., S. 410, Fußnote).

41 *Traumdeutung*, a.a.O., S. 440, Fußnote.

42 Bei der Deutung des Traumes »Hollthurn« stellt Freud fest, daß er sich mit einem seiner Patienten identifizierte, bei dem »feindselige Impulse gegen seinen Vater aus seiner Kindheit in sexuellem Zusammenhange die Wurzel seiner Erkrankung gewesen waren« (*Traumdeutung*, a.a.O., S. 442).

43 Die Paginierung bezieht sich auf die erste Auflage der *Traumdeutung* (Leipzig/Wien 1900).

44 *Psychopathologie des Alltagslebens*, a.a.O., S. 244f.

45 Im Traum erkennt Freud die Titel zweier englischer Bücher: *Wealth of Nations* und *Matter and Motion* von Clerk-Maxwell. *»Matter and Motion«* läßt ihn denken an »M o lière im M a lade Imaginaire: La matière est-elle laudable? – a m o tion of bowels« (a.a.O., S. 498). Er fügt hinzu, anhand dieser Hinweise werde man »das Fehlende leicht ergänzen können«. Daß das leicht wäre, ist nicht ganz so sicher; man kann aber sagen, daß die Assoziationen wie auch die »Beschimpfungen und Demütigungen«, die der Träumer seinen Reisegefährten zugedacht hat, völlig eindeutig auf die Analerotik verweisen (die Klistiere des *Malade imaginaire* und die schamhaft auf englisch zitierte Bewegung der Gedärme). So in direkten Zusammenhang mit der Fäkalmaterie gebracht, könnte das *zerrissene* Buch aus dem Traum von der botanischen Monographie für den Vater eine Gelegenheit gewesen sein, mit Worten oder gar mit der Tat zu beweisen, daß bedrucktes Papier auch zu anderen als geistigen Zwecken dienen kann. Sollte das der Fall sein, dann wäre natürlich auch die traumatische Wirkung auf das Kind leichter zu verstehen.

46 *Traumdeutung*, a.a.O., S. 426ff.

47 Es versteht sich von selbst, daß ich im Rahmen der Thematik dieser Untersuchung nicht speziell auf den im eigentlichen Sinne »ödipalen« Aspekt des Konfliktes einzugehen hatte. Hätte ich es getan, so wäre dabei übrigens nicht viel mehr herausgekommen als ein paar Gemeinplätze, da Details in unseren Quellen (vor allem der *Traumdeutung*, den Briefen an Fliess und der *Psychopathologie des Alltagslebens)* nur höchst spärlich zu finden sind. An Fliess schreibt Freud am 15. 10. 1897 (a.a.O., S. 238): »Ich habe die Verliebtheit in die Mutter und

die Eifersucht gegen den Vater auch bei mir gefunden und halte sie jetzt für ein allgemeines Ereignis früher Kindheit.« Zu beachten ist die Wendung »ich halte sie für...«, die noch keineswegs an etwas Gesetzmäßiges denken läßt. Denn der »Ödipuskomplex« deutet sich um diese Zeit in Freuds Theorie erst zaghaft an, in der *Traumdeutung* ist er nicht einmal erwähnt. Gewiß, Freud beschwört einige entscheidende Kindheitserinnerungen, die bis in sein drittes Lebensjahr zurückreichen und in der Tat einen Teil seiner affektiven Disposition in ein etwas helleres Licht rücken. Aber insgesamt spart er soweit wie möglich alles aus, was in direktem Bezug zu seiner Mutter oder auch zu beiden Eltern als Ehepartnern steht. Bei einer der seltenen Gelegenheiten, wo er einem »ödipalen« Paar gegenübersteht – in dem Traum »Hollthurn« – verschanzt er sich hinter einem seiner zwangsneurotischen Patienten, um das Thema der »Urszene« zu berühren – ein Beweis dafür, daß er es lieber riskiert, selber ein wenig für krank gehalten zu werden, als allzu persönliche Dinge preiszugeben. Amalia Freud bleibt in der *Traumdeutung* eine recht farblose Gestalt und gewinnt kaum Relief und Kontur. Mit um so kräftigeren Zügen tritt uns dagegen Jakob Freud entgegen. Man muß nur die in den verschiedenen Träumen verstreuten Details zusammenfügen, um nicht nur das Antlitz dieses jüdischen Vaters ganz lebendig vor sich zu haben, der auf so seltsame Weise dazu ausersehen war, zum Inbegriff aller Väter dieser Welt zu werden, sondern auch die kleine und die große Gesellschaft, in der Freud zur Zeit seiner heftigsten inneren Kämpfe lebte. In diesem Sinne kann man sagen, daß die *Traumdeutung*, dieses Meisterwerk, das eine neue Wissenschaft und eine neue Denkweise begründete, auch etwas ist, das es angesichts seines ungewöhnlichen Gegenstandes auf keinen Fall sein wollte: ein unersetzliches Zeitdokument, das um so informativer ist, als es Objektivität gar nicht erstrebt.

48 Brief an Fliess vom 3. 10. 1897, a.a.O., S. 232ff.

49 Brief an Fliess vom 23. Oktober 1898, a.a.O., S. 287.

50 *Traumdeutung*, a.a.O., S. 409.

51 *Traumdeutung*, a.a.O., S. 409.

52 *Traumdeutung*, a.a.O., S. 410, Fußnote.

53 Die amüsanteste dieser Metamorphosen findet sich in einem Traum, in dem ihm »nach seinem Tode eine politische Rolle bei den Magyaren« zugeschrieben wird. Sichtlich versucht Freud hier sein Unrecht wiedergutzumachen, indem er seinem Vater die Würde einer hohen Position verleiht, aber im Verlauf der Analyse muß er zurückstecken, denn er hat seinen Vater nur so hoch erhoben, um ihn um so tiefer stürzen zu lassen: seine Assoziationen führen ihn von heroischen Vorstellungen im Zusammenhang mit Garibaldi sehr rasch zu der Erinnerung an den Vater einer Verwandten eines einstigen Freundes, der im Augenblick des Todes eine Stuhlentleerung hatte. (*Traumdeutung*, a.a.O., S. 414ff.)

54 Die Existenz Athens und der Akropolis war ihm bis dahin nur aus Büchern bekannt; durch die Reise sollen sie nun Realität für ihn werden. Aber genau das tritt nicht ein, denn lieber läßt er das geheiligte Gebäude, von dem der ganze Glanz der »anderen Seite« ausgeht, vom Erdboden verschwinden, als daß

er tut, was seinem Vater unerreichbar geblieben wäre (Jakob Freud hatte nie Reisen gemacht, und da er die Bücher verachtete, waren Athen und die Akropolis für ihn absolut bedeutungslos).

5. Der letzte Roman

1 *Aus den Anfängen der Psychoanalyse,* a.a.O., S. 238.

2 Der »Ödipuskonflikt«, wie er damals noch hieß, wird in der berühmten Stelle der *Traumdeutung* (a.a.O., S. 265 ff.) angesprochen, in der Freud auf die Ähnlichkeit des kindlichen Dramas, das er bei allen Neurotikern rekonstruieren konnte, mit der tragischen Handlung des *König Ödipus* von Sophokles und, in verhüllterer Form, auch des *Hamlet* von Shakespeare hinweist; Freud deutet an, daß es sich hier um etwas schicksalhaft Allgemeingültiges handelt, geht aber an dieser Stelle nicht ausführlich darauf ein. Der Vergleich des typischen Kindheitskonfliktes mit der Geschichte des Königs Ödipus scheint hier nicht präzisen theoretischen Überlegungen, sondern eher einem spontanen Einfall entsprungen zu sein, und tatsächlich ist er wegen der bemerkenswerten Übereinstimmung der Situation naheliegend. Das heißt natürlich nicht, daß die Wahl des Begriffs »Ödipuskomplex« nicht an sich schon ihre Bedeutung hätte; man kann vielmehr vermuten, daß gerade dieser Begriff mit seiner starken Betonung des Anteils der Literatur am theoretischen Gebäude der Psychoanalyse erheblich dazu beigetragen hat, Freuds Gedanken außerhalb seines eigenen Milieus zu verbreiten (in der Schweiz zum Beispiel, dem Land, in dem er seine ersten nichtjüdischen Schüler fand, dürfte ihm dieses Anknüpfen an solide klassische Bildung so manche Tür geöffnet haben). Der Begriff »Komplex« dagegen stammt gar nicht von ihm, sondern von dem deutschen Psychiater Ziehen, in dem die Psychoanalyse bald einen ihrer erbittertsten Gegner finden sollte; C. G. Jung hat ihn als erster verwendet und zwar in einem rein experimentellen Zusammenhang (er benutzt ihn zur Bezeichnung der sensorischen und affektiven Reaktionen, die im Verlauf eines Assoziationstests anzeigen, daß ein wunder Punkt getroffen wurde). Die psychoanalytische Literatur schwankt noch lange zwischen den Begriffen »Ödipuskomplex« und »Vaterkomplex«; in den Briefen Freuds an seine ersten Schüler überwiegt im allgemeinen der Ausdruck »Vaterkomplex«.

3 Angesichts des starken jüdischen Elements in Freuds Werk haben manche Kritiker sich gewundert oder auch bedauert – oder beides zugleich –, daß der Erfinder der Psychoanalyse seine Theorie auf die griechische statt auf die jüdische Mythologie gegründet hat. So meint etwa Eliane Amado Lévi-Valensi (*Les Voies et les pièges de la psychanalyse,* Paris 1971), daß die Bibel Freud ein optimistischeres Menschenbild hätte vermitteln können als die Ödipus-Sage. Übergehen wir den Vorwurf des Pessimismus, der ein billiges moralisches Argument der Metaphysik anlastet. Ein Mann, der wie Freud die widerwärtigsten Untiefen der Menschennatur durchforscht hat und darüber nicht nur sein therapeutisches Vertrauen behielt, sondern bis zuletzt auch daran glaubte, daß »unser Gott Logos« schließ-

lich doch triumphieren werde, kann mit ebenso gutem Recht ein unverbesserlicher Optimist genannt werden. Was aber die Ödipus-Sage angeht: wieso hätte Freud lieber auf den Mythos von Abraham und Isaak zurückgreifen sollen? Seine Beobachtungen an neurotischen Symptomen, Träumen und Fehlhandlungen hätten das weder nahegelegt noch gerechtfertigt. Des Abraham-Mythos hätte er sich bedienen können, wenn der intellektuelle Prozeß bei ihm in umgekehrter Richtung verlaufen wäre, wenn er von Ideen ausgegangen wäre und nicht von der Beobachtung von Tatsachen. Was er mit Hilfe seiner speziellen Methode beobachten konnte, war nun einmal keine Glaubensprobe, die ein göttlicher Vater einem menschlichen Vater auferlegt und bei der das Kind der Einsatz ist, sondern es waren Eltern aus Fleisch und Blut, die in ihrem Kind leidenschaftliche Wünsche wecken. Der Mythos von Ödipus als ein Bildungsgut, das Freud als einem vollendeten Humanisten jederzeit zu Gebote stand, war vorzüglich geeignet, diese Grundsituation zu veranschaulichen.

4 Ludwig Binswanger: *Erinnerungen an Sigmund Freud*. Bern 1956, S. 13.

5 S. Freud: Zur Geschichte der psychoanalytischen Bewegung. In *Selbstdarstellung*, a.a.O., S. 186. Laut Freud hat Adler zu ihm gesagt: »Glauben Sie denn, daß es ein so großes Vergnügen für mich ist, mein ganzes Leben lang in ihrem Schatten zu stehen?«

6 Natürlich sind die Ideologien in Wirklichkeit bei weitem nicht so klar abzugrenzen, wie es in unserem absichtlich vereinfachten Schema den Anschein hat; hier kommt es jedoch nicht darauf an, alle Meinungsschattierungen und ihre Entwicklung im Lauf der Jahre herauszuarbeiten, sondern nur darauf, das Grundsätzliche der Positionen in der Frühzeit der Bewegung zu registrieren. Daß sich wirklich Juden und Nichtjuden gegenüberstanden, stellt Freud ausdrücklich in einem Brief an Binswanger fest, dessen unmittelbarer Anlaß die Haltung C. G. Jungs war: »Ernsthaft daran ist nur eines: Semiten und Arier/oder Antisemiten, die ich im Dienste der Psychoanalyse zur Verschmelzung bringen wollte, sondern sich wieder voneinander wie Öl u. Wasser« (Binswanger, a.a.O., S. 60). Trotzdem bewies der Nichtjude Jones in allen diesen Fragen eine gesunde Nüchternheit, während Ferenczi eine große Neigung zur mystischen Spekulation hatte. Freud selbst glaubte stets an Vorahnungen, an die Bedeutung unerklärlicher Zufälle, an Zahlenmagie, an Gedankenübertragung, kurz an alle jene Phänomene, die die Surrealisten mit dem Ausdruck »objektiver Zufall« bezeichneten. Tatsächlich schwankte er oft zwischen einer *emotional* bedingten Leichtgläubigkeit gegenüber seinen intensiven Erfahrungen und einem *intellektuellen* Mißtrauen gegenüber der mystischen Deutung von Tatsachen. Seine Polemik gegen Jung, der für Revenants und Klopfgeister eiferte, ist in dieser Hinsicht sehr aufschlußreich (vgl. C. G. Jung, *Erinnerungen und Träume*, Zürich 1961). Ferenczi, der um so größeren Einfluß auf ihn hatte, als er mit grenzenloser Liebe an ihm hing, brachte ihn schließlich dazu, sich für die Probleme des Spiritismus und Okkultismus zu begeistern, auf die das Publikum damals ganz versessen war (es war die Zeit, zu der die Ideen Bergsons und das Elberfelder Pferd Aufsehen erregten). Jones war über die Bekehrung Freuds zur Parapsychologie

sehr beunruhigt, fürchtete mit Recht eine Kompromittierung der Psychoanalyse und hat Freud mehrfach gewarnt (Jones, a.a.O., Bd. 3., S. 457ff.). Aber das Entscheidende ist nicht, daß Freud sich sein Leben lang sowohl angezogen wie abgestoßen fühlte von den kleinen alltäglichen Mysterien, für die er eine Erklärung suchte, sondern daß er sich trotz einer so ausgeprägten Neigung zur Leichtgläubigkeit stets gehütet hat, dem Irrationalen den gleichen Rang einzuräumen wie der Vernunft. Niemals hat er seinen persönlichen Hang zum Okkulten in seine theoretischen Schlußfolgerungen einfließen lassen: er hat mit einer gewiß höchst bezeichnenden Leidenschaft diesen Hang ausgelebt und okkulte Phänomene studiert, aber niemals hat er sich dazu hergegeben, diese Dinge ideologisch auszuschlachten. Den besten Beweis dafür liefern gerade seine Abschweifungen auf das Gebiet der Telepathie, denn was er darüber schließlich veröffentlicht hat (*Traum und Telepathie*, *GW*, Bd. 13, S. 165–191), unterscheidet sich durchaus nicht von seinen klassischeren Arbeiten.

7 Binswanger, a.a.O., S. 98. Diese Sätze fielen anläßlich einer Unterredung im September 1927. Hervorhebung von Binswanger.

8 Brief an Binswanger vom 8. 10. 1936. *Briefe*, a.a.O., S. 470.

9 Binswanger, a.a.O., S. 48. Hervorhebung von Binswanger.

10 Jones a.a.O., Bd. 2, S. 417f.

11 Jones (a.a.O., Bd. 2, S. 417f.) schildert die Ausflüchte, mit denen Freud einen Aufschub der Veröffentlichung zu begründen versuchte. Als Jones ihn fragte, wie der Mann, der die *Traumdeutung* schrieb, solche Bedenken haben könne, antwortete Freud: »Damals beschrieb ich den Wunsch, den Vater zu töten, jetzt habe ich das wirkliche Töten beschrieben; es ist immerhin ein großer Schritt vom Wunsch zur Tat.«

12 *Der Moses des Michelangelo* erschien zunächst anonym in der Zeitschrift *Imago* (Bd. 3, S. 15–36) und wurde unter Freuds Namen erst zehn Jahre später in der zehnbändigen Ausgabe der Gesammelten Schriften veröffentlicht.

13 *Der Moses des Michelangelo*, in *Studien-Ausgabe*, a.a.O., Bd. 10, S. 199.

14 a.a.O., S. 206.

15 Tatsächlich hat schon das Thema dieses Essays mehr mit dem Problem des Schuldgefühls zu tun, als man zunächst annehmen möchte. Denn es geht hier ständig um den Zorn des Heros, um die Frage, ob Moses in dem Augenblick dargestellt ist, da er, vom Zorn über die Gottlosigkeit seines Volkes übermannt, im Begriff ist, aufzuspringen und die Gesetzestafeln zu zerschmettern. Höchst scharfsinnig weist Freud nach, daß die Art, wie Moses in seinem Bart wühlt, und die Haltung der Hand, die die Tafeln umklammert, eine solche Deutung nicht zulassen. Moses ist nicht im Begriff, aufzuspringen, sondern die heftige Zornesregung ist bereits wieder im Abklingen; beinahe hätte er sich von seiner Leidenschaft hinreißen lassen, aber er hat sich selbst zu bezwingen vermocht, und Michelangelo zeigt den besänftigten Propheten, der seine überlegene Ruhe wiedergefunden hat. Für Freud hat das etwas Beruhigendes.

16 Brief an Oskar Pfister vom 28. 5. 1933, *Briefe*, a.a.O., S. 432.

17 Brief an Arnold Zweig vom 30. 9. 1934, *Briefe*, a.a.O., S. 436.

18 Brief an Barbara Low vom 19. 4. 1936, mit dem Freud seine Anteilnahme an dem Tod David Eders ausspricht (*Briefe*, a.a.O., S. 442f.). Freud hatte zu dieser Zeit die Arbeit an seinem *Moses* unterbrochen, aber in Gedanken beschäftigte er ihn weiter, und wie man sieht glaubte Freud noch immer, daß das »geheimnisvolle Etwas, das den Juden ausmacht«, jeder Analyse unzugänglich sei.

19 Bereits zitierter Brief an Arnold Zweig vom 30. 9. 1934, *Briefe*, a.a.O., S. 436.

20 Freud veröffentlichte zunächst die ersten beiden Kapitel (»Moses, ein Ägypter« und »Wenn Moses ein Ägypter war...«) in der Zeitschrift *Imago* (Bd. 23, Heft 1 und 4, Wien 1937).

21 *Briefe*, a.a.O., S. 437.

22 Brief an Arnold Zweig vom 6. 11. 1934. Sigmund Freud/Arnold Zweig, *Briefwechsel*, Frankfurt 1968, S. 108.

23 Freud/Zweig, *Briefwechsel*, a.a.O., S. 108f.

24 Zunächst *Der Mann Moses, ein historischer Roman*, dann *Der Mann Moses und die monotheistische Religion.*

25 Freud/Zweig, *Briefwechsel*, a.a.O., S. 117, Brief an Arnold Zweig vom 2. 5. 1935.

26 Brief an Arnold Zweig vom 13. 6. 1935. Freud/Zweig, *Briefwechsel*, a.a.O., S. 118.

27 Brief an N. N. vom 14. 12. 1937. *Briefe*, a.a.O., S. 454.

28 Brief vom 28. 4. 1938, zitiert bei Jones, a.a.O., Bd. 3, S. 267.

29 Sigmund Freud: *Die Verneinung. GW*, Bd. 14, S. 11–15.

30 Man darf nicht vergessen, daß es in den Jahren 1934–1938 noch so aussehen konnte, als blieben die Verfolgungen im Rahmen des aus der Vergangenheit Gewohnten; im Ausland jedenfalls – und Freud lebte nicht in Deutschland – hatte man weithin diesen Eindruck. Zwar wurden die Nürnberger Gesetze 1935 verkündet, und die Auswirkungen waren bereits spürbar, aber die Juden hatten noch die Freiheit zu reisen, einige öffentliche Lokale zu besuchen und zu emigrieren. Mit den Olympischen Spielen des Jahres 1936 ließ der Druck vorübergehend nach; die Verfolgungen setzten erst wieder ein, als der letzte ausländische Tourist das Land verlassen hatte. Der eigentliche Terror aber begann erst im November 1938 mit den brennenden Synagogen und den Massenverhaftungen der »Kristallnacht«.

31 S. Freud: *Der Mann Moses und die monotheistische Religion.* In *Studienausgabe*, a.a.O., Bd. 9, S. 459.

32 ibidem, S. 466.

33 Arnold Zweig macht ihm in seinem Brief vom 22. 11. 1935 (Freud/Zweig, *Briefwechsel*, a.a.O., S. 122) den seltsamen Vorschlag, »mal ein paar Monate an das Schreiben von Rezensionen von Romanen (zu) wenden«. In diesem Zusammenhang erwähnt er die Romane *Der jüdische Krieg* (1932) und *Die Söhne* (1935) seines Freundes Lion Feuchtwanger, in deren Mittelpunkt der Geschichtsschreiber Josephus steht, der Chronist des Aufstandes der Juden gegen Titus (70 n. Chr.), und auch Heinrich Manns *Die Jugend des Königs Henri Quatre* (Amsterdam 1935).

34 Brief an Zweig vom 12. 5. 1934, Freud/Zweig, *Briefwechsel*, a.a.O., S. 87ff. Zweig hatte Freud um Vermittlung bei Lou Andreas-Salomé gebeten, von der er sich Mitteilungen über ihre Beziehung zu Nietzsche erhoffte. Freud hatte zunächst abgelehnt, dann aber doch an Lou geschrieben, obwohl er von vornherein wußte, daß das zwecklos war.

35 Brief an Thomas Mann vom 29. 11. 1936. *Briefe*, a.a.O., S. 447ff.

36 ibidem.

37 Die Beschäftigung Freuds mit Shakespeare schildert ausführlich Jones, a.a.O., Bd. 3, S. 496ff.

38 Dieser Brief an Martha wurde nicht in die Auswahl der Briefe Freuds aufgenommen; er ist zitiert bei Jones, a.a.O., Bd. 3, S. 496.

39 Jones, a.a.O., Bd. 3, S. 496.

40 Jones, a.a.O., Bd. 3, S. 497.

41 S. Freud: *Ansprache im Frankfurter Goethe-Haus. Studienausgabe*, a.a.O., Bd. 10, S. 292–296.

42 *Selbstdarstellung*, a.a.O., S. 90, Fußnote.

43 S. Freud: *Abriß der Psychoanalyse. GW*, Bd. 17, S. 67–138.

44 Vgl. Freuds Brief an seinen Bruder Alexander vom 22. 6. 1938, in dem er diese erste Erfahrung wirklicher Berühmtheit schildert (*Briefe*, a.a.O., S. 463f.).

45 Jones, a.a.O., Bd. 3, S. 237. Der Brief an Arnold Zweig vom 13. 6. 1935 ist im Briefwechsel zwischen Freud und Zweig abgedruckt, bezeichnenderweise aber ohne den Passus, der von dem makabren Witz über die Berliner Juden handelt. Man muß sich in diesem Punkt also auf Jones verlassen, dem der vollständige Brieftext zur Verfügung stand.

46 Brief an Arnold Zweig vom 21. 2. 1936. Freud/Zweig, *Briefwechsel*, a.a.O., S. 132.

47 Brief an Ernst Freud vom 17. 1. 1938. *Briefe*, a.a.O., S. 456.

48 Adolphe Lods: *Histoire de la littérature hébraique et juive*. Paris 1930, S. 12.

49 S. Freud: *Der Mann Moses und die monotheistische Religion*. A.a.O., S. 477, Fußnote.

50 Adolphe Lods: *Israel des origines au milieu du VIIIe siècle*. Paris 1930, S. 358 (Neuausgabe 1969, S. 308).

51 ibidem.

52 Bekanntlich fand Freud die Theorie, daß Moses von den Hebräern ermordet worden sei, in dem 1922 erschienenen Buch *Mose und seine Bedeutung für die israelitisch-jüdische Religionsgeschichte* von Ernst Sellin. Sellin stützte seine Hypothese auf die Neuinterpretation einiger Textstellen, die sich auf Hosea beziehen. Er wurde von den jüdischen Gelehrten heftig angegriffen und soll seine Behauptung sieben, nach einer anderen Version zehn Jahre später widerrufen und sich dafür entschuldigt haben. Durch Prof. Shalom Jahuda, der ihn 1938 in London besuchte, um ihn zu bitten, seinen *Moses* nicht zu veröffentlichen, erfuhr Freud von diesem Widerruf. Nach Jones (a.a.O., Bd. 3, S. 435) zuckte er nur die Achseln und erwiderte: »Es könnte trotzdem wahr sein.« Übrigens hätte er es gar nicht nötig gehabt, sich auf Sellin zu berufen; die jüdische

Folklore hätte ihm wenn nicht in wissenschaftlicher Hinsicht brauchbarere, so doch ältere Belege für seine eigene Vermutung geboten. Jones zitiert als Quellen dafür u. a.: Abraham Meyer: *La mort de Moise. Legendes juives apocryphes sur la vie de Moise* (1925); Louis Ginzberg: *The Legends of the Jews* (1947); M. Rosenfeld: *Der Midrasch über den Tod des Moses* (1899).

53 Freuds Moses-Essay kann als ein Kompendium der wesentlichen Theoreme gelten, auf denen das Lehrgebäude der Psychoanalyse beruht. Der »Ödipus-Komplex«, der Kastrationskomplex, die Verdrängung in ihrer Doppelfunktion als pathogener Faktor und als treibende Kraft der Kulturentwicklung, die »Sublimation«, der »Familienroman«, die »Wiederkehr des Verdrängten«, die Vererbung erworbener psychischer Eigenschaften – alles dies hat in den Essay Eingang gefunden und markiert hier die Grundpositionen Freuds in allen Fragen, die das Verhältnis des menschlichen Individuums zu den von ihm selbst geschaffenen Gesetzen der Kultur betreffen.

54 *Der Mann Moses und die monotheistische Religion*, a.a.O., S. 570.

55 Daß Freud in dem Teil seines Moses-Essays, der die psychoanalytische Theorie rekapituliert, gerade auf den »Familienroman« und die »Wiederkehr des Verdrängten« so ausführlich eingeht, ist eine unmittelbare Bestätigung dafür, daß diese beiden Motive für die Entstehung dieses Werks von ausschlaggebender Bedeutung waren.

Namenregister